KB076145

국토안보부가
내 연설문을
삼켰습니다

국토안보부가
내 연설문을
삼켰습니다

HOMELAND SECURITY ATE MY SPEECH
트럼프 시대의 절망에 맞서

아리엘 도르프만 Ariel Dorfman **지음**
천지현 옮김

창비

도널드 트럼프가 만들어낸 정신 나간 미국에서
언제나처럼 나를 제정신이게 지켜준 앙헬리까에게

이 책의 한국어판 출간을 맞아 각별한 감회에 젖게 됩니다. 여러분의 나라는 나와 아내 앙헬리까의 마음속에 특별한 위치를 차지하고 있습니다. 여러번에 걸쳐 여러분의 나라를 방문하고 한국의 예술가, 학자, 지인 들과 풍성한 대화를 나누기도 했지만, 그전부터도 책과 영상을 통해 나의 모국 칠레에서 우리가 겪은 독재와 저항의 경험이 한반도에서 전개되었던 평화와 정의를 향한 유사한 투쟁과 닮은 꼴임을 분명히 알 수 있었습니다.

『국토안보부가 내 연설문을 삼켰습니다』는 그런 칠레의 경험과 시각에 비추어 우리가 지금 거처하고 있는 미국의 현재 상황을 살펴보려는 시도입니다. 내 책은 도널드 트럼프의 대통령 당선이 낳은 위기의 깊은 뿌리를 이해하고자 시도하며, 또 미국의 민주주의와 지구 자체의 안녕을 향해 그의 정부가 제기하는 위협을 우리 시민들이 어떻게 직면해야 하는지를 묻습니다. 이런 문제를 탐구하는 책을 한국에 선보이게 되어 의미가 깊습니다. 바로 여러분의 나라 역시 험난했던 역사를 받아들이려 노력 중이고, 이번에 세계를 향해 부패한 독재정권에 맞서는 방법의 모범을 보여주었기 때문입니다. 실로 촛불혁명은——나의 친구이자 탁월한 실천적 지식인인 백낙청 교수를 통해 그 의미에 관해 눈떴음을 밝혀둡니다——전세계에 영감을 준 사건이었습니다. 칠레의 민중이 삐노체뜨 장군과 그의 독재에 맞서 마침내 그것을 물리친 비폭력전략을 떠올리게 했습니다.

미국이 제 나라의 민주주의를 구하고자 시도할 때, 고삐 풀린 기후변화와 혹시 닥칠지 모를 핵절멸의 위험에 빠진 지구를 구하려는 노력에 동참할 때, 칠레인들과 한국인들이 억압적이고 기만적이며 비뚤어진 정부에 맞섰던 방식이 이 미국땅에서도 재현될지는 아직 두고 볼 문제입니다.

한국은 더 나은 세상을 위한 이 싸움에서 핵심적인 역할을 하고 있습니다. 내 책이, 한반도의 평화를 사랑하는 사람들이 자신들의 "세상 끝에서 보내는 메시지"를 풀어내는 방법을 밝히고자 하는 길 위에서 지금 한창 수행하고 있는 대화와 성찰에 조금이나마 기여하길 바랄 뿐입니다.

2019년 4월 아리엘 도르프만

미국에 애도를

2016년 11월 9일 도널드 J. 트럼프가 미합중국의 대통령으로 선출된 다음날, 나는 고뇌에 찬 사색을 글로 옮긴 적이 있다. 이제 그가 권좌에 오르는 기막힌 과정 동안 내가 썼던 논문과 에세이를 출판하려고 보니 그 글이야말로 이 책에 완벽한 머리말인 듯하다.

그 글은 이렇다.

더이상 부인할 수가 없다.

무지하고 호전적인 여성혐오주의자, 공격적 인종주의자에다 멕시코인을 증오하는 포식자, 기후변화의 존재 자체를 부인하고 자기 나라와 전세계에 사는 곤궁한 사람들의 고난을 가중시킬 거짓말쟁이. 이런 사람을 뽑음으로써 미국은 자신의 진짜 정체성을 드러냈다. 그게 나의 느낌이다.

이 땅의 수많은 시민과 세계의 수많은 다른 이들과 마찬가지로 내게도 경악, 황망함, 역겨움이 밀려온다.

그러나 내 삶의 굽이굽이를 돌아보면 이런 묵시록적인 심판의 날을 마주했다고 해서 그리 놀랄 일도 아니지 싶다.

1980년 아내 앙헬리까와 내가 가족을 데리고 미국으로 건너왔을 때, 우리에겐 우리를 맞아줄 나라가 어떤 곳인지에 대한 환상이라고는 없었다. 1973년 칠레에서는 미국의 지원을 받은 쿠데타로 민주적으로 선출된 대통령 살바도르 아옌데가 밀려나고 야만적 독재가 시작되었다. 그후로 우리는 이리저리 떠도는 망명객 신세였다. 당시 제3세계라 불리던 곳 출신인 우리는 어떻게 미국이, 그 나라의 기업들이, 그 나라의 군부와, 실은 그 나라의 대중이 공모하여 모든 대륙에서 반인류적 범죄를 저지르는지 잘 알고 있었다. 우리는 이 '자유의 땅'에서 소수자와 가난한 자 들이 어떤 대우를 받는지도 모르지 않았고, 이 나라에서 생긴 노예제와 짐 크로우●의 오랜

●Jim Crow, 원래 1800년대 유행한 흑인을 우스꽝스럽게 묘사하는 무대극의 등장인물 이름으로 이후 흑인 차별의 대명사로 사용되었다. 미국 남부의 인종차별법을 짐크로우법이라 통칭하기도 한다.

역사, 아메리카 원주민 정복, 반체제인사와 외국인에 대한 핍박 또한 모르지 않았다.

그럴지라도 내게는 미국에 감사하고 감복할 이유도 많았다. 아르헨띠나 출신인 우리 가족은 이전 1940년에도 한번 이곳을 피난처로 삼은 적이 있었다. 어린 시절 뉴욕이라는 한창 놀랍게 피어나던 도시에서 성장하면서 나는 이 나라와 사랑에 빠져버렸다. 미국은 지금 내가 이렇게 이 나라를 위한 진혼곡을 쓰고 있는 언어를 가르쳐주었고, 나를 살찌운 음악과 문학, 더 완벽한 통합을 추구하는 보기 드문 실험, 그리고 편견과 인종주의에 맞서 최고로 각성된 시민과 노동자 들이 펼친 저항의 역사를 가르쳐주었기 때문이다. 나는 수많은 이주민 공동체를 팔 벌려 맞아줄 수 있는, 다문화적인 탐험을 끝까지 밀어붙이고 그렇게나 많은 종교집단들이 자유로이 자기 신앙을 펼치도록 허용할 수 있는 미국 사람들의 관대함에 마음을 빼앗겼다. 당신과 나의 나라, 쉼없이 자신의 한계를 묻고 또 묻는 나라, 밥 딜런과 프랭클린 델러노 루스벨트의 나라, 메릴 스트리프와 월트 휘트먼, 엘라 피츠제럴드와 에드거 앨런 포우의 나라, 프레더릭 더글러스*의 나라. 이런 식의 행복추구에 매료되지 않을 사람이 누가 있겠는가?

혼종의 이중적 삶을 사는 동안 나는 생애 대부분을 미

국의 두 얼굴을 어떻게든 화해시키려 애쓰면서 보냈다. 한쪽에는 우리 인간성을 가차없이 억압하는 미국이 있었고 다른 한쪽에는 우리 안의 가장 좋은 면을 찬란하게 드러내는 미국이 있었다. 그 둘을 화해시키기 위해서는 나의 영웅 링컨이 소환한 착한 천사 편의 미국이 마침내는 승리하리라고 거듭 장담하고 예언해야만 했다.

나와 앙헬리까가 두 아들과 함께 시민으로 살게 된 이 나라의 구원에 대한 나의 믿음은 우리가 이곳에 정착한 이래 36년 동안 거듭해서 가혹한 시험에 들곤 했다.

그것은 정신분열증적인 과정이었다.

무시무시한 일들이 계속해서 일어났다. 레이건 치하 비열한 탐욕의 시대, 아들 부시의 전쟁장사로 정점을 찍은 주권국들에 대한 무자비한 개입, 안보국가의 독버섯 같은 성장, 돈과 특권과 군부세력에 지나치게 자주 굴종하는 민주당. 그러나 그 모든 것에도 불구하고, 아니 그것이 실망스럽고 개탄스럽기에 더더욱, 나는 미국에 대한 믿음을 잃지 않으려 노력했고 미국의 공적 서사를 찬

• Frederick Douglass(1818~95). 노예로 태어났으나 자유를 찾은 뒤 노예제 폐지를 위한 언론·정치활동에 투신했다. 미국 독립선언문이 천명한 평등의 원칙이 흑인에게는 적용되지 않음을 날카롭게 비판한 1852년 연설이 특히 유명하며, 자서전 『미국 노예 프레더릭 더글러스의 삶』을 포함해 여러 저서를 남겼다.

양하게 해줄 만한 어떤 징후라도 악착같이 부여잡으려
했다. 내게 용기를 줄 진보의 자취, 관용과 공정함과 고
상함을 지닌 나라를 지향하는 수많은 양식 있는 시민들
의 작은 저항의 행위들, 보통 사람들과 보통 아닌 조직
들의 용기와 연대가 국가의 진정한 기반을 형성하고 있
다는 증거, 그 하나하나를 샅샅이 찾아다녔다.

어렵사리 균형을 유지하고자 하는 바로 이런 노력이
트럼프의 부상으로 심각한 시험에 들고 타격을 입은 것
이다. 더 치명적인 타격은 그의 승리를 가능하게 해준
것이 다름 아니라 엄청나게 많은 내 동료 시민들이었다
는 사실에서 왔다. 크리스탈나흐트* 기념일인 11월 9일
이른 시각에 그의 승리가 선언되었으니, 이 또한 역사가
사랑하는 소름 끼치는 우연의 일치라 할까.

미래 대통령의 추종자들을 악마 취급하고 싶지는 않
다. 안타깝게도 그의 광신도들 상당수를 부추기는, 편견
과 증오를 더욱 극단적으로 공공연하게 드러내는 행태
에 대해서는 면죄부를 줄 생각이 없지만, 사실 나는 여
러 경로를 통해 이러지도 저러지도 못하는 그들의 처지
에 공감하는 글을 써왔고 그들의 분노와 좌절, 상실감의

---

* Kristallnacht, 1938년 11월 9~10일 나치 독일이 유대인과 그들의 재산을 겨
냥해 폭력적인 공격을 개시한 사건을 이르는 말. '깨진 유리의 밤'이라고도
불린다.

근원을 파악하려 해왔다.

그러나 이제야 깨달았는데, 이렇게 내가 그들이 보이는 무질서의 원인을 이해하고 그들의 정체성 혼란에 공감했던 것은 예상컨대 트럼프가 이기지 못하리라 생각했기에 그나마 가능한 일이었다. 하지만, 이제 우리는 도저히 상상도 못할 삶을 온전히 살아가야 하게 되었다. 이제 이 무시무시한 인간이 지옥문을 활짝 열어 미국 저 안에 도사리고 있던 모든 끔찍하고 악의적인 것이 기어 나오게 만들어버렸다. 그의 승리가 밀어넣은 이 나락에서 나 자신을 돌아보니, 미국의 진짜 얼굴, 깊이 감추어져 있던 얼굴, 영원히 두려운 미국의 얼굴을 찬찬히 들여다보지 않을 도리가 없다. 항상 거기에 존재해온 일부, 언젠가 바로잡을 수 있으리라고 스스로를 기만하는 것도 이제 불가능해진, 미국의 그 어쩔 수 없는 부분에 대해 깊이 생각해보지 않을 수 없게 되었다. 이 혐오로 가득 찬 선거운동과 지금 우리의 앞날에 불길하게 드리워진 무언가가 지나간 뒤에는, 내가 속해 있고 피해 달아날 수도 없는 이 사회에 가해진 파열을 돌이킬 수 없을지도 모른다는 심증이 굳어진다.

중심부터 무너져내린 나의 정체성과 그 정체성을 비롯해 온 나라를 오염시키는 이 독약과도 같은 것을 어깨에 짊어지고 어떻게 앞날을 헤쳐나가야 하나? 그렇듯 많은 무고한 사람들이 겪게 될 고통을 어떻게 받아들여야 하나?

선거일이었던 바로 어제[2016년 11월 8일]는 아프리카계 미국인 남성 라시드가 선사한 말에서 위안을 찾으려고도 해보았다. 나는 아들 로드리고와 손녀 이사벨라, 까딸리나와 함께 아직 투표하지 않은 사람을 찾아 노스캐롤라이나 더럼의 우리 동네에서 유세를 벌이고 다니던 중 그와 얘기를 나눌 기회가 있었다. 운명과 피부색이 자신에게 던져준 불운에 오염되기를 거부한 그런 사람들 중 한명으로, 평온함과 선함이 어우러진 신비한 분위기를 내뿜는 그 빛나는 남자는, 트럼프가 성공할지도 모른다는 생각에 내가 불안에 떨고 있음을 알아차렸다.

"믿음을 잃지 않아야 합니다." 그가 말했다. "우리도 실수를 하지요. 그러나 우리 국민은 대체로, 크게 보아, 장기적으로는 일을 바로잡기도 합니다."

오래도록 귓전에 울리는 고결하고 현명한 말이지만 헤아릴 길 없는 나의 비통함을 가라앉히기에는 역부족이었다.

이 슬픈 성찰의 글은 경악, 황망함, 역겨움이 밀려왔다는 말로 시작되었다.

맞다. 그 모든 느낌이 밀려왔다. 그러나 그 이상의 어떤 것, 훨씬 더 깊고 더 오래가는 어떤 것이 있었다.

비탄, 그것이야말로 내가 진짜로 느끼는 감정이다. 나에게, 그리고 아마 수많은 다른 이들에게 지금 막 죽은 존재가 되어버린 나라, 시민들, 내 땅의 몽매한 시민들이 우리 모두를 파멸로 이끌어갈 인물로 도널드 트럼프를 선택한 순간 자기 사망증명서에 제 손으로 서명한 나라를 향한 비탄과 애도의 감정 말이다.

그러나, 그곳에는 아직 라시드가 있다. 그의 말과 존엄함과 끊임없는 부활의 약속이 구현하는 과거와 미래의 그 모든 저항과 함께.

앞으로 닥쳐올 공포에 맞설 때 그는 혼자가 아닐 것이다.

그 투쟁은 한번도 멈추었던 적이 없다. 투쟁은 이제 막 시작된 것이다.

이 비탄의 전장이 기적으로 가득하기를.

이렇게, 슬픔을 인정하고 어렴풋한 희망의 암시를 남기는 구절로 우리의 파괴된 나라에 대한 나의 11월 9일자 사색은 끝이 났다.

내가 선거 전에 써내려간—물론 이후 몇달 동안에도 여러 편이 뒤를 이었지만—도널드 트럼프에 대한 일련의 고찰이 정점에 달한 순간이었다.

트럼프가 대통령직에 도전하겠다는 뜻을 천명하기 전까지 그는 내 마음의 시계(視界) 안으로 들어온 적이 거의 없었다. 나는 TV에서 하는 리얼리티쇼는 한번도 본 적이 없었고 「견습생」*과 「마법사의 견습생」**이 다르다는 것도 알지 못했다. 타블로이드 신문을 물들이는 가십 기사나 스캔들 따위에 나만큼 관심 없는 사람도 없었을 것이다. 그 스타 억만장자의 두가지 행동이 고약한 그의 존재를 막연하게나마 상기시켰을 뿐이다. 하나는 거짓 정보로 태생을 문제 삼고 늘어짐으로써 오바마를 미국에 이질적인 존재로 덧칠하려 한 시도였고, 또 하나는 흑인과 라틴계 10대 다섯명을 그들이 범하지도 않은 센트럴파크에서의 범죄에 대한 책임을 물어 처벌해야 한다고 주장하며 진행한 캠페인과 전면광고였다.

그러던 그가 지옥에서 타고 온 에스컬레이터에서 내려 대통령직에 도전하겠다고 선언했고 나는 곧바로, 지금 와서는 피학적이라고, 거의 병적이라고 인정하지 않을 수 없는 방식으로 그에게 정신을 빼앗기게 되었다. 그러면서 나는 그가 엄청난 대중을, 안타깝게도 유권자들을 놀라우리만치 휘어잡고 흔들어대는 모습을 진지하게 마주하지 않

---

* The Apprentice, 2004년부터 15시즌 동안 미국 NBC를 통해 방영된 리얼리티쇼. 참가자들이 트럼프의 기업 중 하나의 경영자가 될 권리를 놓고 겨루는 일종의 서바이벌 프로그램이다. 대선에 나서기 전까지 트럼프가 사회자이자 심사위원으로 출연했다.
** Der Zauberlehrling, 1797년 괴테가 발표한 시. 현대에 이르기까지 다양한 장르의 창작물에 영감을 주며 변주되어왔다.

을 수 없었다.

이를 지켜보던 대부분의 사람들처럼 나도 지구에서 가장 큰 권력을 지닌 사람이 되겠다는 그의 그 기이한 시도가 목표를 이룰 가망은 조금치도 없으리라고 즉각 무시해 버렸다. 설사 내가 주의를 기울였다 하더라도 그것은 건강하지 못한 호기심에서 비롯된 것이었다. 마치 서커스에서 공중 높은 곳에서 줄타기하는 과체중의 광대를 지켜보면서 그 광대, 이 경우에는 약자를 들볶는 인종주의자가 언제쯤이면 볼만하게 땅바닥으로 철퍼덕 떨어질까 궁금해하는 관객의 심정과 같았다. 그러고 나면 아마도 그는 일어나서 절뚝이며 빠져나가려다가 결국은 현실이라는 바나나껍질을 밟고 엉덩방아를 찧겠지 하는 마음이었다.

반세기 넘게 나의 동반자인 아내 앙헬리까가 나더러 너무 재미있어하거나 안심하지 말라고 이미 경고한 바 있었다. 사실 그녀는 트럼프의 첫 집회를 보자마자 이 상스러운 부동산업자가 공화당 후보자리와 대통령직을 차례로 거머쥘 것이라 단언하기도 했다. "그가 미국을 상징하니까요." 그녀가 말했다. "만약 그가 당선되지 않을 거라 생각한다면 당신은 아직 이 나라를 모르는 거예요." 수없이 많은 경우에 앙헬리까는 나보다 훨씬 더 현명하고 분별력이 있어서 나로서는 도저히 따라잡을 수 없을 정도라고 장담해왔지만, 이번에는 그녀의 이런 예측에 콧방귀를 뀌고 말았다.

　그러나 그의 선거운동이 갈수록 뻔뻔하게 반이민정서
를 자극하고 더더욱 야비하고 지독해져감에 따라, 나 자신
도 트럼프의 허울 좋은 이미지와 그 앞뒤 맞지 않는 언설
들에 눈길을 주고 그가 내세우는 페르소나의 소용돌이에
빨려들어가고 있음을 깨닫게 되었다. 그리고 무슨 귀신에
라도 씐 듯, 나는 그에 대한 글을 쓰기 시작했다. 처음에는
시험 삼아 반 우스개로 경멸감을 감추지 않고, 나중에는
갈수록 진중하게 글을 썼다. 이 포퓰리스트 금권주의자의
성공에 당황스러웠고, 그의 그런 성공이 무엇에 대한 경고
인지를 알고 무력감을 느꼈기 때문이다. 그가 설령 선거에
이기지 못한다 하더라도 다를 게 없었다. 그리고 당연하게
도, 트럼프가 의미하는 바를 찾으려는 나의 집착은 그의
운이 뻗어나가는 만큼에 비례하여 더해만 갔다. 마침내 그
가 근소한 차로 선거인단의 다수표를 획득해 백악관을 장
악하고 우리 모두를 멸망을 향한 길 위에 올려놓은 후로는
그야말로 눈앞이 아득해지는 경험을 했다.

　때론 익살스럽게, 때론 완전히 정색하고 다양한 상념이
나 불길한 예측, 충고, 분석 등등을 열정적으로 쏟아내며
견해를 표현하는 데 있어서 나는 국내외의 수없이 많은 다
른 이들과 다르지 않았다. 그들이나 나나 앞으로 트럼프의
희생제물이 될 이들을 향한 연민에 북받치고 그를 따르는

보수적 광신도들에게 황당해하며 지구의 미래에 대한 걱정에 휩싸여서 결국엔 역사의 뒤안길로 사라져 잊혀버릴 의견들을 마구 쏟아냈던 것이다.

그런데도 왜 나는 그런 글들을 원래 태어난 대로 하루면 사라질 신문·잡지에 내버려두지 않고 되살려 이 책으로 묶어내겠다고 결심했는가? 미국 전체가 트럼프의 의미와 그가 우리 공화국과 지구 전체를 고칠 수 없는 지경으로 망가뜨리지 못하도록 막을 방법에 대한 시급한 질문을 둘러싸고 갑론을박에 달려드는 이때, 내가 기여할 만한 일이 조금이라도 있는 것일까?

그에 대한 판단은 전적으로 독자들의 몫이지만, 우리가 이 암울한 곤경이 어떻게 현실이 되었는지를 분석하지 않는다면, 이 위기에서 빠져나올 방도를 생각해내지 못한다면, 여기 실린 글 중 한편에서 암시했듯 우리는 마치 시시포스처럼 역사의 언덕 위로 같은 바윗돌을 굴리고 또 굴려도 결국 또 한번 더 밑바닥으로 떨어져 똑같은 고역을 반복해야 하는 운명을 맞게 되리라는 것이 나의 믿음이다.

한가지 차이가 있다면 이번에는 또다른 기회를 얻지 못할 수도 있다는 것뿐.

이 메시지들은 내 안에 항상 함께하는 나라, 지리상으로 세상 저 끝에 존재하는 칠레의 시각에서 쓰인 것일 뿐 아니라, 또다른 의미에서 세상 저 끝에서 온 것이기도 하다.

인류의 종말이 그 어느 때보다 가까이 와 있다는 두려움, 핵에 의한 절멸을 통해서든 아니면 과열된 지구가 죽음을 향해 굴러감에 따라 더 느리게, 그러나 그만큼 확실하게 진행되는 사멸 때문이든, 우리 인류가 사라지는 것은 시간 문제일 수도 있다는 두려움이 내 마음속을 떠나지 않는 까닭이다.

*

이 책에 실린 글들은 몇몇 외국 신문, 특히 브라질 및 에스빠냐어를 사용하는 국가들의 신문은 물론 (『뉴욕타임즈』『로스앤젤레스 타임즈』, CNN, 『타임』『더 네이션』『디 애틀랜틱』, '톰디스패치' '살롱' 『현대언어학회지』『더 뉴 스테이츠먼』, BBC, 『게르니까』 등) 다양한 영미 지면과 매체를 통해 발표되었던 것들이다. 대개는 트럼프의 선거운동과 당선, 백악관 입성에 대한 논평 형태로 나온 것이지만 트럼프 시대 이전에 쓴 것들 중에서도 여전히 현재적 의미가 있다고 생각되는 것들도 몇편을 선정, 새로 손을 보아 실었다.

이 글들은 모두 이런저런 방식으로 미국을 구할 푸닥거리를 해보려는 시도이다. 우리나라의 욕망과 두려움과 증오 깊은 곳에 도사리고 있던 무언가가 곪아터져 드러난 것이 도널드 트럼프라는 유령이라 보기 때문이다. 이런 시도는 장·단기적으로 어떤 일이 일어나든 어려운 과제로 남을 것이다. 트럼프가 권력을 잡을 수 있었던 것은 너무나 많은 그의 동포들이 스스로와 그들 나라에 바라는 바를 그가 대신 드러내주었기 때문이다. 바로 그 미국, 트럼프의 미국은 트럼프가 탄핵을 당하든 살아남아 더 큰 난장을 치든 상관없이 우리에게 난제로 남아 있을 것이다. 그 과제에 대처할 수 있으려면 이 나라가 뼈아픈 자기성찰의 과정을 견뎌내야 할 것이며, 그 과정은 새로운 미국식 혁명에 의해 촉발되고 그것과 함께 이행되지 않으면 도저히 불가능하리라는 것이 나의 믿음이다.

이 메시지들이 또다른 종류의 혼령, 희망의 혼령에 의해 소환된 것도 아마 그런 이유에서이리라. 수많은 남성과 여성, 심지어는 어린아이들까지 되살려 구현해낸 그 희망의 혼령들 말이다. 그들은 미래를 위해 싸울 자신들의 권리를 순순히 넘겨주지 않겠다는 의지를 이미 보여주었다.

그 전투에 작게나마 기여하고 싶은 마음으로 여기 내 생각을 모아놓았다. 날이면 날마다, 또 불면의 긴 밤을 보내며 낙심과 절망에 맞서 이 글들을 썼다. 우리가 이 세상을 바꾸려 한다면, 워즈워스가 인류 앞에 펼쳐 보여준 우리 모두의 그 감미로운 새벽에 어떻게든 도달하고자 한다면, 먼저 이 세상을 이해하는 것이 피할 수 없는 책무라는 뜨거운 신념에서 나온 글들이다.

부디 이 비탄의 전장이 진정 기적으로 가득하기를.

일러두기

- 원서의 주는 '원주'라고 밝혔다. 이외의 주는 모두 옮긴이의 것이다.
- 이해를 돕기 위해 덧붙인 부분은 [ ]로 표시했다.

도널드
트럼프의
부상

제1부

16세기 에스빠냐의 군주 펠리뻬 2세*가 도널드 트럼프 각하에게 보내는 서한

아내와 내가 칠레에서 종종 들여다보는 어느 매체가 16세기 에스빠냐의 군주 펠리뻬 2세가 도널드 트럼프에게 보내는 메시지를 가로챈바, 거기 실린 말들을 여기 옮겨 쓰자니 두려움에 조금씩 손이 떨려옴을 인정하지 않을 수 없다.

존경하는 트럼프 각하,
나의 치세에 가장 강력한 통치자인 나 펠리뻬 2세는, 바

● Felipe II(1527~98), 로마 가톨릭의 반종교개혁을 적극 옹호하여 구교 이외의 종교를 탄압하고 공격적인 대외정책을 펼쳤다. 1588년 영국 침공을 강행하여 에스빠냐 '무적함대'의 격멸을 불러온 사건이 보여주듯 그의 대외정책 대부분은 실패였던 것으로 평가된다.

로 이 땅에서 부왕이신 까를로스 5세와 나의 아들 펠리뻬 3세가 그러했고 나 자신도 직면했던 것과 다르지 않은 재앙이 각하의 나라에 엄습하는 것을 지켜보아왔습니다. 경제는 내리막길에, 가난한 자들 사이에서는 공짜 점심에 대한 요구가 전염병처럼 번져나가고, 기독교 신앙이 일탈을 일삼는 자들과 방종한 여인들에게 포위공격을 당하는데다 전통적 가치는 외국물이 든 지식인들로 인해 훼손되고 있으며, 해외에서는 멀리 있는 적이 끊임없이 각하에게 도전해오는 동시에 국내에서는 평화로운 시민으로 가장한 무슬림 테러리스트들이 활보하는 지금, 우리 시대에 그같은 문제를 어떠한 방법으로 해결했는지 알려드림으로써 각하의 앞날에 펼쳐진 치세에 도움이 되고자 하는 마음입니다.

각하의 헤게모니를 위협하는 바다 건너 유력자들에 관해 말씀드리자면, 그들과 협상하려는 유혹을 잘 참으셔야만 합니다. 우리처럼 각하도 재량껏 쓸 수 있는 치명적 무기를 갖고 계시며 대륙마다 자리한 기지에 언제든 항해에 나설 수 있는 무적함대도 보유하고 계십니다. 고로, 각하의 적을 상대로 전쟁을 일으켜 그 도시와 논밭, 무엇보다도 그 통신체계를 박살내십시오. 적과 적의 자식들이 당신의 이름을 알리는 나팔소리만 들어도 겁에 질려 떨게 만드십시오.

그러나 그보다 먼저, 토끼처럼 새끼를 싸지르는 내부의

적들부터 처리하셔야 합니다. 각하께서는 이미 무슬림 등록을 제안하신바, 우리도 그들에게 표지를 달게 하고 그들의 이교의식을 중지하도록 강제함으로써 같은 일을 가혹할 정도로 기민하게 처리한 적이 있습니다. 만약 이런 조치가 불충분한 것으로 드러나면 그들을 추방하시면 됩니다. 이 일이 각하의 왕국에 경제적 붕괴와 오명을 가져올 것이라거나 물리적으로 성공하지 못할 것이라고 주장하는 이들에게는 귀기울이실 것 없습니다. 내 아들도 단 2년 만에—1609년부터 1611년까지—중무장한 지역민병대의 도움을 받아 그 기생충 같은 폭도들을 몰아내고 에스빠냐를 정화할 수 있었습니다. 각하도 미국을 그리 정화하셔야 합니다.

한편으로 그런 식의 국가안보를 고려하시는 동안, 다른 한편으로는 가진 것도 없이 제멋대로 날뛰는 자들의 명부도 따로 만들어 그들이야말로 자신들을 위해 흥청망청 낭비되는 자선이나 받고 살 존재라는 것을 확실히 보여주셔야 하지 않겠습니까? 나는 1558년 칙령을 반포하여 확실한 병약자들만 연금을 신청할 수 있게 하고 나머지는 난동을 부리고 구호를 읊어대는 대신 일을 해서 제 밥벌이를 하도록 강제함으로써 거지 문제부터 해결했습니다. 물론 구걸을 완전히 금지해서는 안되겠지만 말입니다. 귀국의 학생들이 우리나라 학생들처럼 참화에 가까운 학자금 채

무를 쌓는다면, 그들에게는 허가하에 지정된 공적 영역에서만 도움을 구할 수 있도록 하셔야 합니다. 그런 발랄한 젊은이들은 익살을 부려 대중의 흥을 돋우는 역할을 할 수도 있고, 그에 더해 예산이 삭감되면 군사원정 같은 더 좋은 방향으로 재정을 돌릴 수도 있지 않겠습니까?

교육 얘기가 나왔으니 드리는 말씀인데, 귀국 학교에도 나의 시대에 유행하던 입문서 『완벽한 주부(La perfecta casada)』를 필수 교재로 도입하시는 것이 어떻습니까? 젊은 여성들에게 남편이 아무리 학대를 하고 술을 마셔도, 잔인하고 성마르게 굴더라도 그에게 순종해야 한다고 타이르는 책입니다. 이야말로 여러 종과 성별 사이에 신께서 창조하신 자연 그대로의 위계질서를 복원할 수 있는 사려 깊은 방안이 아닙니까?

만약 현재 국내 불순세력이 공화국 자체를 오염시키려 한다면 종교재판소를 부활시키는 방안도 생각해보십시오. 각하께서는 이미 각하의 적들이 단순한 물고문 이상의 더 극단적인 조치를 당해 마땅하다고 믿고 있음을 시사하신 바 있습니다. 불로 다스리는 것은 어떻겠습니까? 몇몇을 골라내 화형에 처하는 것 이상으로 공포 가득한 국가에 안전을 확보할 수 있는 방법은 없을 것입니다. 물론 감시체계의 도움이 필요하겠습니다만, 각하의 체계는 이미 나의 치세 다른 국가들의 부러움을 샀던 나의 체계에 필적할 정도더군요. 그리고 정의의 검을 신속히 휘두르시어 법정다 툼으로 끝도 없이 지연되는 사형이 더이상 억제책으로서 의 용도를 잃지 않도록 하셔야 합니다.

기후상의 요란한 변덕에 대해 각하가 개입해야 한다는 요구는 전혀 신경 쓰실 일이 아닙니다. 그런 시련은 신께 서 각하의 신념을 시험하시는 방법일 뿐입니다. 지구를 깨 끗이 하려 하는 대신에 스스로의 몸과 마음에서 죄악을 씻 어내시고, 특히 소돔의 자식들은 가차없이 처리하시기 바 랍니다. 주님께서는 신선한 공기와 청량한 물로 응답하실 것입니다.

마지막으로 한가지 더 추천하고 싶은 것이 있습니다. 왕좌에 있는 동안 나는 유대인은 악마와 같다 여겼으며, 1492년 에스빠냐에서 그들을 추방한 내 조부모님께 항상 감사하는 마음이었습니다. 그러나 지금 성지에 사는 그들 의 후손들이 행하는 정책 중에 나도 칭찬하지 않을 수 없는 한가지가 있으니, 각하께도 그들의 본을 따르시길 권해드 립니다. 장벽을, 많이, 아주 많이 세우는 것 말입니다.

메호레스 데세오스,* 각하와 각하의 미래 신민들이 부디 평안하길 빌며, 그저 혹시나 하는 마음에 나의 이 생각을

• Mejores deseos, 영어의 'best wishes'와 같은 뜻으로 안녕을 비는 에스빠냐 어 작별 인사.

크루즈 씨*에게도 들려주십사 하는 부탁을 덧붙입니다. 그의 이름만으로도 구세주께서 지신 십자가를 떠올리며 기독교인으로서 나의 영혼이 감격을 느낍니다.

진중한 왕, 펠리뻬 2세

---

* Rafael Edward 'Ted' Cruz(1970~), 미국 공화당 소속 정치인으로 당내에서도 가장 강경한 보수주의자의 한 사람으로 평가된다. 2016년 미 대선의 공화당 후보 경선에 나섰으나 트럼프에게 밀려 사퇴했다. 그의 성 크루즈(Cruz)는 에스빠냐어로 십자가를 뜻한다.

미국, 프랑켄슈타인을 만나다

누가 도널드 트럼프를 창조했는가? 누가 그에게 그렇게 많은 생명력을 불어넣었는가?

이 뉴욕 출신 도전자가 대통령선거에 출마한 놀라운 사건의 근원을 설명하기 위해 많은 정치인과 식자 들은 근대성의 탄생설화 중 하나이자 자기를 만들어준 주인에게 반란을 일으키는 거대한 괴물의 이야기인 프랑켄슈타인을 거듭 거론해왔다. 지금의 사태를 지켜봐온 이들은 지난 수십년간 공화당이 키워온 유독한 정치환경에서 트럼프라는 공포와 인종주의, 외국인 혐오를 선동적으로 부추기는 극단적 화신이 탄생했다고 지적한다. 아비 모를 괴물이 마침내 제 둥지를 찾아왔다는 것이다.

트럼프를 괴물과, 그의 정당을 그를 만든 주인과 등치시키는 손쉬운 공식은 반박하기 어려운 것으로 보일지 모르지만, 어떻게 이 호전적인 억만장자의 승리를 막을 것인가하는 시급한 문제에 집중하는 데에는 도움이 되지 않는다.

그러기 위해서는 지금으로부터 200년 전인 1816년의 음울한 여름 메리 셸리라는 이름의 젊은 여성이 쓴 원작소설 『프랑켄슈타인』으로 돌아갈 필요가 있다. 그리고 그것을 읽을 때에는 정신을 바짝 차려서 인간의 오만함을 경고하는 그 복합적인 이야기가 대중문화의 축약과 제한을 거쳐 다다른 단순화된 형태를 넘어설 방도를 찾아야 할 것이다.

나도 일곱살 아이 시절엔 그런 단순화가 주는 즐거움에 굴복한 적이 있다는 것을 털어놓아야겠다.

1949년이었다. 「애벗과 코스텔로, 프랑켄슈타인을 만나다」●를 막 보고 나온 참이었다. 맨해튼의 극장에서 퀸즈에 있는 우리 집으로 돌아가는 길 내내 어머니의 손을 꼭 쥐고 있었던 것이 기억난다. 거기서 그리 멀지 않은 곳에서는 당시 세살이던 도널드 트럼프가 명백히 더 풍족한 환경 속에서 자라고 있었다. 상상컨대 트럼프라면 이 괴물의 얼굴에 주먹을 날린다거나 들것에 실어 보내버리는 식으로 대응했겠지만, 솔직히 말해 나는 겁에 질려 혼이 빠질 지경

● Abbott and Costello Meet Frankenstein(1948), 유명한 코미디 콤비 애벗과 코스텔로가 주연한 프랑켄슈타인 소재의 영화.

이었다. 그러나 동시에 그 매력에 넘어가기도 한 나는 불안한 마음을 극복하기 위해서 프랑켄슈타인의 분신들을 가능한 대로 전부 찾아보기로 결심했다. 제임스 웨일*의 영화 중에서 「프랑켄슈타인의 신부」와 「프랑켄슈타인의 아들」로 이어지는 시리즈, 영원히 보리스 칼로프의 몫일 줄만 알았던 프랑켄슈타인 역을 론 체이니가 물려받은 「프랑켄슈타인의 유령」에 이르기까지 말이다.

어머니는 이 영화들에 탐닉하도록 나를 극장에 데려가는 것에 대해 가타부타 하지 않았지만 다만 어느정도 나이가 되면 원작소설을 읽겠다고 약속해야 한다는 단서를 달았다. 그러면 그 소설에서 프랑켄슈타인은 "괴물이 아니라 그것을 설계한 오만한 천재"임을 발견할 것이고 "그로인해 쉽게 답을 얻을 수 없는 문제들을 만나게 될 것"이라는 것이 어머니의 말씀이었다. 실제로 사춘기가 끝날 무렵 나는 원작을 읽었고 당연히 한가지 물음에 내내 시달리게 되었다. 스위스의 어느 별장에서 바이런과 남편이 될 퍼시비시 셸리와 함께 휴가를 보내다가 『프랑켄슈타인』 집필에 착수했을 때, 메리 셸리의 머릿속에도 같은 질문이 맴돌았으리라. 누가 진짜 괴물인가? 원치도 않았는데 흉악한

• James Whale(1889~1957), 미국 영화감독. 그가 감독한 「프랑켄슈타인」(1931)이 큰 성공을 거두자 이후 「투명인간」(1931) 「프랑켄슈타인의 신부」(1935) 등의 공포영화를 잇따라 감독하며 이 장르의 대표주자가 되었다.

몰골로 태어나야 했던 그 피조물인가, 아니면 신의 영역을 넘보는 그의 창조자인가?

이 괴로운 질문을 오늘날 다시 제기함으로써 우리는 트럼프식 반란에서 진정으로 위협적인 지점을 더 깊이 파고들 수 있게 된다. 그것은 바로, 공포를 먹이 삼고 고문과 대규모 국외추방을 입가심 삼는 남자에게 어마어마한 수의 사람들이 표를 던지고 있다는 사실이다. 그에게 자신의 불확실성과 악몽과 욕망을 투사하는 이 불안한 다수 대중이 없었다면 트럼프도 존재하지 못했을 것이다. 그러니 진짜 괴물은 바로 이들 남녀, 뻔뻔한 카리스마와 완력으로 약자를 을러대는 그의 행태, 탐욕과 사내다움을 찬양하는 그의 언설에 사로잡힌 이들이 아니겠는가?

그런 사람들 주위로 담을 둘러쌓고 그들을 우리 시야와 우리 삶 바깥으로 치워버리고 싶은 유혹은 종종 압도적이다. 그러면 그럴수록 더더욱 우리는 트럼프 지지자들을 닮지 않도록, 공격적이고 악의에 찬 이방인인 양 그들을 폄하하고 악마화하지 않도록 주의해야 한다.

타자에 대한 이런 비인간화야말로 바로 메리 셸리의 소설이 비판하고 있는 것이다. 영화 속 괴물은 말을 못하는 것으로 묘사되지만 책에서의 그는 슬퍼할 줄 아는 섬세한 영혼의 소유자이며, 자신의 외로움을 분명한 말로 표현할 수 있고, 흉악한 몰골만으로 자신을 판단하지 말아달라고 요구하기도 한다. 우리가 트럼프의 열성 지지자들을 향해 가져야 하는 감정이 연민이라고 주장한다면 너무 순진한 것일까? 폭력적이고 구제불능인 극단의 광신적 고집통들과 네오나치를 제외하면 트럼프에게 표를 주는 대다수는 실존적 황무지에 살고 있다고 감히 말해볼 수는 없는 것일까? 그들의 이런 상황은 밀턴이 『실낙원』에 부친 제사(題詞)에 고스란히 담겨 있고, 그 구절은 『프랑켄슈타인』 속 표지에 인용되어 있기도 하다. 아담이 자신을 빚은 신을 향해 외치는 항변이다. "제가 언제 저를 어둠 속에서 끌어올려달라고/당신께 청한 적이 있었습니까?"

추종자들이 트럼프를 창조하고 그의 세력을 키웠을지도 모른다. 그러나 대체 어떤 무자비한 신이 그들을 어둠 속에서 끌어올려 그들 남녀가 자기 가족에 대해 그렇듯 마음을 졸이도록, 그렇게나 속수무책으로 낙망하고 포기하도록, 그래서 결국은 그들의 가장 비열한 욕망에 호소하고 그들의 슬픔과 불안을 먹고 자라는 선동가를 치켜세우도록 만들었다는 것인가?

결과적으로 트럼프가 패하든 아니든, 우리의 오도된 동료 시민들 태반은 우리 중에 계속 남아 있을 것이다. 그들이야말로 진짜 난제를 제기한다. 그들을 잉태시키고 트럼프 같은 초인적 구세주를 원하는 욕구에 불을 댕긴 것은 바로 미국의 어두운 이면이었다. 따라서 스스로를 깊이 돌아본 후 수백만 좌절한 자들의 분노에 맞서 그 불을 끄는 일은 그 반대편에 있는 더 밝은 미국의 몫일 것이다. 심연으로부터 허황된 망령을 불러내기를 멈추고 전쟁과 빈곤, 인종주의와 성불평등, 우리 모두를 위협하는 생태적 파국 같은 너무나도 명백한 망령에 맞서기 시작하자고 그들을 설득할 수밖에 없다. 우리가 어깨 걸고 무찔러야 할 진정한 공포와 괴물을 직시하자고 말이다.

트럼프 지지자들에게서 미망과 두려움을 걷어낼 방법을 찾을 수만 있다면, 우리 모두가 함께 겪고 있는 딜레마를 푸는 길에 그들을 끌어들일 방법을 찾을 수만 있다면, 메리 셸리의 소설 마지막 구절이 실현되리라는 실낱같은 희망을 품어도 좋을 것이다. 괴물과 우리 안에 있는 괴물성에 안녕을 고하며 메리 셸리가 남긴 이 말이 경이로운 예언이 될 것이다. "그는 곧 파도에 휩쓸려, 저 멀리 어둠 속으로 사라졌다."

나의 어머니와 트럼프의 국경선

　도널드 트럼프는 최근 폭발적으로 증가하는 테러공격에 대한 대응으로 정부와 치안당국에 매카시처럼 "내부의 암적 존재"와 싸우라고 요구했다. 그리고 "애초에 그들이 어떻게 이 나라에 들어왔는지 도저히 알 수가 없다"라며 목소리를 높였다. 명백히 그는 이번의, 그리고 앞으로 일어날지도 모르는 (그에 따르면, 불가피한) 수천의 다른 습격들이 "고강도 입국심사"를 거치지 않고 통과했다고 믿는 모양이다. 그가 주장하기로, 무슬림 테러리스트와 샤리아를 옹호하는 자 들이 미국에 들어오지 못하도록 막는 데 필수적인 그 심사 말이다. 그런데 이렇게 국경에서 미리 외국인들을 솎아내는 것은 미국적 가치에 반하는 절차이기도 하거니와, 그런 방법으로 우리의 안전을 강화할 수 있을지도 미지수다.

애석하게도 세상을 떠나신 지 20년이 가까운 내 어머니 패니 젤리코비치 도르프만도 아주 오래전 지금의 공화당 대선후보가 도입하고자 하는 것과 유사한 심문체계와 정면으로 충돌한 적이 있었다. 아마 그때의 일화가 그러한 심사에 따르는 함정과 덫을 바라볼 건전한 시각을 제공해줄지도 모르겠다.

출입국관리사무소 관리들에 의해 구금당했던 사연을 나중에 설명해주던 어머니의 말투는 우리 가족에게 비극적인 일이 닥칠 때마다—그런 경우가 적지 않았는데—언제나 그랬듯 유쾌했지만, 그 일이 일어났을 당시에는 전혀 웃어넘길 만한 상황이 아니었다.

누이와 내가 어머니의 곤경에 대해 알게 된 것은 매사추세츠주 캠프 테비아에서 며칠을 보내고 마지막날—아마 1953년 7월 말이나 8월 초 어느 때쯤—부모님이 우리를 데리러 나타나지 않았을 때였다. 아버지가 근처 보스턴에 있는 지인들에게 우리를 부탁하고 아내가 처한 난감한 사태를 해결하러 갔던 것이다.

문제의 발단은 어머니가 그해 여름 아버지의 유럽여행에 동행했다가 미국으로 돌아오는 길에 같이 비행기를 타지 않고 혼자 유유자적 배편으로 돌아오겠다고 결정한 일이었다. 당시 아르헨띠나 출신 우리 가족은 미국에 9년째

거주 중이었고 아버지가 유엔 고위관료였기에 가족 대부분은 외교비자를 지니고 있었다. 아무튼 그런 연유로 어머니는 혼자서 출입국 관리당국을 마주하게 된 것이었다.

그들은 처음엔 이름("지금 현재 다른 법적 이름을 갖고 있거나 과거에 그랬던 적이 있습니까?"), 주소, 영주권 등에 관한 통상적 질문을 던지면서 시작해 그다음엔 아마 그 전해 트루먼 대통령의 거부권 행사에도 불구하고 의회를 통과한 매캐런법*에서 용기를 얻은 듯 어머니 신원의 다른 면에 대해서도 계속 캐물었다.

"지금 현재 공산당원이거나 과거에 그랬던 적이 한번이라도 있습니까?"

어머니는 그 질문에 간단히 답해버릴 수 있었다. 어머니는 아버지 의견에 찬동하지 않는 경우가 드물었지만, 공산주의 문제에서 아버지가 볼셰비끼에 열렬히 동조하는 것에 대해서만은 예외적으로 반대했다. 늘 아주 온화하고 유머 있는 방식으로 그러긴 했지만 말이다. 어느날은 저녁 먹는 자리에서 장난스럽게 눈빛을 반짝이며 SRCL공산당—약간은 개량적인 생명보존(the Slightly Reformed

---

* McCarran Act, 1950년 9월 미국 상원의원 P. A. 매캐런 등이 제안한 반공입법. 공산주의단체 회원명 및 기록의 공표, 전체주의단체 구성원의 입국금지, 전시스파이 및 군수생산을 방해할 우려가 있는 자에 대한 억류권 등을 정부에 부여했다.

Conservation Life) 공산당——이라는 조직을 창설했다고 선언한 적도 있다. 자신이 그 당의 당수이자 총서기, 재무장관이자 유일한 당원이라는 것이었다. 그래서 어머니는 사실 그대로, 그렇지 않다고, 자신은 지금도 그런 전체주의적인 집단의 일원, 즉 출입국관리사무소 공무원들이 미국에 발붙이지 못하게 하려는 그런 사람이 아니며 과거에도 그랬던 적이 없다고 대답했다.

"무력이나 파괴에 의한 미국 정부 전복을 옹호하십니까?"

질문 자체가 터무니없었지만, 어머니는 입술을 깨물며 말을 참았다. 자신이 한때는 미국 시민이 될까 고려해보았을 정도로 미국의 많은 것을(특히 루스벨트를) 지극히 아낀다는 얘기, 그러나 지금은 적색공포를 비롯해 하원비미(非美)활동위원회(HUAC)와 조지프 매카시의 이데올로기적 순수성을 향한 추구, 자기 남편이나 그 지인들에 대한 추적 등등으로 이 나라에 정나미가 떨어지는 바람에 이미 칠레로 이주를 계획 중이라는 얘기는 입 밖에 내지 않았다. 그 사람들과 논쟁을 벌여봤자 무슨 소용이 있겠는가?

"아뇨." 어머니가 대답했다. "당연히 아니죠."

그다음 질문이 결정타였다.

"미국 대통령을 암살할 의도를 갖고 있습니까?"

어머니도 더이상은 참을 수가 없었다. 그 어처구니없는

질문에 웃음이 터졌다. 어서 배에서 내려 아버지를 만나 윗녘에 있는 두 아이를 데리러 가고 싶다는 생각뿐이었다. 농담 한마디 정도면 이런 절차가 좀 가벼워질 수도 있겠다는 생각이 들었다.

"만약 내가 대통령을 암살할 계획이라면 그 얘길 당신한테 하겠어요?"

자신의 매력—실로 상당하던—으로 어떤 곤란한 상황도 돌파할 수 있을 것이라고 자신해왔기에, 그들이 어머니를 미국에 입국하지 못하도록 막고 엘리스 아일랜드로 보내 어머니의 파괴적 활동, 장차 벌일지도 모르는 치명적 활동에 대해 더 자세히 심문하려고 하자 어머니도 놀라지 않을 수 없었다. 그저 농담이었다는 항변에는 단호한 대답이 돌아왔다. "이게 웃어넘길 문제는 아니지요, 도르프만 부인."

집안에서 얘기가 전해지다보니, 어머니 자신의 이야기 버릇—늘 어떤 사건이든 이야기를 부풀리고 장편서사시 수준으로 승격시키는—도 있고 해서 어머니가 구류 상태로 3일 밤낮을 보낸 것으로 되어 있지만, 내 추측으론 그 시간이 24시간을 넘기지는 않았을 것 같다. 실제 벌어진 일은 당시 유엔 사무총장 다그 함마르셸드가 직접 개입해서 미국 당국에 패니 젤리코비치 도르프만은 국가의 안전과 미래, 대통령의 건강과 안녕에 전혀 위협이 되지 않는다고 보장해야만 했다는 것이다.

　60년이 지나 외국의 다른 존재에 대한 두려움이 지배하는 시절을 또다시 겪게 되니―이번에는 빨갱이 대신 무슬림이 적이 되었고 교조적 맑스주의 대신 샤리아가 표적이 되었지만―그 심사관들과 그들의 질문을 마주해야 했던 어머니의 일화를 통해 하나의 증거를 얻을 수 있겠다는 생각이 든다. 도널드 트럼프가 주장하는 형태의 고강도 입국심사는, 헌법에 위배된다는 점은 차치하더라도, 결국 국경에서 어머니 같은 죄 없는 사람들만 잡아넣고 잘 훈련된 범죄자들은 아무런 제지도 받지 않고 빠져나가게 하리라는 증거 말이다. 정말로 미국을 파괴하기로 마음먹은 자들은 당연히 자기 목적을 감출 것이고(그 정도 훈련은 받지 않았겠는가?) 편집증에 걸린 듯한 현 상황에 대해 농담을 할 만큼 순진한 사람들만 국토안보부의 무능한 손아귀 안에 떨어질 것이다.

　그것이야말로 실로, 웃어넘길 문제가 아니지 않은가?

라틴아메리카 음식과 트럼프 장벽의 실패

　도널드 트럼프가 지금껏 펼쳐온 선거운동 한가운데에
는 멕시코에서 국경을 넘어 몰려온 "외국인"들이 미국에
제기하는 위협이 놓여 있었다. 그의 요란한 언설에 따르면
그들은 "나쁜 녀석들" 패거리에다 강간범, 범법자, 마약상
들이다. 물론 그도 신꼬 데 마요*를 기념해 트럼프타워 그
릴에서 타코를 먹는 자신의 모습을 찍어 트위터에 올림으
로써 히스패닉에 대한 사랑을 증명하려 하긴 했다. 자기
나라 역사에 대한 이해도 얕팍한 것으로 보아, 신꼬 데 마
요가 일찍이 1862년 바다를 건너온 적군 프랑스군을 패퇴

---

* Cinco de Mayo, 1862년 5월 5일 멕시코군이 프랑스 침략군을 대패시킨 것
　을 기리는 승전기념일. 현재는 멕시코뿐 아니라 미국에서도 큰 축제를 벌이
　며 특히 양국 간 협력과 우의를 다지는 의미를 갖는다.

시킨 사건을 기념하는 날이라는 것은 그가 알았을 리 없다. 당시 멕시코군 사령관이 침략군 우두머리의 특징으로 꼽았던 점들을 트럼프도 곰곰이 생각해보았더라면 좋았을 것을, 안타까운 일이다. 오만과 어리석음, 무대책 말이다.

바로 이런 특징들은, 타코를 우적우적 씹어먹으면서 동시에 (최소) 천백만명의 "불법이민자"들을 추방한 후 그들이 다시 돌아오지 못하도록 무지무지 크고 아름다운 장벽을 쌓을 꿈을 꾸고, 열성 지지자들에게는 두 나라를 갈라놓을 목적으로 지어질 그 거대한 장벽의 비용은 멕시코가 지불하게 될 것이라고 약속하는 트럼프의 모습에서 고스란히 드러난다.

그러나 트럼프는 이 전쟁에서 이미 자기가 지고 있다는 사실은 깨닫지 못한 것 같다. 양국을 통과해 흐르는 광대한 리오그란데강 한가운데에 빈틈없이 장벽을 세우기란 사실상 불가능하다거나, 그러기 위해선 신성한 아메리카 원주민의 땅을 더럽히지 않을 수 없으리라는 얘기를 하려는 것이 아니다. 또는, 장벽이 반대쪽이 건너다보일 정도로 투명하면서도 부식을 견딜 만큼 밀도가 높으려면 필연적으로 불투명해야 한다는 조건을 동시에 충족할 수 있느냐는 얘기를 하려는 것도 아니다. 또는, 무인비행체를 막을 정도로 높게, 그리고 이제껏 봉쇄하려는 모든 노력을 허사로 만들어온 땅굴들을 파지 못하게 할 정도로 깊게 장벽을 세우려면 도저히 불가능한 공학적 묘기를 부려야 한다는 얘기를 하려는 것도 아니다. 내가 지금 하려는 얘기는 그의 주장에 맞서는 더 온건한 적에 관한 것이다. 첫번째 벽돌이 놓이기도 전에 그의 장벽은 그가 트위터에 올린 사진 속에서 사악한 미소를 지은 채 들고 있는 타코, 바로 그 타코와 라틴아메리카 전역에서 넘어온 수많은 타코 사촌격 먹거리 앞에 무릎을 꿇은 셈이다.

뭐라고? 무명의 영웅 먹거리가 인종적으로 순수한 미국을 만들겠다는 트럼프의 꿈을 격퇴시킬 태세라고?

어떤 독자들은 이 주장이 황당하다고 여길지 모르지만, 수십년의 방랑 끝에 아내와 내가 정착한 이곳 노스캐롤라이나 더럼에서 우리가 자주 들르는 가게 하나를 이 주장에 대한 방증으로 제출하는 바이다. 선거유세 중 트럼프가 이 도시를 찾을 리는 만무하다. 여기는 2012년 선거 때 오바마가 75.9%의 표를 얻어 주 전체를 통틀어 최대 승리를 기록한 곳이다. 그러나 만약 난장판을 즐긴다는 왕년의 레슬링 선수, 그 도널드가 대담하게도 이 적진에 들어온다면 나는 그에게 이 슈퍼마켓에 한번 들러보라고 권할 것이다. 앙헬리까와 내가 더러는 편리함에 끌려, 그러나 그보다는 우리만의 향수에 젖기 위해 더 자주 찾는 이곳에 말이다.

나는 이 가게의 넓은 지붕 아래서, 말하자면 여러 나라를 거쳐 여기에 이른 나의 태생을 거슬러올라가며 내가 태어난 대륙의 존재를 향취로 느낄 수 있다. 어느 선반 위에 노블레사 가우차가 있다. 아르헨띠나 출신 우리 부모님이 뉴욕에서 타향살이를 하는 동안 매일 아침—어머니는 설탕을 넣어 달게, 아버지는 더 쓴맛으로—마시던 예르바 마떼차이다. 이 찻잎을 담은 포장봉지만 보아도 우리 '엄마 아빠'가 1940년대에 도망쳐나온 독재정권 치하 부에노스아이레스에서 오는 선적 물자를 오매불망 기다리던 모습이 눈앞에 선하게 떠오른다. 가게 안으로 좀더 들어가면 깡통에 든 농축우유가 나온다. 내가 열두살 때 우리 가족이 칠레로 집을 옮긴 후 사춘기 시절 그곳 산으로 캠핑을 갈 때면 캔에 든 같은 음료를 홀짝이곤 했다. 그리고 그 근처에는 니도 깡통도 있다. 아내 앙헬리까와 내가 아들 로드리고가 아기였을 때 처음으로 그애에게 먹였던 분유다. 산띠아고에서 거의 반세기 전의 일이다. 또 어린이용 네스퀵도 있다. 삐노체뜨 독재정권으로부터 추방당해 몇년을 떠돌다가 칠레로 돌아갔을 때 우리를 따라온 둘째아들 호아낀의 삶을 달콤하게 만들어주려던 우리에게 큰 도움이 되었던 초콜릿 가루다.

그러나 태생은 그저 개인적인 차원의 것만이 아니라 철저하게 집단적인 것이다. 특히 나 자신처럼 우리 지역 내 불운한 다른 나라 출신 사람들에게 애틋한 동료애를 느끼는 라틴아메리카인들에게는 더욱 그렇다. 꿈을 좌절시키

는 가혹한 역사에 맞선 경험은 목적의식과 슬픔, 희망, 낙
관성을 공유하도록 이끌었고, 그 공통의 감정을 통해 우리
는 지리적으로 제한된 운명이나 국가의 경계를 넘어 정서
적으로 하나가 된다. 이 가게의 식료품 코너를 천천히 둘
러보는 일은 곧 그 사람들과 그 땅들과 그 땅의 형제자매
들의 미각과 다시 만나는 일이며, 비록 상상 속의 대리만
족일지언정 바로 그 시각 남반구 이곳저곳에서 준비되고
차려지고 있는 밥상머리에 같이 앉는 일이다. 뻬루에서 온
계피와 꼬스따리까에서 온 크림치즈, 브라질에서 온 볶아
서 간 커피('당신의 집 안에서 대초원의 맛을')●가 있다. 카
리브해에서 온 코코넛 주스, 있을 건 다 있고 없는 것도 있
는 온갖 다양한 종류의 콩, 멕시코에서 온 구운 옥수수, 도
미니까공화국에서 온 신선한 셀러리(마치 배배 꼬인 자그
마한 성상처럼 생긴), 어디서 왔는지 아무도 모를 우려 마
시는 약초들, 바질과 참깨와 아마씨와 까사바와 말랑가,
그리고 돼지껍질 튀김과 밀가루 튀김이 있다.

　만약 상빠울루나 까라까스, 끼또에 가서, 또는 산호세나
라빠스, 보고따에 가서 이런 각양각색의 특산물과 진미를
사려 한다면, 라틴아메리카의 크고 작은 도시들 어디든 가

● café torrado e moido, 브라질에서 가장 유명한 커피 브랜드 까보끌루
　(Caboclo)를 말하며, '당신의 집 안에서 대초원의 맛을(O sabor do campo
　na sua casa)'은 이 회사의 광고 문구다.

서 한 장소에서 그렇게 넘치게 다양한 요리재료를 만날 수 있을지 묻는다면, 그 나라 어디에도 그런 곳은 존재하지 않는다는 대답을 듣게 될 것이다. 리우데자네이루의 어떤 상점에서도, 예컨대 리우식 까리오까 음식진열대 바로 옆에서 18종의 다종다양한 칠리페퍼를 고르거나 땀삐꼬 펀치를 사고 까사베 빵을 맛보는 일은 벌어질 수 없다.

이것이야말로 'COMPARE'라는—에스빠냐어로도 영어, 뽀르뚜갈어로도 잘 통하는—가게 이름을 뽐내는 이 식품점의 가장 매혹적인 면이다. 650만명이 거주하는 리우나 2천만 인구의 대도시 멕시코시티에서보다 이곳 미국 남부의 한 소도시(인구 267,587명)에서 각양각색의 라틴아메리카를 훨씬 잘 대표하는 모습을 만날 수 있으리라 누가 생각이나 했겠는가?

도널드 트럼프와 태생을 따지는 그의 지지자들은 이 점을 잘 이해해야만 할 것이다. 끄리스또발 꼴론[크리스토퍼 콜럼버스]이 나중에 자기 아닌 다른 몽상가의 이름을 따서 불리게 될 땅을 발견한 지 500 하고도 24년이 흐른 지금, 이런 가게(와 미국 전역에 흩어져 있는 무수한 다른 가게들)의 존재 자체가 웅변으로 입증하고 있는 것은, 후아레스*와 가르시아 마르께스, 에바 뻬론의 대륙이 리오그란데에서 멈춰야 한다는 얘기는 더이상 통하지 않는다는 사실, 그 대륙은 멀리 그링고**의 북쪽땅까지 뻗어 있다는 사실이다.

그 대형 라틴 슈퍼마켓에서 나를 맞아주는 먹거리는 당연하게도 냄새를 맡고 껍질을 벗기고 요리해서 삼킬 수 있는 어떤 것에만 머물지 않는다. 손을 뻗으면 잡히는 감자는 수천년 전 안데스 고지에서 유래한 것이며, 보기만 해도 입에 침이 고이는 파인애플은 에스빠냐 정복자들이 묘사할 말을 찾지 못했던 바로 그 과일이다. 혀로 맛만 보아도, 마치 프루스뜨처럼, 사람들 대부분이 다시는 보지 못할 어린 시절의 고향으로 돌아갈 수 있다는 생각으로 몸에 전율이 인다. 그 손 뒤에, 입 안에, 몸 너머에 삐냐따 같은 변화무쌍한 사연들이 무성하다. 모국을 뒤로하고 도망쳐 다른 곳에 정착하고, 합법적으로 또는 은밀하게 국경을 넘으며 국경수비대나 수호천사들을 만나고, 뒤에 남겨진 수많은 라틴아메리카 민중과 연락하고자 갖은 애를 써왔던 얘기, 배고픔과 억압, 동시에 연대와 찬란한 희망의 기억으로 가득한 나의 얘기와 똑같은 사연들이.

• Benito Juárez(1806~72), 멕시코의 아메리카 원주민 출신 대통령이자 법률가. 1857~72년 대통령 재임시 민주공화국을 세우기 위한 과감한 입헌개혁을 추진했고 프랑스의 침략에 맞서 싸워 멕시코의 국민적 영웅으로 존경받는다.

•• Gringo, 원래 에스빠냐어나 뽀르뚜갈어를 사용하는 지역에서 외국인을 일컫는 말이나, 몇몇 라틴아메리카 나라에서는 영어를 사용하는 외국인, 특히 미국인을 낮추어 부르는 말로 사용된다.

온두라스 출신의 어떤 여인이 카트 안에 바나나를 산더미같이 쌓고 있다. 붉은 노을 색깔의 그 바나나들은 상하기 시작한 지 꽤 되어 보이지만 그녀는 내게 토마토와 강낭콩 요리에는 딱 좋겠다며 자신있게 말한다. 꼴롬비아 출신 부부 한쌍(보고따 사람들이 사용하는 근사한 에스빠냐어 특유의 부드러움이 감지된다)은 오늘 저녁 만들 아히아꼬 수프에 실험 삼아 멕시컨 세라노페퍼(구부러진 모양새가 네온 조명 아래 초록으로 빛난다)를 좀 넣어볼까 어쩔까 의논한다. 남편이 그것도 좋겠다고, 아내가 방금 산 과스까스 허브를 잊지 않고 넣어주기만 하면 괜찮겠다고 말한다. 자신이 아기였을 때 처음으로 맛을 들인 것이라면서. 그 두 사람의 마음속에는 나와 앙헬리까의 마음속처럼 가슴이 무너져내렸다가 다시 따뜻해지곤 하는 이야기, 고향에 버려두고 온 화덕과 새 보금자리에서 다시 불을 붙인 화덕에 얽힌 이야기가 들어 있다.

여기 말고 또 어디서 이 사람들이(그리고 남북 아메리카의 모든 나라와 민족을 대표하는 그토록 많은 비공식 사절들이) 이렇듯 일상적인 방식으로 장을 보며 만나고, 이 아르헨띠나 출생의 칠레계 미국인 바로 옆에서 이보다 더 자연스러울 수 없다는 듯 상상할 수 있는 모든 에스빠냐어 억양으로—몇몇은 나도 정체를 알 수 없는 토착어로 서로 속살거린다—수다를 떨 수 있겠는가?

그중 얼마나 많은 이들이 강제수용소와 추방과 가족 간의 생이별로 위협받고 있으며, 이 동포들 중 얼마나 많은 이들이 정처 없이 떠돌며 합법과 불법의 경계선을 위태로이 오가고 있는가? 감히 묻지 않으련다. 그러나 한가지 확실한 것, 서류 미비의* 먹거리로 가득한 이 알싸한 낙원 같은 피난처에 서서 내가 단언할 수 있는 것은, 이 나라가 돌아가도록 만들어주는 남성과 여성, 집을 짓고 길을 닦고 집 청소를 하고 끼니를 준비하고 아이들을 돌보는 남성과 여성, 라틴아메리카 21개 공화국에서 저마다 태어나 결국 이곳 미합중국에서 만난 이들 남성과 여성은 결코 어디로 사라지지 않으리라는 것이다. 그것만큼은 명료하게 언명할 수 있다.

　세뇨르 트럼프, 당신의 장벽은 이미 금이 갔소. 당신의 장벽은 우리의 평화로운 침공 앞에 벌써 무릎을 꿇었다오.

　우리의 먹거리와 함께, 우리도 이 자리를 지킬 것이오.

---

* 원문 'undocumented'는 합법적 이민서류 없이 미국에 체류하는 사람을 가리키는 말이다. 이 '서류미비자'들은 트럼프 반이민정책의 최우선 공격목표가 되었다.

포크너가 미국에 던지는 질문

미국은 살아남을 자격이 있는가?

윌리엄 포크너가 공개적으로 제기했던 질문이다. 1955년 미시시피의 한 마을에서 감히 백인 기혼여성을 향해 휘파람을 불었다는 이유로 열네살짜리 흑인 소년 에밋 틸이 살해당하고 그 시신마저 훼손되었다는——민권운동 탄생의 촉매제로 작용했던 그 린치 사건의——뉴스를 접했을 때였다.

미시시피주 옥스퍼드, 포크너가 일생의 대부분을 보내며 그를 20세기 미국의 가장 영향력 있는 작가로 만들어줄 걸작들을 폭포수처럼 쏟아낸 이곳으로 아내와 함께 나선 문학순례의 길에서 미국이 살아남을 자격이 있나 없나 하는 질문을 나 스스로에게 던지게 될 줄은 몰랐다. 우리는 몇년째 이 여행을 계획해왔다. 사춘기 시절 칠레에서 처음 접한 이래 복잡다단한 시간과 마음과 슬픔의 흐름을 표현하기 위해 모든 인습을 깨고 어떤 위험이든 피하지 않고 덤비도록 내게 용기를 준 작가, 드넓은 세상 한구석 벽촌에서도 "살아 있다는 것, 그리고 그것을 안다는 것"이 무엇인지 입 밖으로 내어 말해보도록 채찍질해준 작가의 삶과 작품에 대해 명상해볼 기회라 생각했기 때문이다. 하지만 미국의 존속에 관한 그 질문은 54년 전 포크너가 몸을 누인 세인트피터즈 묘지의 무덤을 찾은 이 순간에도 내 머릿속을 떠나지 않고, 그가 거닐었던 거리를 걷는 동안에도 문득문득 찾아들며, 그가 집 삼았던 전전(戰前) 양식의 저택 로언오크를 둘러보는 동안에도 떨쳐지지 않는다.

그의 나라가 "불가해한 공포의 순간", 대혼란의 우리 시대가 낳은 가장 격렬한 선거전을 마주하게 된 오늘, 그래서 어쩌면 병적으로 자기중심적인 선동가가 백악관을 접수할지도 모르게 된 오늘, 만약 살아 있었다면 이 『소리와 분노』의 저자는 틀림없이 고통을 감수하고서라도 동료 시민들 앞에 미국의 미래에 대한 그 질문을 다시 한번 던졌을 것이기 때문이다. 또한 의심할 여지 없이 그는 트럼프 지지자들에게 도전장을 내밀었을 것이다. 그들이 그의 소설 속에 등장하는 수많은 인물들처럼 제어할 수 없는 과거의 어둠에 굴복해 분노와 절망으로 자기 자신과 자신의 땅을 파멸의 운명으로 이끌지 않기를 희망하는 마음에서.

포크너의 말이 오늘날의 아프리카계 미국인들에게 호소력을 지니지는 못할 것이다. 물론 그는 놀랍도록 섬세하게 그들의 딜레마를 다루었고, 그 노예의 후손들이 지독하고 부당한 제도가 부과하는 짐을 "단호하고 강고한 자부심을 가지고" 감당하는 모습을 묘사한 바 있다. 그러나 인종 장벽을 극복하는 방법으로 인내를 설파한 사람, 마틴 루터 킹의 연설을 들어보지 못한 사람, 흑백 간의 결혼에서 태어난 사람이 대통령이 될 가능성은 상상도 할 수 없었을, '블랙 라이브즈 매터' 운동*의 가능성(오프라 윈프리야 말할 것도 없고!)은 더더구나 상상할 수 없었을 사람으로서, 그 자신 도저히 이해하지 못했을 현재의 다문화적 미국을 향해 설파할 만한 것을 갖기는 어려웠을 것이다. 그 시대엔 예견할 수 없었을 페미니스트혁명으로 힘을 얻은 여성들을 대하는 일도 마찬가지로 그에게는 쉽지 않았으리라.

그러나 현대 미국이 보여주는 바람직하지 못한 다른 측면들은 슬프게도 그리 낯설지 않았을 것이다.

도널드 트럼프의 득세와 그가 표상하는 혼돈스러운 위험을 보고 몸서리치긴 했겠지만 결코 놀라지는 않았으리

• Black Lives Matter, '흑인의 생명도 소중하다'는 뜻. 흑인 사망을 불러온 경찰의 과잉진압에 항의하는 집회에서 시작되어 흑인에 대한 폭력과 제도적 인종주의에 반대하는 사회운동으로 발전 중이다.

라. 포크너는 그가 지은 허구의 세계 속에 이미 작은 규모로나마 남부판 트럼프의 모습을 그려놓았으니 말이다. "썩은 물 색깔의 눈"을 가진 파렴치하고 게걸스런 포식자, 자기가 더 약다고 생각할 정도로 순진한 사람은 그 누구든 속이고 사기 치며, 갖은 계략으로 아득바득 권력을 향해 밀고 나가는 인물, 바로 플렘 스놉스다. 플렘과 그의 무리를 통해 포크너는 "돈만 알고 돈만 믿으며 어떻게 벌든 그게 뭐 대수냐"라고 하는 그의 동료 시민들 다수를 통렬하게 비판했다. 스놉스 같은 족속이 세력을 얻고 확산되도록 놓아둘 경우, 그들의 "아둔하고 비열한 목적을 위한 아둔한 책략과 비열한 부패"가 혹시라도 만연할 경우, 그런 자들이 끼칠 수 있는 해악에 대해서도 믿어 의심치 않았다. 최근의 여론조사를 보면 그런 선거 참사가 일어날 가능성은 점점 줄어드는 것 같지만, 트럼프가 가능성 있는 후보자라는 사실만으로도 이 『압살롬, 압살롬!』의 저자는 두려움에 몸을 떨었을 것이다.

왜 그렇게 많은 그의 동료 시민들이 자기들 책임도 아닌 역사의 덫에 걸려버렸다고 느끼는지, 자기들이 품었던 미국의 꿈이 미쳐날뛰게 되었다고 느끼는지도 포크너는 이해했을 것이다.

따라서, 당시로 보면 정치적으로 자유주의적이고 진보적이었던 포크너도 도널드의 추종자들에 대해서는 동정적이었을 것이다. 거칠게 일반화하자면 오늘날 트럼프의 핵심 지지자라고 할 만한 사람들의 삶을 그는 애정 어린, 종종 유쾌한 태도로 묘사했다. 사냥을 즐기는 사람들과 총기 소유자들, 제대로 된 정보를 제공받지 못한 채 자신의 위협받는 사내다움과 구식 전통에 매달리는 남자들, 작은 농촌 마을이나 경제적으로 침체된 지역에 사는, 자기 뜻대로 돌아가지 않는 세계화에 아무런 대비도 못하고 가차없이 밀려오는 근대의 물결에 휩쓸려버린 백인 미국인들 말이다. 그들의 인종적 편견이나 피해망상을 용서하고 넘어간 적은 없었지만 포크너는 짐짓 자기가 더 나은 사람이라는 듯 그들의 좌절이나 맹목을 눈 아래로 내려다본 적도 없었으며, 그들이 마음 깊은 곳에서 바라던 한가지, 지금도 여전히 바라고 있는 그 한가지를 그들에게 돌려주었다. 바로 그들의 인간적 존엄성에 대한 존중이었다. 포크너는 그가 그렇게도 아끼던 그 사람들이 현재 품고 있는 불만과 그 불만을 낳은 두려움의 뿌리를 충분히 이해했을 것이다.

포크너가 오늘날 지극히 값진 목소리가 될 수 있는 이유가 바로 이것이다.

이 비범하고 고상한 소설가는 자신이 만든 가상의 요크나퍼토파 카운티에 거주하는, 교육도 덜 받고 종교적으로 보수적인 사람들과 그들의 상실감, 그들의 전망 상실에 감정이입했고, 또 그들의 쉬 변하지 않는 고귀한 교류를 특권적 지식인들의 추상적인 태도나 엘리트주의보다 더 좋아했다. 바로 그 사실로 인해, 그는 트럼프의 헌신적 지지자들이 귀담아들어야 할 메시지를 전달하는 데 적합한 이상적인 인물이 된다. 그 메시지는 곧 편협과 공포와 분열주의에 맞서자는 호소다. 여기에 온정주의나 경멸이 비집고 들어올 틈은 전혀 없다.

로언오크 그의 서재 안 기우뚱거리는 작은 책상 앞에서 거기 앉아 딸 질의 고등학교 졸업식 축사에서 할 말들을 다듬고 있었을 그의 모습을 떠올리자니, 오늘도 그 말이 내 귀에 울리는 듯하다. 현시대를 사는 포크너의 동포들에게 다시 한번 그 말을 전할 수 있어 나로서는 영광이 아닐 수 없다. 그가 자기 딸의 동급생들에게 역설한 것은, 그리고 현재의 우리에게 역설하고 있는 것은 "속임수나 위협이나 매수에 넘어가 굴복하는 일이 없도록 언제나 의지를 굳건히 하는 남성, 여성"으로 성장하라는 것이었다. 그는 그들을 향해 얘기했지만 그 얘기는 우리를 향해서도 거듭 되풀이된다. 우리는 "용기와 비겁함 (⋯) 사이에서 어느 하나를 선택할 권리만이 아니라 의무도 가지고 있다"라고. 그는 나에게, 그들에게, 우리 모두에게 말한다. "불의와 거짓과 탐욕에 맞서 정직과 진실과 측은지심을 지키기 위해 목소리를 높이는 일을 결코 두려워하지 말라"라고 촉구한다.

우리, 이대로 비틀거리다 쓰러져 나락으로 떨어질 것인가? 비탄에 빠질 것인가?

그렇게 많은 포크너의 잔인한 등장인물들처럼 우리도 결국은 비극을 맞이할까, 아니면 우리에겐 아직 이 나라가 살아남을 자격이 있음을 증명할 기회와 지혜가 있는 것일까?

역사의
심판

제2부

미국이여, 이제 칠레의 마음을 알겠는가

한 비밀 정보기관의 주장을 빌려 도널드 트럼프의 대통령 당선을 돕기 위해 러시아가 미국 대선에 개입했음을 폭로하는 보도가 있었다. 이를 접한 미국인들 다수가 느끼고 있는 분개와 경악, 그 느낌이 내게도 낯설지 않다.

이미 같은 일을 겪어보았고 비슷한 분개와 경악에 압도당한 적이 있기 때문이다.

구체적으로 말해볼까. 1970년 10월 22일 아침, 당시 내 삶의 터전이었던 칠레 산띠아고에서 아내 앙헬리까와 나는 라디오 뉴스 속보를 듣고 있었다. 칠레 육군참모총장 레네 슈네이데르 장군이 수도의 어느 거리에서 게릴라 부대원이 쏜 총에 맞았다는 소식이었다. 살아날 가망이 없다고 했다.

앙헬리까와 나는 반사적으로 같은 반응을 보였다. "CIA다." 우리는 거의 동시에 그렇게 말했다. 그 당시로서는 증거랄 게 없었지만—물론 우리가 옳았다는 증거가 결국엔 차고 넘치게 드러났다—이것이 또 한번 칠레 국민의 뜻을 전복하려는 미국의 시도라는 것을 우리는 믿어 의심치 않았다.

그보다 6개월 전, 민주사회주의자 살바도르 아옌데가 자유롭고 공정한 선거를 거쳐 대통령으로 당선되었다. 미국이 그의 승리를 막기 위해 수백만 달러를 쏟아부어 심리전을 펼치고 거짓 정보(오늘날 "가짜 뉴스"라고 부르는 것이다)를 뿌렸음에도 불구하고 일궈낸 결과였다. 아옌데가 사회정의·경제정의 강령을 중심으로 선거운동을 펼쳐왔으니, 칠레의 과두세력과 손잡은 리처드 M. 닉슨 정부가 아옌데의 비폭력혁명이 권력을 쥐는 것을 막기 위해 무슨 짓이든 할 것임을 우리는 알고 있었다.

나라 안에는 쿠데타가 일어날지도 모른다는 소문이 무성했다. 과떼말라와 이란, 인도네시아와 브라질에서도 쿠데타가 일어나 미국에 반대하던 그곳 지도자들이 축출당하는 일이 벌어졌다. 이번엔 칠레 차례였다. 슈네이데르 장군이 암살당한 이유도 바로 그것이었다. 헌법에 충실하겠다고 맹세한 그가 아옌데를 흔들려는 계획에 완강하게 맞섰기 때문이었다.

슈네이데르 장군의 죽음으로 아옌데의 취임을 막지는 못했지만, 미국 정보부는 헨리 A. 키신저의 명령하에 그후 3년 동안 우리의 번영을 가로막고("경제의 목줄을 죄라"라는 것이 닉슨의 명령이었다) 군부의 불만을 사주하는 방식으로 끊임없이 우리 주권을 침해했다. 결국 1973년 9월 11일 아옌데는 제거되었고, 그 자리를 차지한 독재정권이 거의 17년 동안 지속되었다. 고문과 처형, 실종과 유배의 세월이었다.

그 모든 고통을 생각해보면, 내가 지금의 모습에 좀 고소해한다고 해도 당연하다 생각하는 사람들도 있을지 모르겠다. 자기 나라의 민주주의가 외국의 간섭에 지배받는 광경—칠레의 민주주의가 다름 아닌 미국에 의해 침해당했던 것처럼—에 미국인들이 분노로 진저리를 치는 모습을 보고 말이다. 아닌 게 아니라 다른 나라들의 독립성에는 전혀 신경도 쓰지 않던 바로 그 기관 CIA가, 강력한 국외 라이벌이 자기들이 펼치던 작전을 모방했다는 이유로 상대방을 비난하고 나서는 걸 보니 참 얄궂다는 생각도 든다.

하지만 얄궂다는 생각은 그렇다 쳐도 고소하다는 느낌은 들지 않는다. 나 자신 이제 미국 시민이 되어 또 한번 이런 악질적인 간섭의 희생자가 되었다는 이유에서만은 아니다. 내가 느끼는 참담함에는 한 개인으로서의 취약함에 대한 느낌 이상의 무엇이 있다. 이번 일은 집단적 참사다. 미국 유권자라고 해서 칠레 유권자가 겪었던 일을 똑같이 당해야 하는 것은 아니다. 어떤 이유로든, 그 어느 곳의 시민이든, 자기가 살고 있는 땅 밖의 세력에 의해 자기 운명을 조종당하는 일을 겪어서는 안되는 것이다.

국민의 뜻에 대한 이런 침해의 심각성은 가벼이 과소평가하거나 얕잡아볼 문제가 아니다.

트럼프 씨가 그의 측근들과 한목소리로 정보당국이 주장하는바 사실상 선거가 그에게 유리하도록 외국 세력에 의해 조작되었다는 것을 부인할 때, 그의 목소리에는 묘하게도 1970년대 초 우리가 CIA를 향해 우리 내정에 불법적으로 간섭한다고 비판했을 때 수많은 칠레인들이 들었던 바로 그 대답을 연상시키는 뭔가가 있다. 그가 지금 사용하는 경멸조의 용어들은 당시 우리가 들었던 것들과 똑같다. 그는 그 배후에 누가 있는지 "알 수 없으니" 그런 주장은 "우스꽝스러운 음모론"에 불과하다고 말한다.

칠레에서는 누가 '배후에' 있었는지 밝혀졌다. 처치위원회*와 거기서 제출한 1976년의 영웅적이고 초당적인 보고

---

* 1975년 미 상원의원 프랭크 처치(Frank Church) 주도로 정부 정보기관들의 활동을 조사하기 위해 상원 내에 설치된 위원회. CIA, NSA, FBI 등을 조사해 여러 건의 불법행위를 밝혀냈고 그 성과를 바탕으로 이후 미 상원 내 상설 정보위원회가 설치되었다.

서 덕분에 CIA가——추정컨대 공산주의로부터 세계를 구하기 위해——저질러온 수많은 범죄들, 다른 나라의 민주주의를 파괴해온 다양한 방법들이 만천하에 드러났다.

이 나라는 당연히, 모든 나라들이 그러듯——물론 러시아도 포함해——자신의 지도자를 선택할 수 있어야 한다. 누군가가 해외의 어느 구석진 방에서 그 선거 결과를 결정하는 일이 벌어져서는 안된다는 것도 물론이다. 이런 평화적 공존과 존중의 원칙이야말로 자유와 자결의 기반인데, 또다시 그 원칙이 훼손된 것이다. 다만 이번에는 미국이 그 희생자였을 뿐.

그러면 이제 이 민주적 과정에 대한 신뢰를 어떻게 회복할 것인가?

우선, 독립적이고 투명하며 철저한 공적 조사를 통해 위해를 가할 작정으로 행해진 미국 시민과 외국인 간의 공모를 낱낱이 밝히고 처벌해야 할 것이다. 이들의 영향력이 얼마나 강한지는 문제가 아니다. 대통령 당선자는 그 근거를 조롱하기보다는 조사를 요구하는 게 맞다. 일반투표에서의 상당한 패배로 이미 손상을 입은 그의 정권의 정통성이 거기에 달려 있기 때문이다.

그러나 또 하나의 사명이 남아 있다. 정치인이나 정보기관원이 아니라 미국의 일반 시민들이 수행해야 할 더 고결한 사명이다. 이 통탄할 사건에 함축된 의미를 따져봄으로써 우리가 같이 살고 있는 이 나라, 그 가치, 그 믿음, 그 역사에 대해 중단 없고 용서 없는 고찰을 시작해야 한다는 것이다.

미국이 자신의 선량한 시민들이 당한 일을 온당하게 비난할 수 있으려면 그전에 먼저 똑같이 선량한 다른 나라 시민들에게 자신이 한 짓을 직시할 준비부터 해야 한다. 그리고 그런 오만한 행동에 다시는 나서지 않겠다고 단단히 결의하지 않으면 안된다.

만약 미국이 거울에 자신을 비추어봐야 할 그런 때가 있다면, 사실을 밝히고 청산해야 할 때라는 것이 있다면, 바로 지금이 그때다.

콰이강은 라틴아메리카와 포토맥을 지난다

고문받는 자의 심정

도널드 트럼프가 자신이 대통령으로 뽑히면 "물고문보다 끔찍하게 더 심한 것도 재도입"하겠다고 약속하는 소리를 듣자니 나도 모르게 22년 전에 만난 어떤 남자가 떠올랐다. 그를 만난 것은 내 고향 라틴아메리카나 고문이 만연한 어느 먼 나라가 아니라 지극히 영국적인 마을 버릭어폰트위드에서였다.

그날 그 방에 있던 사람들은 모두 울었지만 정작 우리 모두를 울린 바로 그 남자만은 예외였다. 한때 전쟁포로였던 그를 나는 아들 로드리고와 함께 수천 마일을 달려가 만난 참이었다. BBC에서 그의 자서전 『레일웨이 맨』을 토대로 텔레비전으로 방영할 전기영화 「시간 속의 포로들」을 만들고자 했고,* 우리는 그 전기영화에 그의 이야기를 충실히 반영하고 싶었던 것이다.

그때 그가 들려준 이야기란 참으로 특별했다.

2차대전 당시 영국군 장교였던 에릭 로맥스는 타이에서 일본군에게 고문을 당했다. 대부분의 사람들이 영화「콰이강의 다리」를 통해 알고 있는 그 악명 높은 타이-미얀마 철도에서 일하던 중 일어난 일이다. 가혹행위의 수많은 희생자들처럼 에릭도 그 경험의 저주에서 벗어나지 못했고, 그의 삶은 자신이 당한 고통의 기억과 복수심으로 무너져내렸다. 그의 경우가 전세계에서 학대당한 수많은 다른 이들의 경우와 다른 점이 있다면 그는 40여년이 흐른 뒤 자신의 고통에 책임이 있다고 생각되는 남자, 구타와 물고문의 현장에 있던 익명의 통역을 찾아냈다는 것이다. 그러나 그것으로 끝이 아니었다. 더 놀라운 것은 자신을 고문했던 나가세 타까시를 찾고 보니 그가 불교 승려가 되어 있었다는 사실이었다. 나가세는 자기 나라 사람들이 저지른 범죄를 비판하고 자신도 일조했던 가혹행위에서 맡았던 역할을 속죄하는 뜻에서 철도 건설 중 사망한 아시아인들의 고

• BBC에서 우리가 쓴 전기영화「시간 속의 포로들」이 방영되어 1995년 최고의 텔레비전 각본에 주는 '영국작가길드상'을 수상하고 여러 해가 지나서 같은 자전적 소재에 바탕을 둔 콜린 퍼스, 니콜 키드먼 주연의 영화「레일웨이 맨」이 여러 스크린을 통해 소개되었다. 그 영화와 우리의 텔레비전 전기영화 사이에는 아무 관련도 없음을 밝혀둔다. ─원주

아 자식들을 돌보면서 전후 수십년을 보내고 있었다. 전쟁의 기억 중에서 그가 결코 벗어날 수 없었던 쓰라린 기억 하나는 용감했던 어느 젊은 영국 대위, 자신이 주도한 고문을 당했고 이미 죽었으리라 짐작되던 어느 대위의 모습이었다.

에릭 로맥스가 다시 눈앞에 나타난 순간, 과거엔 적이었던 그들이 이제는 각기 두번째 부인을 동반한 나이 든 남자가 되어 마지막으로 헤어진 콰이강 옆의 깐짜나부리에서 만나게 된 순간, 그들이 얼굴을 마주하게 된 그 순간, 나가세는 용서를 간청했다. 그 자리에서 바로 용서가 이루어지지는 않았다. 그러나 몇주 뒤, 다른 곳도 아닌 바로 히로시마에서 로맥스는 나가세의 죄를 사해주었다. 평화로운 삶과 죽음을 위해 나가세에게는 반드시 필요한 일이었다.

BBC가 내게 이 이야기를 써달라고 맡긴 것은 내가 이미 희곡 「죽음과 소녀」를 통해 탈출구 없는 우리나라 칠레의 시각으로 고문과 기억, 자비와 복수의 문제를 파고든 적이 있었기 때문이다. 그러나 그 희곡에는 용서를 구하는 이야기도 용서를 베푸는 이야기도 담기지 않았기에, 로맥스의 딜레마에 대해 글을 쓴다면 그것은 일련의 새로운 질문으로 애초의 탐구를 더 밀어붙이는 작업이 될 것 같았다. 상처가 쓰리게 아프고 영원한데 화해가 진정 가능하기는 한 것일까? 가해자가 회개했다고 주장한다고 바뀔 것이 있을까? 그런 주장에 진정성이 있을지, 아니면 그런 후회란 그저 자기과시, 남에게 보여주기 위한 장치일 뿐인지를 도대체 어떻게 알 수 있을까?

여기에 미학적인 난제가 더해졌다. 두 명의 주인공이 모두 극도로 자기표현을 꺼리는, 지난 시절 내내 가져온 감정을 서로에게—다른 누군가에게는 물론이고—분명하게 전달할 능력을 갖지 못한 상황에서, 왕년에 적이었던 그 말없는 두 사람이 입 밖으로 낸 적 없는, 그들의 고뇌를 충실히 반영할 수 있는 대화를 상상해 스크린에 옮길 방법이 있을까? 고문이 그 괴로움을 당한 사람과 그 괴로움을 만든 사람에게 무슨 짓을 하는지 상상도 못 할 사람들에게 그런 이야기를 어떻게 전달한단 말인가?

우리가 영국 북부 끄트머리에 있는 집까지 에릭과 그의 아내 패티를 찾은 것은 그 정서적으로 억눌린 사람을 달래서 그가 쓴 회고록에는 전혀 나오지 않는 정보를 좀 얻어내려는 한 방편이었다. 황량한 불모지 같은 슬픔을 어떻게 처리했는지, 고문과 전쟁을 겪고 살아도 산 것 같지 않은 상태로 버티는 것은 어떤 의미인지 등에 관해 듣고 싶었다. 감독인 스티븐 워커와 유명한 정신과 의사 헬렌 뱀버그가 우리와 동행했다. 뱀버그는 에릭이 자신을 괴롭히던 것들을 명확히 말하도록 도와준, 그럼으로써 그와 그의 불행한 결혼생활을 구해준 인물이었다.

그날, 버럭어폰트위드에서, 에릭은 몇시간 동안 더듬더
듬 단음절어들만 내뱉던 끝에 고통에 찬 믿을 수 없는 이
야기를 우리에게 털어놓았다. 전쟁포로로 충격과 상처의
세월을 보내고 배편으로 영국에 돌아오던 그는 영국군이
자신이 감금된 동안 분실한 군홧값을 밀린 봉급에서 제했
다는 사실을 배에서 내리기 직전에 알게 되었다. 지난날
런던에서 수차례의 고통스러운 상담 끝에 겨우 에릭이 말
을 꺼내도록 만들 수 있었던 뱀버그가 당시 그 일에 대해
누군가에게 말한 적이 있느냐고 물었다.

"아무한테도 말 안했어요." 에릭이 말했다. 그러고는 잠
시 말을 멈추었다. 영원처럼 느껴졌다. "부두에는 아무도
없었습니다." 그는 말을 멈췄다가 다시 한번 긴 침묵의 순
간이 흐른 뒤 덧붙였다. "아버지가 보낸 편지만 한장 있었
습니다. 재혼을 하셨다고, 어머니는 3년 전에 돌아가셨다
고 하더군요." 또 한번의 긴 침묵이 이어졌다. "제가 죽었
다고 생각하시면서 돌아가셨대요. 그동안 내내 어머니께
편지를 썼는데, 돌아가시고 안 계셨던 겁니다."

우리 모두가 울기 시작한 것은 그때였다.

그의 슬픔에 공감해서만은 아니었다. 에릭이 자신이 잃
어버린 것에 대해 이야기하는 동안 마치 그 모든 절망이
자기 아닌 다른 사람의 것인 양 그의 단조로운 목소리에
어떤 감정도 드러나지 않았던 까닭이 더 컸다. 그런 해리

현상은 고문 피해자에게 전형적인 것이다. 시련을 겪는 동안, 그리고 그 끝없는 여파를 견디는 내내 피해자들은 정신적으로 살아남기 위해서 스스로를 자신의 육신과 그 육신이 당한 운명으로부터 멀리 떼어놓지 않으면 안되는 것이다. 그리고 그들은 그 멀리 떨어진 곳에 머문다.

그때 우리가 울었던 것은 인류를 대신해서였다고 믿는다. 우리가 로맥스의 거실에서 울었던 것은 대부분의 사람들이 회피하고 싶어 하는 현실, 그 현실에 대한 깨달음에 직면하고 있었기 때문이다. 바로 누군가가 극심한 해를 입으면 그 상처는 영원히 치유되지 못할 수도 있다는 사실말이다. 에릭 로맥스는 가슴속에서 들끓는 증오를 길들일 수 있었고, 연민의 깊고 깊은 원천을 찾아 자신을 파괴한 사람들 중 하나를 용서했다. 그러나 여전히 도저히 치유될 수 없는 무언가가, 근본적으로 가라앉힐 수 없는 공포가 남아 있었다.

1994년 우리가 각본을 쓴 전기영화는 진실을 마주했던 그 처연한 순간에 충실하면서도 동시에 에릭이 도달한 내면의 평화를 저버리지 않으려고 노력했다. 그는 더이상 악몽 속에서 "털어놔, 로맥스, 다 털어놓으라니까. 그래야 고통도 끝나지"라고 요구하는 나가세의 목소리를 듣지 않게 되었다. 그는 공포와 분노를 이기고 승리했으나 그 영혼의 승리는 혼자서 얻은 것이 아니었다. 그의 아내 패티의 지

원 말고도 헬렌 뱀버그와 함께 헤쳐나간 치유의 과정 덕이
컸다. 그가 자신에게 가해졌던 것을 충분히 받아들이게 되
기 전까지, 그 모든 공포에도 불구하고 자신의 트라우마를
직시하기 전까지, 그는 나가세를 "찾을" 수 없었다. 사실
수십년 동안 나가세의 신원이며 위치는 찾자면 쉽게 찾을
수 있었는데도 말이다.

에릭의 비극과 그의 화해 시도는 내게 특별한 의미가 있
었다. 그것은 그의 인생과 비인간적인 심문을 당해야만 했
던 칠레 및 다른 나라의 수많은 친구들의 인생을 연결해주
었다. 그것은 모든 고문 피해자들이 공유하는 인간성을 이
해하는 하나의 길이었다. 특히 뱀버그가 에릭의 기억을 되
살리고 정신건강을 회복시키기 위해 채택한 방법이 실은,
1970년대와 80년대 무자비한 독재가 라틴아메리카를 지배
하던 시절 망명을 위해 영국으로 물밀듯이 밀려들어온 상
처 입은 라틴아메리카인들을 치유하려는 노력의 하나로 체
계화된 방법이었기에 더더욱 그랬다. 그녀의 말에 따르면
로맥스는 외상 후 스트레스 장애(PTSD)를 앓고 있는 2차
대전 참전자들 중에서 최초로 이 새로운 심리치료의 덕을
본 서글픈 특권을 누린 것이었다.

물론 당시 우리는 7년 후 미래에 9·11이 우리를 기다리
고 있다는 것, 미국과 그 동맹국들이 '테러와의 전쟁'을 수
행함에 따라 1940년대 일본군이 에릭에게 자행했던 물고

문, 수십년도 더 지나 그렇게나 많은 라틴아메리카인들의 신체에 같은 나라 동포들이 가했던 그 물고문이 전세계로 퍼져나가리라는 것을 알지 못했다. 우리는 또한 그 미래에 반인류범죄로 분류되어온, 전세계 대부분 국가들이 동의한 국제조약과 국제법에 반하는 그런 처벌 형태에 수백만의 사람들이 그렇게 무관심한 모습을 보이리라는 것도 알지 못했다.

따라서 에릭 로맥스의 이야기는 그 어느 때보다도 오늘날 더 큰 의미를 지닐 수 있다. 바라건대 고문당하는 일의 처참함과 그 근본적 진실을 다시 상기시켜줄 수 있는 이야기이기 때문이다. 아니라면, 용서와 복수에 관해, 구원과 기억에 관해 에릭 로맥스가 스스로에게 던졌던 그 질문들이 현재의 인류에게는 더이상 고민거리가 아니라고 쉽게 말할 수 있을까?

2012년에 세상을 뜬 우리의 친구 에릭은 최근의 여론조사가 보여주듯 그렇게 많은 미국인들이, 그리고 자신이 전쟁에서 지키려 했던 바로 그 동포들 중 그렇게 많은 사람들이 이제 고문도 용인될 수 있다는 입장을 밝힌다는 소식을 들으면 어떤 반응을 보일까? 미국인의 안전을 지키기 위해서는 "강화된 심문"이 절대적으로 필요했고 지금도 필요하다고 거듭 주장하는 전 부통령이자 전범 딕 체니에게는 무어라 말할까? 도널드 트럼프의 으름장에는 무어라 답할까?

아마도 그는 이런 잔혹행위가 정당화될 수 있다고 믿는 모든 사람의 귀에 그가 자신의 적을 용서하면서 나가세에게 써보냈던 말을 그대로 속삭이리라. "언젠간 증오를 멈추어야만 한다"라고.

15대 미국 대통령 제임스 뷰캐넌*이
도널드 J. 트럼프에게 보내는 격려의 말

각하,

내가 얼마나 오랫동안 당신의 도래를 기다리고 당신 같은 사람이 나타나주기를 기도해왔는지 아십니까? 1868년 사망한 이래로 그 오랜 세월 동안 나는 마침내 나를 구원해줄 이, 미합중국 연감 속 최악의 대통령 지위에서 나를 구해줄 남자 ─제발 여자가 되는 것만은 막아주소서!─가 등장하기만을 희망하면서 매 선거를 지켜보았습니다.

우리의 과거 역사에 대해 아는 바가 많지 않으시겠지만, 그래도 내 임기가 끝나가던 1861년 벌어진 남부 주들의 연

• James Buchanan(1791~1868), 미국 15대 대통령으로 1857~61년 재임 중 노예제를 둘러싼 국내 분열과 대립을 방치하고 내전을 막지 못한 정치적 무능력으로 후대에 미국 역사상 최악의 대통령이라는 평가를 받는다.

방 탈퇴와 관련해 내가 비난을 받아왔다는 것은 알고 계실 것입니다. 그 결과 일어난 남북전쟁으로 인해 부당하게 비난받아온 사람으로서 나는, 확신컨대 이 나라를 사상 최고로 모질게 갈라놓고 우리 민주주의의 근간을 허문 지도자로 역사에 기록될 누군가가 곧 대통령직을 인수하게 된다는 것을 알게 되어 이제 한시름을 덜었습니다.

그뿐 아니라 당신이 나를 능가할 가능성이 있다는 것에 대해서는 흥분마저 느끼고 있습니다. 당신이 선거운동에서 주장했듯 그렇게 계속 들쑤시고 쥐어짜내고 오염시킨다면, 기후변화를 부정하는 사람들이 우리의 드넓은 하늘을 과열시키도록 힘을 주고 도움을 준다면, 당신은 그저 백만 명 정도의 죽음을 가져올 대화재 정도가 아니라 세계적 의미를 갖는 더욱 대대적인 성과를 이룩할 수도 있을 것입니다. 전 인류를 멸종 직전까지 끌고 갈 수 있을 것이라는 말입니다. 그야말로 나의 과오쯤은 가볍게 능가하고 미래의 시민들이(최소한 살아남은 사람들은) 나를 지혜의 귀감으로 여기도록 만들어줄 대기록이 되겠지요.

국민들의 일상생활에 끼친 해악에서도 당신은 나를 너끈히 넘어설 듯합니다. 많은 가족들이 자기 피붙이가 불구가 되거나 죽었다는 소식을 접할 때마다 나의 이름을 저주했지만, 앞으로 당신이 이 나라의 건강보험체계를 맹폭해서 사람들의 안녕을 악화시키면 훨씬 더 많은 가족들이 당신의 이름을 저주할 것입니다.

부패 측면에서도 당신은 나를 뛰어넘으리라 희망을 품어봅니다. 나의 위법행위들(뇌물수수, 금품강요, 권력남용 등의 혐의로 의회 위원회에서 고발당한)은 모든 차원에서 부정과 이해충돌이 만연한 행정부가 확실시되는 당신의 앞날에 도사린 위법행위에 비한다면 하찮게 보일 것입니다. 그러나 이미 명백한 당신의 금전적·윤리적 딜레마 때문에 머뭇거리지 마십시오. 나도 어떻게든 탄핵을 모면했거니와, 지지자들에게 사실이 중요한 게 아니라는 점을 납득시킬 수 있는 당신의 입증된 능력으로 보아 당신도 그리할 수 있을 것입니다. 그런 재능이 내게도 부여되었더라면, 그 텔레비전과 소셜미디어라는 것이 내 시대에 발명되기만 했더라면 얼마나 좋았겠습니까. 우리 남북전쟁을 멕시코 탓으로 돌릴 수도 있었을 텐데 말입니다.

다른 문제 두가지에도 손을 대보시렵니까? 우선은 낙태 문제입니다. 미국의학협회가 임신중절을 하는 여성들을 범죄자로 처벌하라고 촉구한 것은 바로 내가 재임 중이던 1859년이었습니다. 아녀자들이 자기 몸은 남자들 소유임을 인정하던 순박한 그 시절로 우리의 법률과 관습을 되돌릴 기회가 이제 당신의 손안에 있습니다. 다음은 꾸바 문제로, 에스빠냐로부터 그 섬을 사들이려는 시도가 무위로 돌아간 후 나는 그곳을 겨냥한 침공계획으로 돌아선 바 있습니다. 당신이 내 꿈을 완성해줄 수 있을 것입니다. 우리 제국의 영역을 카리브해와 그 너머까지 넓히고 적국과 동맹국 들의 내정에 가열하게 간섭하십시오. 특히 중국을 눈여겨봐야 합니다. 중국에서 벌어진 2차 아편전쟁에 전면적으로 참가하지 않은 것은 나의 실책이었습니다. 당신이 중국을 끌어들여 제1차 아시아 무역전쟁을 일으킨다면, 이 문제에서 역시 당신이 나보다 유능하리라고 확신합니다.

당신이 꿋꿋하게 당신의 본능을 따르기를 촉구하는 것은 나만이 아닙니다. 작고하신 다른 대통령들도 당신의 치세에 대해 높은 기대감을 표하고 있습니다. 리처드 닉슨은 당신의 막말과 모욕으로 인해 사람들이 자신이 했던 욕설은 다 잊으리라 바라고 있으며, 다종다양한 트럼프게이트가 터져 자신의 워터게이트쯤은 조족지혈(鳥足之血)로 보이게 만들어주기를 열렬히 기대하고 있습니다. 워런 G. 하딩도 당신의 위법행위가 석유회사에 부정한 특혜를 준 티팟돔 스캔들*을 훨씬 넘어설 것이라 확신하고 있습니다. 임박한 대공황을 무시했다가 욕을 먹은 허버트 후버는 우둔하기로는 당신이 훨씬 더하다며, 따라서 당신이 경제적 파

---

* 1922년 제29대 대통령 하딩의 재임 중 내무장관 앨버트 B. 폴이 거액의 댓가를 받고 와이오밍주 티팟돔에 위치한 연방 소유 유전을 재계 지인들에게 비밀리에 대여해준 사건. 방만한 내각경영과 행정부 부패, 부정특혜의 상징이 되었다.

국을 재촉해 자신의 행위로 인한 손해가 그리 막심해 보이지는 않게 해주리라고 자신하더군요. 그는 당신이 노조파괴와 이민자 대량추방 분야에서도 자신을 앞서줄 것이라 기대하고 있습니다.

건국의 아버지들을 포함해 국민이 사랑하는 지도자 상위권을 차지하고 있는 대통령들은 내가 당신 본성의 가장 나쁜 측면에 호소한다고 나무라십니다. 그들은 절제를 권고하는 집단성명을 준비하면서 당신이 높은 관직이 주는 권력에 도취해 더욱 망가지는 일이 없도록 기도하고 있습니다.

프랭클린 루스벨트는 일본계 미국인들을 강제수용한 일을 후회하고 있다는 것을 알려주면 당신이 무슬림 미국인들을 일제 검거할 생각을 접을 것이라 믿고 있습니다. 히로시마의 악몽에 시달리는 해리 트루먼은 당신에게 파괴적 군비경쟁을 시작하도록 하는 대신 핵무기 폐기를 압박하려 하는군요. 드와이트 아이젠하워는 군산복합체에 대한 경고를 거듭 되풀이할 모양입니다. 순진무구하게도 우리 아이크는 바로 그 세력의 대표자들이 당신의 내각에 뻔뻔스럽게도 안착하려 한다는 사실을 깨닫지 못하고 있답니다. 그리고 링컨 선생께서는, 자신의 당이 당신 때문에 이리 기괴하게 변해버렸는데도 자신이 당신의 귀에 하루하루 지도편달의 말을 속삭여주면 공화당이 한번 더 구원받을 수 있을 것이라 기대하고 있습니다.

나는 당신이 그의 말에도, 다른 오지랖 넓은 이타주의자의 말에도 전혀 개의치 않을 것이라 믿어 의심치 않습니다.

사실 내가 이 격려의 말을 보내는 것은 당신 자신의 모범에서 영감을 받은 바 큽니다. 당신은 이 대통령직을 건 유명인사들의 도박판에서 국익을 위해 자신을 희생하기보다 자기 이미지를 부각하는 것이 우선이라는 점을 내게 가르쳐주었습니다.

이제 당분간, 당신이 이승 건너편 이곳의 전직 대통령들과 한자리에서 만나게 될 순간까지는 작별을 고해야겠습니다. 그때가 오면 나는 기쁜 마음으로 당신을 내가 한 세기 반 동안 빛도 보지 못하고 지냈던 맨 밑바닥층으로 안내할 것입니다. 내가 가장 황량한 꿈속에서도 상상조차 할 수 없었던 방식으로 미국에 해악을 끼친 누군가를 마침내 내려다볼 수 있게 되다니, 이 얼마나 큰 기쁨인지요.

나를 그 깊고 깊은 구렁텅이에서, "최악 중의 최악"이라는 칭호에서 구해주려는 당신의 모든 노력에 심심한 감사를 표하며, 이만 줄입니다.

제임스 뷰캐넌

세상 끝에서 보내는 메시지

남반구의 남쪽 끝 이곳 칠레에서 지난여름은 모두에게 괴로운 시간이었다. 세상 끝에 있는 이 나라에 이렇게나 많은 자연재해가 연달아 밀어닥친 적은 전에 없었다. 그러나 이번에 우리를 괴롭힌 것은 아득한 옛날부터 우리를 덮쳤던 지진이나 종종 그 뒤를 이어 내륙과 해안, 산간과 대양을 초토화시켰던 쓰나미가 아니었다. 이번에 우리에게 닥친 이 전례 없는 어려움은 모두 인간이 빚은 것이었다.

산불이 포문을 열었다. 주로 산띠아고 남부에서 발생하여 역사상 최악의 산불이라는 기록을 남겼다. 셀 수 없이 많은 에이커의 땅이 잿더미가 되었고 사람과 가축이 죽임을 당했으며 도시가 통째로 날아갔다. 수출용으로 새로 조성된 삼림뿐만 아니라 수백년을 버텨온 나무들도 완전히 파괴되었다. 여러 톤의 물을 나를 수 있는 초대형 급수 비행기가 해외에서 날아오고서야 이 대화재는 진화되었다.

사납게 날뛰는 불길에 직접 피해를 당하지 않은 사람들에게는 치러야 할 희생이 따로 있었다. 연기와 재로 더럽혀진 이곳 산띠아고의 공기는 몇주째 도저히 숨쉴 수 없는 지경이었고, 밤에도 내려가지 않는 터무니없이 높은 기온 탓에 상황은 더욱 악화되었다. 여느 때 같았으면 선선한 밤기운에 몸을 식히고 새로 기운을 차려 다음날을 맞을 기회를 가졌을 텐데 말이다.

여름 몇달 동안은 비가 내릴 리 없다는 것을 잘 알면서도 우리는 비를 내려달라고 기도했다. 정작 그 기도가 응답을 받았을 때, 그것은 전혀 우리가 기대하던 것이 아니었다. 대홍수가 밀려왔는데, 잔불이 남아 시시때때로 계속 불길이 올라오는 지역이 아니라 안데스 깊은 곳과 그 빙하를 공격했다. 그 사나운 기세에 강물이 불어넘치고 진흙과 바위 파편이 쏟아져 마을과 계곡, 길과 다리를 덮쳤다.

여름에는 비가 그렇듯 억수같이 쏟아진 적이 없었기 때문에 하수처리장은 딱할 정도로 준비가 되어 있지 않았다. 이 때문에 수백만 칠레인들이 집에서 쓸 물이 없어 물을 마시지도 못하고 요리, 청소는 물론 씻지도 못했다. 마치 역병의 저주를 받은 듯했다. 길에서는 떠돌이 개들이 목마름으로 죽어가고 식물들이 시들어갔으며 비상급수소 앞에는 양동이며 대야, 병 등을 손에 든 사람들의 줄이 끝도 없이 늘어서 있었다.

처음에는 그렇게 심한 화재로 숨도 쉴 수가 없더니, 이제 이렇게 물이 많은데도 마실 물이 없었다. 다음엔 어떤 일이 닥칠까?

칠레의 여러 해변이 폐쇄되었다, 지난해 또 한번 전염병이 돈 이후 해안에 해파리떼가 밀려오고 물고기는 씨가 말랐다는 뉴스가 들려왔다. 그다음엔 남극의 빙붕에 거대한 균열이 갔으며 점점 더 벌어지고 있다는 최근 기사가 있다. 거의 2천 평방마일에 달하는 빙산이 붕괴해 바다로 떨어질 가능성이 높아지고 있다는 것이다. 그것이 녹으면 지구의 바다 경관을 영원히 바꿔버릴 것이고 칠레는 그 사태로 인한 최초 피해국 중 하나가 될 것이라고 한다(남극대륙 내 칠레 영토권은 다른 6개국과 맺은 조약의 지배를 받는다).

그러므로 칠레가 우리의 물과 숲과 해안선에 벌어지는 일을 외면하지 못하는 것은 그리 이상한 일이 아니다. 이곳 사람들은 모두—정말로, 극우에서 극좌에 이르기까지 모두—아이마라족 언어로 '지구의 끝'을 뜻하는 단어에서 이름을 따온 이 땅에서 지금 우리가 서사시적인 규모의 지각변동을 목격하고 있는 중임을, 그 변동은 또다른 종류의 끝, 우리가 알고 있는 이 세상의 끝을 예고하는 것임을 알고 있다. 그리고 우리 모두는 너무 늦기 전에 진로를 바꾸려면 같은 정도로 서사시적인 규모의 어떤 일이 행해지지 않으면 안된다는 것도 충분히 인식하고 있다.

물론, 그런 변화는 여기가 아닌 다른 곳에서 국제사회의 다른 행위자들이 어떻게 행동하느냐에 달려 있다는 사실도 우리는 잘 알고 있다.

진실로 참을 수 없는 것, 나를 화나게 하고 슬프게 만드는 것은─숲에는 불길이 날뛰고 내려서는 안될 때 내려서는 안될 곳에 비가 내리고 강물은 펄밭으로 변하고 바다에서는 물고기들이 사라지고 남극의 빙하가 무너져내리는 지금─바로 이때 저 먼 미국땅에서 벌어지고 있는 일이다. 칠레의 자연이 역사상 가장 긴박한 위기를 맞은 바로 이 순간에, 아내와 내가 우리의 삶터로 받아들인 그 막강한 나라의 정부가 비록 불충분하나마 적어도 올바른 방향으로 향하던 정책을 무위로 돌리려 하는 모습을 나는 지켜보고 있을 수밖에 없다는 것이다.

우리가 미국으로 돌아갈 채비를 하는 동안 친구들과 친척들이 거듭거듭 묻는다. 진짜 그럴 수가 있어요? 진짜로 트럼프 대통령이 기후변화를 부인하고 지구의 적을 환경부 우두머리로 앉힐 만큼, 저 죽을 줄 모를 정도로 그렇게 멍청할 수 있어요? 그가 광산업의 눈먼 탐욕에 그렇게 큰 신세를 진 게, 그렇게 과학에 무지한 게, 그렇게 전설적으로 오만한 게, 그래서 자기가 종말을 앞당기고 있다는 걸 깨닫지 못할 정도라는 게 사실일 수 있어요? 진짜 그럴 수도 있어요? 그들이 묻는다.

애석하게도, 대답은, '그렇다'이다.

이아고를 고문해야겠는가

문학세계에 등장하는 모든 허구의 인물들 중에서 자기가 모시는 사령관이자 친구인 오셀로를 배신하고 다정한 데즈디모나의 파멸을 가져온 사악한 이아고야말로 끝없는 유황불의 형벌을 받아 마땅한 최고의 악당일 것이다. 셰익스피어의 희곡은 이 "반(半) 악마"의 앞길에 무엇이 있을지에 대해 의심의 여지를 남겨두지 않는다. 바로 죽음에 이르는 고문이다. 그리고 그 과정을 서서히 진행하라는 명령이 떨어진다. "그에게 큰 고통을 주면서도 그를 오래 붙들고 있을 수 있는 노련한 잔인함이 있다면, 그것이 그의 운명이 되리니."

1604년 초연 당시 「베니스의 무어인: 오셀로의 비극」을 관람한 관객들은 그러한 고통이 무엇으로 귀결될지 알고도 남았다. 무자비함을 공공연하게 전시하기 위해 기획된 처형 현장에 일상적으로 자리하곤 했기 때문이다.

당시 극장을 들락거리던 런던 사람들의 기억과 눈에 각인되었을 악명 높은 사례 중 하나만 들자면, 예수회 사제이자 뛰어난 시인 로버트 사우스웰의 순교가 있다. 셰익스피어도 그의 시("내 마음은 내게 하나의 제국이어라")는 익히 알고 있었을 것이다. 사우스웰은 1595년 2월 반역죄를 쓰고 타이번에서 교수형을 당했다. 목숨이 붙어 있는 동안 배를 가르는 형을 선고받았으며 사지가 찢기고 머리가 잘려나간 그의 시신은 눈빛을 반짝이는 수많은 군중 앞에 내걸렸다. 죽기 전 사우스웰은 지난 3년간 속수무책의 감금생활 동안 경험한 이야기를 글로 남겼다. 그의 말에 따르면 어떤 죄수들은 "여덟아홉 시간, 줄잡아 열두 시간을 손목으로만 매달려 있어 정신이 다 나간 것은 물론 감각마저 느낄 수 없을 지경이었다." 그가 묘사하는 다른 가혹행위에는 생식기를 훼손하는 것, 잠을 재우지 않는 것과 사람의 몸을 고문대에 넣어 공처럼 말고 피가 터져나오도록 신체 각 부위를 짓누르는 것 등이 있다. 어두운 지하감옥에 갇힌 수감자들 중에는 갈증을 견디지 못해 "벽에 맺힌 물기"를 핥아먹는 경우도 있었다고 한다.

사우스웰을 비롯한 영국과 유럽 전역의 무수한 용의자들, 널판에 짓눌려 죽임을 당하고 심문 중에, 처형장에서 불에 태워지고 물고문을 당해야만 했던 그 무수한 사람들과 오셀로의 복수가 구분되는 지점은, 이아고는 무죄를 주장하지도 않았고 자신의 배신행위에 자부심을 가졌다는 사실이다. 그의 음모에 기꺼이 동참할 공모자도 없었기 때문에 그로 하여금 기소거리가 될 "정보"를 토해내도록 만들기도 불가능했다.

그렇다면 도대체 그를 그토록 야만적인 방식으로 괴롭혔어야 할 이유가 무엇인가?

우리는 고문이 불법이자 반인류범죄로 취급되는 문명화된 시절을 살고 있다고 상상하지만, 사실은 지금도 고문이 전세계에서 체계적으로 자행되고 있으며 특히 몇년 전까지만 해도 미국에 의해 해외 비밀감옥에서 자행된 바 있다. 따라서 이아고 같은 인물에게 야만적으로 고통을 가해야 하는 이유를 따져보는 것은 대단히 큰 의미와 시사점을 갖는다.

우선 첫째로 이아고의 신체가 무자비하게 파괴되어야 하는 이유는 관객들이 그 반역자가 고문대 위에 있는 꼴을 상상하며 환호를 보내고 그런 식의 징벌을 요구했을 것이기 때문이다. 달리 주어지는 위안이라고는 거의 없는 이 비극 속 최소한의 정의회복이라고나 할까.

또다른 이유는 그를 비롯해 누구든 감히 국가와 우주의 질서를 공격할지 모를 다른 자들에 대해 본보기를 세우기 위해서였다. 고통을 무대 위에 올려 볼거리로 제공하는 관행의 본질은 실로, 엘리자베스 1세 여왕의 말에 따르면 "다른 사람들에게 공포를 심어주기 위함"이었던 것이다.

마지막 이유가 아마도 셰익스피어의 호기심을 가장 많이 끌었을 것이다.

셰익스피어가 작품의 줄거리를 따온 친찌오의 단편에서는 다양한 동기가 이 끔찍한 마끼아벨리적 책략가를 부추긴다. 셰익스피어는 원작에서 그런 동기들 대부분을 걷어냈다. 셰익스피어의 이아고는 오셀로에 의해 강등당한 적이 없다. 오셀로가 자기 아내를 유혹했다거나 자기 명예에 먹칠을 했다고 생각하지도 않는다. 이아고는 수수께끼의 인물이다. 자기 증오의 이유와 목적에 대해 해명하기를 거부하고 연극의 마지막 장면에서는 그 누구도 자기에게서 명확한 얘기를 끌어내지 못할 것이라고 선언한다. "나에게 아무것도 요구하지 말라. 지금 알고 있는 것으로 끝날 터이니./이 순간 이후 나는 한마디도 하지 않을 것이다." 그리고 그를 붙잡고 있던 자들 중 하나의 험악한 위협 ("고통으로 입을 벌리게 해주겠다")에도 불구하고 우리는 이 "악마 같은 악당"에게서 단 한마디의 말도 듣지 못한다.

당시에도 그랬거니와 오늘날에도 셰익스피어는 자신의 관객을 유혹한다. 억지로 이아고의 영혼을 열어보고 싶어 하도록, 그 영혼의 벌어진 틈으로 그가 자신의 비밀을 쏟아내는 장면을 보고 싶어 하도록 만든다. 내 생각엔 셰익스피어도 한없이 사악한 무언가의 극한에 맞닥뜨렸을 때 인간이 느끼는 병적 호기심을 똑같이 느꼈던 듯싶다. 그런 악의를 마음껏 드러내는 심리의 밑바닥을 들여다볼 수만 있다면, 그러면 아마도 다음에 등장할 악의 화신을 알아보고 그가 깨어나 혼돈과 사악함의 씨를 뿌리기 전에 그를 막을 수 있지 않겠는가. 우리는 스스로에게 그렇게 속삭인다. 그것은 미망에 불과하지만, 우리는 그것을 요구하고 욕망하는 일에서 벗어날 수가 없다.

물론 셰익스피어 당대에도, 그리고 우리가 사는 시대에도 대부분의 고문은 그렇게 형이상학적이지는 않은 목적으로 자행된다. 고문은 주로 용의자에게서 정보를 쥐어짜내는 방법, 그가 자기 죄를 고백하고 자기 조직을 고해바치고 미래의 악행을 털어놓게 만드는, 그래서 그것을 방지하기 위한 방법이다.

1948년 세계인권선언이 채택되었음에 불구하고(이 선언 제5조는 "어느 누구도 고문, 또는 잔인하고 비인도적이거나 모욕적인 처우 또는 처벌을 받아서는 안된다"라고 명기하고 있다), 인간에게 그런 고통을 가하는 것을 금지하는 조약과 협정이 뒤따랐음에 불구하고, 유엔총회가 6월 26일은 앞으로 '국제 고문피해자 지원의 날'이 될 것이라고 이미 20년 전에 만장일치로 선포했음에도 불구하고, 인간의 신체와 정신에 대한 이런 폭력행위는 그것이 다른 사람들의 목숨을 살린다는 이유로 여전히 합법적인 것으로 정당화되고 있다.

고문은 아무런 효과가 없다는 뒤집을 수 없는 증거가 있다는 것도 문제가 되지 않는 듯하다. 도널드 트럼프는 선거운동 중 물고문과 "끔찍하게 더 심한 것"도 재도입하겠다고 맹세했다가, 곧 그의 국방장관이 될 제임스 N. 매티스가 그런 방법은 쓸모도 없고 역효과만 낳을 뿐이라고 설명하자 자기 입장에 대해 다시 생각해볼 수도 있겠다고 한 발 물러선 태도를 보였다. 그러나 대규모 테러공격 한 차례면 그런 가혹행위는 금방 되살아날 것이다. 최근의 한 조사는 미국인의 거의 절반이 정보를 빼낼 수만 있다면 고문에 찬성한다는 결과를 보여주었다.

오도된, 걱정에 사로잡힌 그런 동료 시민들 다수를 낮추어보고 싶지는 않다. 그렇게 적의 고통에 눈감게 만드는 집단적 패닉도 이해가 가며 완전한, 그러나 슬프게도 도달하지 못할 안전 상태를 갈망하는 그들의 심정이 딱하게 여겨지기도 한다.

그런 수백만의 사람들을 재단하기에 앞서 잠시 우리 자신의 반응, 우리 자신의 불완전한 인간성에 대해 성찰해보자. 「오셀로」의 정서에 휘말려 순수함의 숨통이 막히고 고결함이 살해당하는 장면에 정신이 팔리면, 나도 이아고가 영원히 그의 죗값을 치르는 것을 보고 싶어진다. 현대의 관객들도 모두, 내가 그렇듯, 또 셰익스피어 당시의 관객들이 그러했듯, 그렇게 줄기차게 교활하고 사악한 누군가가 용서의 가능성이라고는 전혀 없이 고통받는 모습을 상상하는 데서 오는 점잖지 못한 만족감을 느끼지 싶다.

바로 이러한 순간, 심판과 복수를 향한 욕망에 발목 잡힌 이 순간이 우리가 이아고에 대한 서늘한 진실을 기억해야만 하는 때다. 그 진실은 그가 인간이라는 것, 너무나도 인간이라는 것, 그리고 세상에 태어났다는 사실만으로 빼앗을 수 없는 어떤 권리를 지닌다는 것이다. 자살폭탄테러범 같은 침착하고 차가운 열정으로—머나먼 곳에 있는 여성들과 아이들 머리 위에 초대형 폭탄을 투하하는 장군의 초연한 합리성과 무관심도 같은 종류의 감정이리라—오셀로와 경탄스런 데즈디모나의 파멸을 획책한 그 괴물이, 안타깝지만 우리 인류의 일원이며 우리 인류에게 극한의 시험대인 것이다.

이아고 같은 인물도, 이아고처럼 욕된 인물일수록 더더욱, 고문대 위에 올려지거나 생식기를 잘리거나 입을 열어 끝없는 비명을 지르도록 강요당해서는 안된다고 선언할 수 있는 도덕적 용기를 가질 때에만, 그런 식으로 그의 울부짖는 악의에 찬 몸뚱이를 괴롭히는 것은 우리의 품위를 스스로 떨어뜨릴 뿐이라는 점을 이해할 때에만, 오직 그럴 때에만 우리는 이 역병 같은 노회한 잔인함을 지구상에서 완전히 추방하는 방향으로 한 걸음 나아간 것이라 말할 수 있을 것이다.

그런 날이 오기까지 아직 한참은 기다려야 할지도 모르겠다.

트럼프 시대 미국의 공포, 그리고 어린이들

  40년 전 가족과 함께 암스테르담에서 망명생활을 하던 때, 칠레의 고향에 있는 소년소녀들, 그렇게나 먼 곳에 있는 내 어린 친척아이들에게 자주 생각이 미치곤 했다. 아우구스또 삐노체뜨 장군의 독재정권하에서 어떻게 살아가고 있을지 걱정스럽기만 했다.

  어느날 오후에 그런 염려를 한결 덜 기회가 생겼다. 아내 앙헬리까의 여섯살 난 여동생 나딸리가 런던으로부터 우리가 사는 작은 아파트를 찾아왔던 것이다. 그 당시 우리 집은 과거 안네 프랑크가 나치 점령하 네덜란드에서 자유를 꿈꾸던 곳에서 1마일 정도 떨어져 있었다. 프랑크의 일기에는 세상 어느 곳에서나 아이들이 열심인 놀이를 자신도 했었는지에 대한 언급은 없었지만, 나딸리는 그 놀이에 푹 빠져 있었다. 그 아이는 엄마 노릇하기를 좋아했고, 자기보다 네살 더 많은 조카인 우리 아들 로드리고에게는 아빠 역할을 하라고 요구했다. 두 아이는 (내 책상으로도 식탁으로도 사용하던 탁자 위에 침대보 한장을 덮어 만든) 자기들의 '집' 안에 숨어서 어른인 척하면서 그동안 귀동냥한 어른들의 말을 거리낌 없이 되풀이했다.

그런 순수한 모습에 한편으로는 마음이 따뜻해지면서도 또 한편으로는 묘한 불안감이 피어올랐다. 머나먼 위험한 땅 우리의 산띠아고에서 비슷한 방식으로 놀이를 즐기고 있을 그들 비슷한 아이들은 어떨까 하는 생각을 떠올리지 않을 수 없었기 때문이다. 삐노체뜨 장군의 비밀경찰들의 눈을 피해 저항운동에 참여하고 있는 부모를 둔 아들딸들이 하는 역할놀이라면 그 놀이는 어떻게 왜곡되고 변질되었을까? 그 아이들은 어떤 내밀한 슬픔과 두려움을 드러낼까? 자기네 어머니 아버지가 밤이면 아이들이 잠들었다고 생각하고 나누던 이야기들 속에서 그들은 어떤 말을 들었을까? 공기 중에 맴돌던 말들 속에서 자기들의 존재에 닥쳐올지도 모르는 폭력적인 결과에 관한 이야기를 훔쳐듣지는 않았을까? 만약 우리 생사를 손에 쥔 사람들이 어느날 새벽 우리 집 문을 두드리면 어떻게 하지? 누가 적이고 누가 친구인지 어떻게 분간하지?

좀처럼 떨칠 수 없는 그 질문들에서 시작해 결국 나는

아이들이 절체절명의 위험한 상황에 던져졌을 때 어떻게 반응하는지를 탐구하는 이야기를 쓰게 되었다. 거기서 아이들은 그런 위험한 상황을 그저 어렴풋이만 이해하고 '적을 기다리기' 놀이를 한다. 그 이야기는 자신과 가족을 위협하는 위험을 깨닫고 너무 빨리 철이 들어야 하는 칠레의 로드리고 또래 한 소년의 시각으로 구성되었다. 1990년 칠레에 민주주의가 회복되고 그곳 아이들도 다른 나라 또래 아이들이 열심히 하는 그 놀이를 곧 다시 즐길 수 있게 되었을 때, 나는 그런 힘겨운 사건들로 가득 찬 이야기를 다시는 쓸 필요가 없으리라는 생각에 안도의 한숨을 쉬었다.

그러나 40년이 지난 이제 와서, 도널드 트럼프의 추방정책이 속도를 더해가는 긴박한 상황으로 인해 암스테르담에서 쓴 그 이야기를 단편영화로 각색하지 않을 수 없게 되었다. 그 영화에서는 다시금 한 소년과 그의 누이가 낯선 이들이 자신들의 삶에 폭력적으로 개입할 수 있다는 가능성을 일상적으로 마주하게 된다.

우리와 가까운 서류미비자 가족의 경험에서 영감을 얻어 나는 영화의 배경을 독재에 신음하는 머나먼 칠레나 동시대의 시리아, 터키, 카슈미르, 수단 같은 곳이 아니라 바로 이곳, 낯익은 미국 내의 노스캐롤라이나 더럼으로 잡았다. 여기서는 그들의 삶에 재앙을 가져올 수 있는 이민관세집행국 직원 미그라(migra)가 적이 된다.

이 영화는 아들 로드리고가 감독을 맡았다. 그는 우리와 같은 도시에 사는 아이들 중에서 배우를 뽑기로 결정했는데, 그 배우들이 자기 역할을 얼마나 생생하게 끌어냈던지, 바로 자기 가족과 친구들에 대한 걱정에서 그런 연기가 나왔을 것을 생각하면 그냥 보고 있기가 힘들 지경이다.

아들이 자기가 망명시절 했던 바로 그 놀이를 연기하는 어린아이들과 작업하는 것을 지켜보자니 기분이 이상했다. 그런 한편으로 상실과 추방의 삶에서 느낀 슬픔이 그에게 큰 도움이 되었다는 것을 알게 되어 위안이 되기도 했다. 그 덕분에 아들은 자기 의견을 너무나 자주 무시당하고 짓밟혀온 사람들, 어떤 권리도 어떤 보호장치도 갖추지 못한 사람들, 자기 목소리를 내도록 해주어야 할 사람들에게 마음을 열고 다가갈 수 있게 된 것이다.

그러나 "떼지어 모여든 무리"●를 받아들인다는 전제 위에 세워진 자유로운 자들의 땅이자 용감한 자들의 고향인 이곳에서 수백만의 아이들이 공포 속에 살고 있다는 생각을 하면 마음이 편할 수가 없다. 에이브러햄 링컨과 마틴 루터 킹 주니어 목사의 나라, 세사르 차베스●●와 수전 B. 앤서

● 자유의 여신상이 세워질 당시 이 상에 헌정된 에마 래저러스(Emma Lazarus)의 시 「새로운 거상(The New Colossus)」의 구절. 이 시는 현재 자유의 여신상 기단부에 새겨져 있다.

●● César Estrada Chávez(1927~93), 미국의 농민운동가. 그 자신 농장노동자

니*의 나라를 자기 국민을 억압했던 칠레의 독재정권과 비교해야 하는 지경이 되었다는 것을 생각하면 정신이 번쩍 든다.

그리고 미국이, 오늘날 소수자와 이민자 들을 박해하고 한때 지구 위를 떠돌던 우리 가족과 같은 처지에 처한 난민들에게 등을 돌릴 만큼 잔혹한 전세계의 수많은 다른 정부들과 함께 거론된다니 그것도 수치스러운 일이다.

이러한 수치심은 최근 들어 더욱 커져만 간다. 트럼프 행정부가 가난과 갱단의 폭력을 피해서 중앙아메리카를 떠나 위험한 여행을 해야 했던 수천의 아이들을 무자비하게 솎아내고 신속하게 추방하는 지침을 배포하고 국경 보안을 강화했기 때문이다.

우리 단편영화에서 누이 역할을 맡은 어린 소녀는 아무것도 모른 채 낡아빠진 자전거의 페달을 밟으며 동요를 흥얼거린다. "무당벌레야, 무당벌레야, 어서 날아 집에 가렴.

로 시작해 1962년 전국농장노동자협회(NFWA)를 만들고 1966년에는 그 조직을 미국농장노동자연합(UFW)으로 확대해 주로 멕시코계 이주노동자로 구성된 농장노동자들의 권익을 위해 활동했다. 캘리포니아주에서는 그의 생일인 3월 31일을 '세사르 차베스의 날'로 기리고 있다.

• Susan B. Anthony(1820~1906), 미국의 사회운동가. 1852년부터 노예제 폐지와 여권신장을 위해 활동했고 남북전쟁 이후에는 여성참정권운동에 매진해 미국만 아니라 세계적으로 여성참정권운동의 저변을 확대했다. 이런 노력은 1920년 여성의 참정권을 인정한 미국 수정헌법 19조로 결실을 맺었다.

너희 집에 불났단다, 너희 애들 불탈라."

그 아이는 아직 어리고 미숙해서 자기가 하는 얘기가 자기 집 얘기라는 것을, 무장한 남자들이 자기 가족을 체포해서 이제까지 유일하게 거주해온 나라에서 쫓아내는 날이 오면 바로 자기 삶이 재로 변할 수도 있다는 것을 깨닫지 못한다.

그런 종류의 두려움에 우리가 정말로 눈감아도 되는 것일까? 그렇게 많은 죄 없는 아이들을 뿌리 뽑힌 삶의 나락으로 떨어뜨릴 마음을 먹어도 되는 것일까? 미국이 그런 나라로 알려지기를 원하는가?

이제 핵에 의한 종말인가?

 70년 전 미국은 머나먼 아시아의 눈엣가시 같은 한 나라에 선제적 핵공격을 가했다. 14만 6천명가량의 남녀노소를 죽음으로 내몬 1945년 8월 6일의 히로시마 공습은——며칠 후 뒤이은 나가사끼 초토화와 더불어——인류에게 새 시대를 열어주었다. 희망이나 진보의 시대가 아니라 지구상 대부분의 생명이 절멸할 가능성이 엄연한 시대를 연 것이다.

 수많은 국가들이 대량살상무기로 무장했음에도 불구하고 그런 헤아릴 길 없는 파국이 우리에게 아직 닥치지 않은 이유는 억지력이 작동했기 때문이다. 이 죽음의 무도에 발을 담근 행위자들은 모두 상호확증파괴, 바로 MAD로 인해 핵무기 사용은 생각도 할 수 없는 것이 되었음을 잘 알았다. 이런 억지론이 몇번 시험을 받은 적도——1963년

꾸바 미사일 위기 때에는 거의 파멸 단계에 도달할 정도로─있지만 우리는 아직까지 그럭저럭 무사히 지내왔다.

지금까지는 그랬다. 그러나 오늘날 우리에게는 호전적인 두 나라, 지구 위에서 가장 강력한 나라 미국과 북한의 충돌이 한발짝 한발짝 다가오고 있는 듯하다. 북한의 지도자는 핵무기와 장거리 미사일 개발이 끊임없이 위협받고 있는 자기 나라의 생존과 자신의 통치 유지에 핵심적이라고 생각한다. 김정은이 미국 본토를 공격할 것이라 과장된 경고를 했고, 도널드 트럼프는 그에 맞대응해서 "지금껏 세계가 본 적 없는 화염과 분노"를 퍼부을 것이라 약속했다.

이번주 유엔에서 트럼프는 "북한을 완전히 파괴할 것"이라고 협박하고 "로켓맨이 자살작전에 들어갔다"라는 말로 그 지도자를 조롱함으로써 긴장을 한 단계 고조시켰다. 여기에 김정은은 그 나름의 모욕으로 응수하며 미국 대통령을 "겁먹은 개" "늙다리 미치광이" "불장난을 즐기는 불망나니, 깡패"라고 부르고 "사상 최고의 초강경 대응조치"를 약속했다.

그러나 트럼프의 유엔 연설에는 설득력 있는 또다른 측면도 있었다. 미국 대통령 중에서 가장 생각 없고 충동적인 이 사람이 핵대결의 가능성이 "생각할 수도 없는 일"이라고 못 박았던 것이다. 하지만 그와 반대로, 우리는 그 가능성에 대해 생각해보지 않으면 안된다. 또한 핵무기 사용

가능성이 갖는 도덕적 의미를 이해하는 핵심은 이 핵의 시대를 연 애초의 순간으로 돌아가 다시 한번 묻는 것이다. 히로시마와 나가사끼에서 벌어진 일은 전쟁범죄인가?

우리로서는 북한 주민들이 이 질문을 어떻게 생각하는지 알 방도가 없다. 자기네 지도자가 핵 선제타격을 명령할 만반의 준비가 되어 있다고 공언하는 것에 대해 그들이 어떤 의견을 가지고 있는지도 알 길이 없다. 어차피 이른바 민주공화국이라는 그곳 시민들은 김정은의 아버지 김정일이 "우리의 적이 우리에 대해 아무것도 알아낼 수 없도록" 쳐놓은 "짙은 안개"에 둘러싸여 있기 때문이다.

그와 반대로 우리는 미국인들이 생각하는 바에 대해서는 확실히 알 만한 위치에 있다. 2년 전 퓨 리서치 센터에서 실시한 여론조사에 따르면 미국인 응답자 중 56%가 히로시마 폭격은 정당했다고 여기는 것으로 드러났다. 1945년에 동일하게 느끼는 사람이 85%였던 것에 비하면 뚜렷하게 줄어든 수치지만, 여전히 명백한 다수의견이다.

이 문제에 관해서는 여전히 많은 논란이 있다. 그 공격을 정당화하는 전통적인 입장에서는 그것이 일본 최고사령부의 즉각적인 항복을 받아낼 수 있는, 그래서 오랜 기간에 걸쳐 큰 댓가를 치르고 섬을 하나씩 점령해가며 미군과 연합군 측에 셀 수 없는 사상자를 안겨주었을 사태를 피할 수 있는 방법이었다고 했다. 그러나 이후의 역사연구에서, 일본은 소련군이 일본 본토에 상륙해 나라의 절반을 점령할 수도 있다는 두려움 때문에 조건부 항복을 했다는 사실이 드러났다. 무엇보다 역사학자 가르 앨퍼로비츠와 머리 세일, 하세가와 쓰요시의 연구 결과는 선제적 핵공격이 절대적으로 필요했다는 통념에 반론을 제기한다.

그러나 신화는 여전하다. 여기서 던져야 할 질문은 이것이다. 1945년 트루먼 대통령이 내린 운명적 결정의 정당성에 대해 미국인들이 보여주는 믿음이, 지옥불을 연상시키는 수사를 사용해가며 핵으로 인한 대재앙을 장담하는 오늘날 트럼프 대통령의 언사를 어느 정도까지 도덕적으로 옹호할 수 있을 것인가?

이 질문에 대해 여론조사가 줄 수 있는 답은 부분적일 수밖에 없다. 그러나 거기에는 시사점도 있다. 5월에 있었던 조그비 애널리틱스 조사에서는 52%의 응답자가 북한의 대량살상무기 프로그램에 대한 선제적 군사공격(설문에서 핵공격이라고 특정하지는 않았지만)을 지지할 것이라고 답했다. 더 최근에 있었던 또다른 연구는 적국에서 수백만의 민간인 사상자를 내더라도 미국 병사들 수천의 목숨을 구할 수만 있다면 선제 핵공격에 찬성하는 미국 대중의 비율이 60%까지 오를 수 있음을 시사했다. 어디서 많이 듣던 소리 아닌가?

그런 시나리오는 순전히 가정일 뿐이라는 그나마 위안

이 되는 생각은 이번주 트럼프와 김정은이 주고받은 떠들썩한 모욕적 언사들로 인해 설 자리를 잃었다. 북한을 "완전히 파괴해버리겠다"라는 트럼프의 위협을 들은 미국 국민들은 자신들 이름으로 또 한번의 선제 핵공격이 개시되는 사태를 묵인할 것인지 자문하지 않을 수 없게 되었다. 비록 잘못된 생각일지언정 다수 국민들이 미국이 세계 유일의 핵무장세력이었던 1945년 당시 히로시마와 나가사끼를 초토로 만들어버린 가공할 폭격이 필요악이었다고 믿고 있다면, 무엇으로 2017년에 핵무기로 불량국가를 공격하는 것 역시 하나의 필요악이라고 생각하지 않도록 우리 동료 시민들을 설득할 것인가?

이 문제에 대해 토론하는 것은 긴급한 지적 과제다. 모든 가정과 학교, 직장에서 온 국민이 이에 관해 이야기를 나누어야 한다. 1946년 『뉴요커』에 실린 「히로시마」에서 존 허시가 보도한 내용이 많은 이들에게 충격을 주었지만, 이후 몇십년이 지나는 동안 미국은 히로시마와 나가사끼에서 일어난 파괴와 고통──불탄 시신들과 방사능에 오염된 공기, 폐허 속에서 터져나오는 비명들 같은──에 대한 자신의 책임에 관해 너무 깊이 생각하기를 대체로 피해왔다. 현재 미국의 핵무력은 1945년의 그것보다 수천배는 더 강력하다. 그것이 북한 사람들에게 가할 수 있는 파괴도 상상을 불허할 정도로 더 클 것이다.

이 시점에서 히로시마가 전쟁범죄인지 아닌지를 논하는 것은 결코 학술활동이라 할 수 없다. 미국이 가지고 있다고 여겨지는 순진함도 선의로 끝나기 어렵다. 무지하고 호전적인 대통령으로 하여금 김정은 정권의 파괴에 그치지 않고 지구적 규모의 집단자살행위가 벌어질 가능성으로 향하는 문을 열어젖히도록 만든 것이 바로 그런 순진함이기 때문이다. 만약 트럼프가 북한에 핵을 떨어뜨린다면 중국은 어떻게 할 것인가? 러시아는 또 어떻게 하겠는가?

1888년 철학자 프리드리히 니체는 "지금껏 세상에서 보지 못했던 종류의 전쟁"이 닥칠 것이라 예언했다. 트럼프가 니체의 이 구절을 연상시키는 "세계가 본 적 없는 화염과 분노"를 약속하면서 『이 사람을 보라』를 떠올렸을 리만무하지만, 그가 확실히 새겨들어야 할 것이 있다. 히로시마와 나가사끼 폭격이 있기 4년 전 알베르트 아인슈타인이 남긴 경고다. "나는 3차대전에서 어떤 무기를 사용해 싸울지는 알지 못한다. 그러나 4차대전이 나면 막대기와 돌멩이로 싸우리라는 것은 알 수 있다."

만약 현 대통령이 70년 넘어 지속되던 위태로운 핵의 평화를 끝낼 선제 핵공격을 심각하게 고려하고 있다면, 이번에는 우리가 그것을 전쟁범죄라고 부를지 말지는 중요하지 않을 것이다. 자신의 무죄를 주장할 사람 하나 남지 않을 종말이 될 것이기 때문이다.

임무 완수

부시 동지가 트럼프 동지에게

조지 W. 부시가 대통령이라는 것이 반드시 풀어야 할 수수께끼였던 10년 전(어떻게 이런 서툴고 어리석고 호전적인 인물이 세계 최고권력자의 자리에 오를 수 있었는지 우리가 스스로에게 묻곤 하던 그 시절이 기억난다. 차라리 그때가 좋았던 것을!) 어느날 아침, 나는 인터넷을 뒤지며 왜 미국만 노동자를 기리는 날이 세계 다른 나라들과 다른지 그 이유를 찾고 있었다. 1886년 5월 1일, 시카고 노동조합(대개는 유럽 출신 이민자로 이루어져 있던)의 여덟 시간 노동 요구가 경찰에 의해 폭력적으로 진압된 그날이 기원이 되었으니 5월 1일이라는 날짜야말로 그 뿌리부터 미국적인데 말이다.

내 검색 엔진이 정체를 알 수 없는 www.secrethistory georgewbush.com이라는 웹사이트를 찾아냈을 때 나는 웬만해선 그 내용을 살펴보지 않을 생각이었다. 따져보면 그 모든 미국인들 중에서 역사에, 더군다나 노동계급에 무관심하기로 악명 높은 아들 부시 대통령만큼이나 메이데이와 관련 없을 사람이 또 누가 있겠는가. 그러나 그 웹사이트는 비록 황당한 것일망정 부시와 메이데이 간의 관련성을 찾아내고야 말았다.

이제 사실이 확인되었다. 1973년 5월 1일, 이전에 이 웹사이트를 통해 보도되었던 1972년 모일이 아니라 바로 이때가 조지 W. 부시가 KGB에 요원으로 영입된 날짜다. 그 작전을 담당했던 안보국 직원이 유리 안드로뽀프 서기장 앞으로 보낸 암호화된 메시지를 풀어보면 다음과 같다. "이자는 집권당인 공화당 의장 조지 허버트 워커 부시의 아들이므로 앞으로 상황이 어떻게 전개될지 지켜봐야 한다. 이를 이 세계 노동절에 위대한 소비에뜨 인민에게 바치는 선물로 받아달라." 끄렘린 내의 다른 소식통에 따르면, 평소에는 근엄하던 안드로뽀프가 이 소식을 접하고는 붉은광장에서 행진하는 군대를 내려다보며 미소를 짓고 정치국 동료 위원들에게 이렇게 속삭였다고 한다. "우리에게 비밀병기가 생겼소. 여기 모스끄바에 있는 것은 아니라오."

2006년——아니, 어쩌면 2007년이었던가?——의 그날 나
는 실눈을 뜨고 그 컴퓨터 화면을 응시했다.

다음 단락은 그보다 훨씬 더 터무니없었다.

30년을 건너뛰어 2003년 5월 1일, 이제 대통령이 된
조지 W.부시가 항공모함 에이브러햄 링컨호 갑판에 내
려서 "임무 완수"라고 쓰인 거대한 깃발 아래서 이라크
에서의 '중요 전투작전'이 끝났음을 선언하고 있었다.
얼핏 보기에 그 행사는 역사상 가장 위대한 공화당 대
통령의 이름을 딴 선박 위에서, 그것도 한명의 사상자도
내지 않고 이제 막 제2차 걸프전쟁에서 귀환한 선박 위
에서 벌이는, 「탑건」 비슷하게 멋들어진 사진을 찍으려
는 작전으로 보였다. 배는 귀환 시각을 늦추기 위해 캘
리포니아 해안에서 30마일 떨어진 곳에서 빙빙 돌다가
들어오는 길이었다. 부드러운 아침 햇살 속에서 최고사
령관이 S-3B 바이킹 제트기를 타고 날아와 완전무장을
하고 거들먹거리며 노동자들을 기리고 있는 세계를 향
해 어떤 메시지를 보내는 모습을 연출하려는 의도였다.
미국이 이 지구를 지배하는 데에는 당신들도, 당신들의
나라도 필요 없다는 메시지를.

아니, 미국 쪽에서 부시를 조종하는 사람들의 생각에는 그렇게 보였다고 해야겠다. 우리 웹사이트 www.secrethistorygeorgewbush.com은 진짜 메시지는 러시아 쪽에서 부시를 조종하는 사람들을 향한 것이었음을 확실히 밝힌다. 임무 완수 깃발은 부시의 활동을 담당한 KGB 요원을 향한 이 대통령의 장난기 어린 윙크이자 고갯짓이었던 것이다. "내가 해냈습니다, 동지. 이제 제 궤도에 올라섰습니다. 이라크와 그밖의 다른 곳에서 벌어질 일들을 지켜보시고 미제국의 몰락을 즐기십시오. 나도 기쁘기 한이 없습니다. 30주년을 축하드립니다. 세계 노동절 만세!"

그때 갑자기, 5월 1일과 미국에 관한 덜 허무맹랑한 자료를 제공해줄 다른 웹사이트로 넘어가려 자판에 손을 대기도 전에 컴퓨터가 먹통이 되었다. 그 글과 문제의 웹사이트가 눈앞에서 사라진 것이다. 이 기이한 재난에 짜증을 내며 나는 내 도시바 컴퓨터를 다시 켜고 구글을 열어 그 인터넷 주소를 쳐넣었다.

http://www.secrethistorygeorgewbush.com을 열 수 없습니다. 인터넷 서버 또는 프록시 서버를 찾을 수 없습니다.

같은 과정을 반복해보았다.

결과는 같았다.

그후 한 시간 동안 어설프게 인터넷 서핑을 해보았지만 그 황당한 블로그는커녕 그 비슷한 것의 흔적조차 찾을 수 없었다. 나는 웹마스터인 아들 로드리고에게 *secrethistorygeorgewbush.com*을 소유하고 있는 사람이 있는지 알아낼 수 있겠느냐고 물어보았다. 몇분 후 아들은 아무도 그것을 산 적이 없으며, 자신이 알아낸 한에서는 사용된 적도 없다는 사실을 알려주었다. 그 도메인을 확보해놓을 생각이신가? 도대체 뭘 하려는 심산이신가?

나쁘지 않은 질문이었다.

난 도대체 뭘 하려는 심산이었던가?

아들에게는 아무 일도 아니다, 그냥 궁금해서 그랬던 것이니 다 잊으라고 말했다. 그러나 정작 나는 도무지 잊을 수가 없었다. 누가 나한테 장난을 쳤던 걸까? 내가 헛것을 보았나? 아니면 갑자기 사라진 그 웹사이트가 애초에 존재하기나 했던 걸까? 아이 때는 히치콕의 「사라진 여인」을 보면서 자랐고 사춘기 땐 스파이 소설을 읽었으며 어른이 되어선 진짜 음모의 희생자이기도 했던 나의 머릿속에는 금방 어떤 장면이 떠올랐다. 그런 엉뚱한 혐의를 제기한 이름 모를 작가가 어느 담배연기 가득한 취조실에 앉아 있고 그 순간에도 사이버경찰(정체가 무엇이건 간에)이

망망대해 같은 가상현실 세계에서 그런 희한한 가설의 마지막 남은 흔적까지 지우고 있는 광경이었다.

여기서 그만하자. 정치적 SF소설에 대한 유혹을 떨쳐 버려야 했다. 미국에서 2006년(혹은 2007년, 아니면 2008년이었던가?) 5월 1일이 중요한 이유는, 유럽 출신 이민자들이 시카고 거리를 행진한 이래 120년 가까이 흐른 지금 메이데이가 다른 노동자, 다른 이민자 들에 의해 기적적으로 되살아났다는 데에 있었다. 수백 수천의 남녀가 다시 그 시카고 거리를, 미국 전역의 거리들을 가득 채우게 될 것이었다. 그러나 이번에는 그 노동자들이 주로 라틴아메리카 출신일 것이고, 그들 대부분이 불법체류자일 것이며, 그들 모두가 자신들을 추방하려는 입법이 코앞을 위협하는 현실에 저항하기 위해 한목소리를 내게 될 것이었다. 그리고 그들은 투명인간 취급을 깨고 나오기 위해서 이 날짜, 미국이 잊고 있던 이 미국적인 날짜를 선택했다.

진정으로 중요한 이야기는 바로 이것이었다. 메이데이, 멕시코에서는 엘 디아 데 로스 마르띠레스 데 시카고(El Dia de los Mártires de Chicago), 즉 '시카고 순교자들의 날'이라 알려진 그 메이데이를 남쪽의 노동자들이 엘 노르떼[북쪽]로, 자신의 과거를 외면해왔던 미국으로 되가져다주는 이야기 말이다.

그러나 내 안에 있는 열에 들뜬 작가는 부시와 KGB를 둘러싼 비밀의 영토를 헤매다니는 일을 멈출 수 없었다. 이런 집착을 떨쳐버리려는 시도로, 나는 그 '사라진' 웹사이트에서 언급했던 몇가지 단서를 추적했다. 히치콕이라면 절대로 감독하려 들지 않았을 '사라진 블로그'라는 제목의 스릴러를 지어내려 애쓰는 꼴이었다.

아니, 'W의 3일'이었던가?

어느 쪽이든, 몇시간 후 나의 엉성한 탐색은 예상했다시피 오리무중으로 끝이 났다.

1973년 5월 1일에 조지 W. 부시는 텍사스에서 주방위군과 함께 파일럿 훈련을 받은 것으로 되어 있다. 그러나 사실은 그가 그 기간에 현장에 있는 것을 목격한 사람이 아무도 없다는 것이다. "조지 부시의 잃어버린 1년"이라고 알려진 이 시기에 그가 텍사스나 그밖의 다른 어떤 곳에 있었다는 것을 증명해줄 기록 역시 하나도 없다. 한해가 통째로 사라진 것처럼 이 미래의 대통령은 그해 신체검사에도 출석하지 않았다. 물론 그가 그동안 파티를 벌이며 술이나 퍼마시고 마리화나를 피우고 있었을 것이라고 상상하는 것이, 우즈베키스탄 근처나 첩보시설이 위치할 만한 어떤 곳의 소비에뜨 비밀훈련 캠프에 잠입해 있었을 거라 억지로 갖다붙이는 것보다는 더 이치에 맞다. 가만, 어쩌면 우즈베키스탄이 아니라 레닌그라드였을지도. 맞다, 레닌그라드. 이제 음모론에 푹 빠져버린 나는 혼자 생각을 이어갔다. 레닌그라드가 완벽한 장소였을 것이다. 이미 KGB에서 경력을 쌓고 있던 블라지미르 뿌띤, 앞으로 부시의 상대역을 맡게 될 그에게 일찌감치 부시를 소개시키기에는 안성맞춤의 장소와 시간이 아니겠는가. 그러면 부시 재임 중 일어난 가장 기묘했던 사건의 숨은 뜻이 밝혀질지도 모를 일이다. 2001년 6월 16일 (알려진 바로는) 처음으로 뿌띤을 만난 날, 조지 W. 부시는 그 러시아 "친구"의 눈을 들여다보고 그가 믿음직하다는 것을 알았다고, 이제 뿌띤의 영혼을 잘 알게 되었다고 말함으로써 온 세상을 깜짝 놀라게 했다. 그리고 그 만남을 찍은 영상을 보면 뿌띤의 입술에는 왠지 모르게 그 옛날 붉은광장에서 안드로뽀프의 얼굴에 떠올랐을 미소를 연상시키는 묘한 미소가 머물러 있다. 그 러시아 대통령은 혼자 이런 생각을 하고 있었던 것이 아닐까? 그래, 당신은 내 영혼을 잘 알고 있겠지. 하지만 난 당신의 KGB 파일을 잘 알고 있어, 친구. 더 중요한 건 아마 그거 아니겠어. 내가 체첸에 폭탄을 퍼부어도 당신은 끽소리도 못할걸.

이만하면 됐다. 이렇게 뒤죽박죽 횡설수설하는 상상으로는 아무것도 얻지 못할 것이었다. 조지 W. 부시가 KGB 요원이라는 가설이 궁극적으로 그의 대통령직 수행에 대해 어떤 설명을 해줄 수 있는가를 묻는 것이 차라리 더 큰 의미가 있었다. 게다가, 찜찜하지만 여기서 인정하지 않을 수 없는 것이 있다. 실로 이 상상이 여러 해 동안 내게 수수 께끼로 남아 있던 어두운 문제들을 말끔히 밝혀주었다는 점이다. 사실 놀라우리만큼 무능했던 통치기간 동안 부시 가 지독히도 유능했던 유일한 한가지가 있었으니, 자기 나 라를 체계적으로 파괴하는 일이 바로 그것이었기 때문이다.

그것을 오만과 어리석음, 나태와 탐욕의 특히 치명적인 결합이라 이해하면 간단했다. 또는 고삐 풀린 종말론적 복 음주의라고 해석할 수도 있었다. 아니면 그를 손아귀에 넣 고 있는 기업이나 네오콘에 주목할 수도 있었을 것이다. 아니면 또… 가능한 설명이 그렇게나 많았다. 그러나 그중 어떤 설명도 부시가 어떻게 그다지도 유독한 방식으로 자 기 나라를 망쳐놓을 수 있었는지를 파악하려는 나의 욕구 를 충족해주지는 못했다. 여기 테러리스트들의 공격이 곧 미국 영토에 들이닥칠 것이라는 모든 신호를 고집스레 무 시한 한 남자가 있었다. 미국의 안보에 어떤 위협도 가하 지 않는 나라를 무지막지하게 침략함으로써 세계의 우의 를 날려버린 남자. 허리케인의 공격으로 죽어나가는 동포 들을 구조하기보다 해외의 땅들을 유린하는 데 더 유능했 던 자. 쓸데없는 감세정책으로 미래 세대를 파산시킨 자. 자기 나라의 그나마 남아 있는 사회안전망을 파괴하려 한 자. 사람들이 미국의 이름으로 고문받을 때 먼 산만 바라 보던 자.

그 당시로서는 그렇게 철저하고 그렇게 끈덕진 무능함이 우연이라고는 믿기 어려웠다. 그래서 그 괴상한 웹사이트, 그것의 원인 모를 사라짐, 마구잡이식 혐의들을 지어내기로 마음먹었던 것이다. 그 모든 것이 농담 삼아 내가 지어낸 것이었다. 메이데이에 에이브러햄 링컨호 갑판에 부시가 착륙하던 장면을 이용해 조지 W. 부시가 미국에 무슨 짓을 했는지, 그의 임무가 결국 우리를 어떤 지경에 처하게 했는지에 관해 탐색하고 글을 쓰려는 하나의 방편이었다. 10년 전 내가 펼쳤던 그런 상상의 나래가 터무니없는 것으로 보일지 모르겠지만, 조지 W. 부시는 정말로 마치 어느 해외의 적에게서 이 땅을 망쳐놓고 미제국을 쓰러뜨리라는 비밀지령이라도 받은 것처럼 행동했기 때문이다. 마치 소비에뜨연합에 어떤 일이 생기든 지구를 물려받을 자 미국이 되지 못하게 하라는 지령이라도 받은 듯이 말이다.

그때는 미친 생각 같았겠지만 그러나 지금, 트럼프의 통치가 가져온 혼란의 한가운데에서 러시아의 미국 선거과정 개입이 더이상 내가 억지로 지어낸 슬픈 농담이 아니게 된 지금, 뿌띤과 트럼프의 대리자들 사이의 공모 가능성이 제기되어 워싱턴을 어지럽히고 FBI 수사를 받고 있는 지금, 바로 그 FBI 국장이 수사를 미루거나 수위를 조절하지 않는다는 이유로 해임당한 지금, 국제적 음모론과 가짜 웹사이트가 판치고 있는 지금을 돌아보자. 지금이야말로 내가 부시를 향해 제기했던 중요한 의혹이 오늘날의 트럼프에게 더 잘 들어맞는 게 아닌지 자문해볼 때가 아니겠는가?

지금 트럼프가 '미국의 꿈'의 근간을 갈가리 찢어서 파괴하고 있지 않은가? 자신이 미국을 다시 위대하게 만들고 있다며 자기 자신과 자기 지지자들을 기만하고 있지만, 그가 수행하고 있는 임무가 바로 이것이 아닌가? 부시 동지가 발동했던 것과 똑같은 실수를, 그러나 이번엔 훨씬 치명적일 실수를 미국이 반복하길 기다리는 그 모든 자들의 이익을 위해, 눈에 번히 보이는 그들의 이익을 위해 행동하고 있지 않은가? 뿌띤이 어느정도는 초조해하면서도 자신이 일조해 불러온 이 상황을 웃으며 바라보고 있지 않은가? 그리고 우리는 이번에도 또다시 입 닥치고 있으라는 듯 우리의 운명을 좌지우지하는 올리가르히*와 대적하게 되지 않았는가?

그러나 사람들, 진짜 희생자이자 어쩌면 진짜 영웅인 그 사람들이 아직 여기 있다.

우리는 방금 또 한번의 메이데이를 보냈다. 무수한 사람들이 거리로 몰려나와 주로 이민자와 난민 들을 향한 박

---

* 영어의 oligarch는 원래 과두정치의 지배자를 일컫는 말이나 소련 해체 이후 러시아에서는 경제력을 바탕으로 정치권력을 손에 넣은 특권계층을 가리킨다.

해에 저항하며 시위했다. 이 둘 사이의 현저한 대비를 생각해보라. 트럼프는 2017년 5월 1일을 "충성의 날"이라 선언했지만(그는 도대체 이 아이러니를 느낄 수 없는 것일까?), 수천수만의 사람들은 그와는 다른 미국에 충성을 표했다. "어떤 인간의 존재도 불법이 아닌" 나라, 그 미국이 죽어가는 것을 지켜볼 수 없었기 때문이다.

역설적이게도, 그 노동자들과 서류 미비의 이민자들, 남성 동료에 비해 저임금을 받는 여성들, 링컨의 나라에서 거리를 뚫고 행진하는, 희망과 두려움과 기억을 뚫고 행진하는 그 사람들이 미국이 약속하는 바에 대해 미국 대통령이 지닌 것보다 더 큰 믿음을 가지고 있다. 트럼프가 뉴욕에서 태어났다고 그게 뭐 대수고, 그가 미국 안의 깊고 영원한 것에 대해 그렇게 줄기차게 얘기한다고 해서 뭐가 달라지겠는가?

바로 그 사람들이야말로 이 나라가 굴러가도록, 살아 있도록 지키기 위해 밤낮을 가리지 않고 더 큰일을 하고 있는 것이다. 물론 외국의 비밀요원은 아니겠지만 안타깝게도 같은 나라 사람들의 눈에는 갈수록 더 그런 것처럼 행동하고 있는 어떤 남자보다는.

역사 속
저항의
증인들

제3부

마틴 루터 킹의 행진은 계속된다

1963년 8월의 어느 더운 날 마틴 루터 킹이 링컨기념관 계단에 서서 그 유명한 연설을 했을 때 나는 워싱턴 D.C.에서 멀리 떨어진 곳, 멀고도 먼 칠레땅에 있었다. 당시 스물한살에다 같은 세대의 수많은 사람들과 마찬가지로 라틴아메리카를 해방하려는 투쟁에 여념이 없었기에, 앞으로 나의 인생에 그렇게나 깊은 영향을 줄 킹의 연설은 내 기억을 비껴갔다. 그런 연설이 있었다는 것을 인지했는지조차 기억이 나지 않는다. 그러나 여러 해가 지나 "나에게는 꿈이 있습니다"로 시작하는 그 연설에 처음으로 귀를 기울였던 때에 대해서는 그 장소와 날짜, 심지어는 시각까지도 지독하리만큼 정확히 기억할 수 있다. 그 음악처럼 흐르는 바리톤의 음성, 주문처럼 영혼을 울리던 말들, 승리에 대한 감동적 확신. 내가 그때 일을 이렇게 똑똑히 기억하는 것은 그날이 바로 1968년 4월 4일, 마틴 루터 킹이 살해당한 날이었기 때문이다. 그날 이후로 그의 꿈과 그의 죽음은 내 의식 속에 슬프게도 하나로 묶여 새겨졌고, 54년이 지난 지금의 기억 속에서도 역시 하나로 묶여 있다.

아내 앙헬리까와 돌배기 아들 로드리고와 함께 캘리포니아의 대학도시 버클리의 언덕 높은 곳 어느 집 거실에 앉아 있던 그때가 떠오른다. 거기 도착한 지 채 일주일도 안된 시점이었다. 우리 아파트가 준비를 갖출 동안 너그럽게도 우리에게 임시거처를 제공해준 미국인 가족의 집이었다. 그 집 주인이 텔레비전을 틀었고 우리 모두는 엄숙하게 저녁 뉴스를 지켜보았다. 저녁 7시, 월터 크롱카이트 앵커였지 싶다. 그리고 그렇게, 멤피스의 호텔에서 마틴 루터 킹이 살해당했다는 뉴스가 나왔고, 미국 전역에서 폭동이 일어났다는 보도가 뒤를 이었으며, 마지막에는 그의 '나에게는 꿈이 있습니다' 연설에서 발췌한 영상이 한참 동안 흘러나왔다.

그제야 비로소 나는 깨달았던 것 같다. 아니, 아마 깨닫기 시작했을 것이다. 마틴 루터 킹이 어떤 사람이었는지, 그가 세상을 뜸과 동시에 우리가 잃은 것이 무엇인지를. 그는 지켜보는 우리의 눈 바로 앞에서 이미 전설이 되어가고 있었다. 그후 세월이 흐르는 동안 나는 자주 그 연설을 되돌아보았고, 그때마다 그 의미의 산에서 매번 다른 돌을 찾아내어 그것을 발받침 삼아 세상을 이해하곤 했다.

1968년 당시 킹의 연설을 처음 들었을 때 그의 웅변에 감탄한 것을 빼면, 나의 즉각적인 반응은 고무된다기보다는 오히려 우울하고 난감한 느낌이었다. 절망에 가까웠다고 할까. 평화를 외치던 이 사람이 죽임을 당하자 그에 대한 응답으로 일어난 것이 결국 그의 유지를 지키겠다는 서약이 아니라 미국 흑인들의 슬럼에서 거세게 퍼져나간 폭동들이었으니 말이다. 미국 내에서 공민권을 박탈당한 사람들이 자신들의 죽은 지도자에 대한 복수로 게토를 불태웠다. 자신들이 갇혀서 가난에 시달리고 있다고 느끼는 그곳을. 킹이 주창했던 비폭력이란 쓸모없는 것이라고, 이 세상에서 불공평함을 끝장내는 유일한 방법은 총을 드는 길뿐이라고, 힘있는 자들의 관심을 끄는 유일한 방법은 그들을 혼이 빠지도록 겁나게 만드는 것이라고 주장하기 위해 이번에는 불을 사용했던 것이다.

이렇게 킹의 암살은 지난 1960년대에 나와 그렇게나 많은 다른 운동가들을 괴롭혔던 질문, 지금 황량한 2017년에 반복되고 있는 그 질문을 잔인하게도 다시 한번 제기했다. 근본적인 변화를 이룩하기 위한 최선의 방법은 무엇이었을까? 쓰디쓴 증오의 잔을 들지 않고 적들이 우리를 대하듯 우리가 그들을 대하지 않는, 마틴 루터 킹이 상상했던 대로의 저항을 그려볼 수 있었을까? 아니면 정의의 궁전과 형제애의 밝은 날을 향한 길에는 필연적으로 폭력이, 혁명의 불가피한 산파 역할을 할 폭력이 따를 수밖에 없는 것일까?

칠레에 있던 시절, 나는 이런 질문에 바로 답을 내놓아야만 할 형편이었다. 그것도 구름 잡는 이론적 고찰 속에서가 아니라 하루하루를 사는 엄혹한 역사적 현실 속에서 말이다. 1970년 살바도르 아옌데가 대통령에 당선되고 칠레가 평화로운 수단을 통해 사회주의를 이룩하려 한 최초의 나라가 되었을 때였다. 사회변혁에 대한 아옌데의 구상은 킹의 것과 유사했다. 물론 두 사람이 매우 다른 정치적·문화적 배경을 지녔던 것도 사실이다. 예를 들자면, 아옌데는 전혀 종교적인 사람이 아니었기에 물리력에는 정신력으로 맞서야 한다는 마틴 루터 킹의 의견에 동의하지 않았을 것이고 그보다는 사회적 조직화의 힘을 주장했을 것이다. 그러나 라틴아메리카의 많은 이들이 피델 까스뜨로와 체 게바라가 제안하는 무장투쟁 노선 앞에서 마음이 흔들릴 때, 아옌데만이 유일하게 우리 시대의 과제 두가지가 떼려야 뗄 수 없이 결합되어 있다는 상상을 해냈다. 그 두 과제란 한편으로 더 많은 민주주의와 더 많은 시민의 자유를 추구하는 것이고 다른 한편으로는 그와 병행하여 사회정의를 이루어 이 땅 위 가진 것 없는 이들에게 경제적 힘을 부여하는 것이었다. 하지만 마틴 루터 킹의 운명을 되풀이하는 것이 아옌데의 운명이었을까. 3년 후 아옌데는 죽음을 선택했다. 1973년 9월 11일, 킹이 워싱턴에서 '나에게는 꿈이 있습니다' 연설을 한 날로부터 거의 10년이 흐른 그날, 아옌데는 죽음을 선택함으로써 그의 꿈을 지켰고 죽음 직전의 마지막 연설을 통해 우리에게 머지않아(más temprano que tarde) 좋은 날이 올 것이며, 그날이 오면 칠레의 자유로운 남녀 시민들이 넓은 가로수길(las amplias alamedas)을 함께 걸으며 더 나은 사회를 향해 나아가게 되리라 약속했다.

그 끔찍했던 패배 직후의 충격 속에서 칠레의 권력자들이 우리는 그들에게 가하려 하지 않았던 공포를 우리에게 강요하는 것을 보고서야, 우리의 비폭력이 처형과 고문과 실종으로 돌아왔을 때에야, 바로 1973년 군사쿠데타가 터지고 나서야, 처음으로 나는 진지하게 마틴 루터 킹의 참뜻을 돌아보기 시작했다. 링컨기념관의 그 계단 위 연설이 다시 떠올라 머릿속을 떠나지 않고 내게 질문을 던졌다. 앞으로 여러 해 동안 계속될 망명길에 오를 때가 되자 비로소 킹의 목소리와 메시지가 내 삶에 온전히, 한마디 한마디 스며들기 시작했던 것이다.

만에 하나 폭력이 정당화될 수 있는 상황이 있다면 그것은 바로 칠레의 군사정권에 대항하는 경우였을 것이다. 삐노체뜨와 그의 장군들은 입헌정부를 전복했으며, 죄라면 반대자를 학살하지 않고도 정의의 강물을 흐르게 할 세상을 꿈꾸었다는 죄밖에 없는 시민들을 죽이고 박해하고 있었다. 그러나 칠레의 저항세력은 아주 현명하게도, 거의 본능적으로 다른 노선을 채택했다. 독재정권을 나라 안팎으로 고립시키고 시민불복종을 통해 칠레를 통치 불가능 상태가 되게 함으로써 서서히, 단호하게, 위협적으로 나라의 얼굴을 넘겨받는 방법이었다. 미국의 민권운동이 채택했던 전략과 크게 다르지 않았다. 그리고 실로, 칠레에서 독재정권을 몰아내는 데에 걸린 그 7년의 기간만큼 내가 마틴 루터 킹을 가깝게 느낀 적은 없었다. 1963년 워싱턴 D.C.에 모여든 투사들을 향해 신념을 잃지 말라고 촉구하던 그의 말이 내 안에서 울리며 나의 슬픈 마음을 위로해주었다. 그는 나에게, 우리에게 이렇게 예언의 말을 던지고 있었다. "여기 오신 여러분 중 엄청난 시련과 고난을 겪어온 분들이 있다는 것을 어떻게 모른 척하겠습니까? 어떤 분들은 좁은 감방을 나선 직후일 것입니다." 킹 박사가 이렇게 사자후를 토할 때 그것은 나와 내 동지들을 향한 것이었다. "어떤 분들은 자유를 구한다는 이유로 박해의 모진 비바람을 얻어맞고 경찰의 야만성이라는 태풍에 비틀거려야 하는 지역에서 오셨습니다. 여러분은 창조를 향한 수난의 백전노장이셨습니다." 처음 항쟁에 나서는 것보다 그다음날 깨어나 두번째 항쟁에 나서는 것이, 또 그다음 항쟁에 나서는 것이 더 어렵다는 것을, 하루하루 계속되는 이런 작고 고된 행동들이 쌓여 거대하고 치명적인 결과를 가져올 수 있다는 것을 그는 잘 알고 있었다. 앨라배마와 미시시피의 개들과 보안관들은 산띠아고와 발빠라이소의 거리에도 여전히 건재했다. 그러나 무방비의 남녀노소들이 쓰러지고 얻어맞고 폭격을 당하고 괴롭힘을 당하면서도 그치지 않고 압제자들에게 맞서도록 북돋는 그 정신도 역시 건재했다. 오로지 자기 자신의 몸으로 겪는 고난과 그 무엇도 자신들을 막을 수 없다는 확신만을 무기삼아 나선 사람들이었다. 그리고 미국의 흑인들과 똑같이 칠레의 우리도 빼앗긴 여러 도시들의 거리에 서서 노래를 불렀다. 미국처럼 흑인영가는 아니었다. 나라마다 그들만의 노래가 있는 법이니까. 칠레에서는 베토벤의 9번 교향곡에서 따온 「환희의 송가」를 부르고 또 불렀다. 모든 사람이 형제자매가 될 그날이 올 것이라는 희망을 품고서.

우리는 왜 거기서 노래를 부르고 있었던 것일까? 당연히 스스로에게 용기를 주려는 것이었다. 그러나 그게 다였던가? 그것만은 아니었다. 칠레에서 우리가 노래를 부르며 물대포, 최루탄, 곤봉에 맞섰던 것은 누군가 다른 사람들이 우리를 지켜보고 있다는 것을 알았기 때문이었다. 이런 면에서도 우리는 미디어를 잘 아는 노련한 마틴 루터 킹의 발걸음을 따라갔다. 경찰국가와 국민 간의 어울리지 않는 대치 상황을 지켜보는 눈이 있고 그 장면이 고스란히 찍혀 다른 사람들에게 전달된다는 것을 알고 있었던 것이다. 미국 남부의 끝자락에서 벌어진 일은 주로 미국 국민들이 지켜보았지만, 이곳 칠레 남부의 더 먼 끝자락에서 몇년 후 벌어진 투쟁에서는 평화를 지키려는 남녀가 공포의 집행인들에게 억압받는 광경이 날마다 국내외 다양한 세력들을 겨냥해 전송되었다. 그 세력들의 지지는 삐노체뜨와 그의 종속적인 제3세계식 독재가 존속하는 데 반드시 필요한 것이었다. 과연 그 방법은 효과가 있었다. 여론이 우리의 적들에게 영향을 끼치고 망신을 주어서 결국은 그들이 권력을 내려놓지 않으면 안되게 만들 수 있다는 것을, 우리에 앞서 마틴 루터 킹과 간디가 그랬듯 우리도 이해하고 있었기 때문이다. 이것이 미국 남부에서 인종분리정책을 무찌른 방법이고, 칠레 국민들이 1988년 국민투표를 통해 삐노체뜨를 몰아내고 1990년 민주주의로 가는 길을 놓은 방법이며, 이란과 폴란드, 튀니지와 필리핀에서 폭정을 종식시킨 이야기이다. 비록 자유를 향한 유사한 투쟁들, 예를 들어 남아프리카의 아파르트헤이트 정권, 또는 니까라과의 살인적인 독재정권이나 캄보디아의 흉악한 크메르루주에 대항해 일어난 투쟁들의 경우는 비폭력을 말하는 킹의 선구적인 주장이 모든 상황에 기계적으로 적용되어서는 안된다는 것을 보여주었지만 말이다.

그러면 오늘은 어떠한가? 내가 그 옛날, 킹이 세상을 떠난 바로 그날 처음 들었던 그 연설을 지금 다시 들으면 그 안에서 나를 위한, 우리를 위한 메시지, 다시 귀기울여야 할 무언가를 찾을 수 있을까, 마치 우리의 영웅조차 몸서리치게 만들 위험에 맞닥뜨린 이 시대에 난생처음 그 연설을 듣는 것처럼?

그의 나라가 어떤 꼴이 되었는지 돌아보았다면 마틴 루터 킹은 무슨 말을 했을까? 2001년 9월 11일 뉴욕과 워싱턴을 짓눌러버린 공포와 죽음으로 인해 그의 나라가 두려움 가득한 나라로, 꿈꾸기를 멈추고 안전을 위해 자유를 희생하는 나라로 변해가는 것을 보았다면 그는 무슨 말을 했을까? 또한 공포를 조장해 외국에 대한 침략을, 그 나라 국민의 뜻에 반하는 점령을 정당화하는 것을 보고는 무슨 말을 했을까? 사담 후세인 같은 폭군을 제거하기 위한 어떤 다른 방법을 조언해주었을까? 미국 내에서 이런 정책에 반대하는 사람들을 향해 자신의 뜻을 당당하게 밝히라고, 절망의 골짜기에서 헤매지 말고 앞으로 나아가라고 말했을까? 그리고 트럼프! 마틴 루터 킹을 인용함으로써 스스로의 입을 더럽힌 트럼프, 프레더릭 더글러스가 아직 살아 있다고 믿는 트럼프, 말만 많고 행동은 없는 사람이라며 영웅적인 존 루이스*를 모욕하고 자유의 행진 중 경찰에게 구타당하고 목숨을 걸어야만 했던 그 존 루이스를 조롱하는 트럼프, 그리고 민권법안이 서명, 발효되는 역사적 현장을 지켜본 그 대통령 자리를 차지하도록 그런 트럼프를 뽑아준 미국을 향해 무슨 말을 했을까?

그가 1963년 8월 아득한 그날 에이브러햄 링컨 동상의 그늘 아래에서 전달하고자 했던 말들 일부를 되풀이했으리라는 것이 나의 믿음이다. 그가 다시 한번 자신의 나라에 대한 믿음을, 그의 꿈이 미국의 꿈에 깊이 뿌리박고 있음을, 이 순간의 모든 어려움과 좌절에도 불구하고 그의 꿈은 여전히 살아 있다는 것을, 또 그의 나라는 결국 다시 일어나 그 신념의 진정한 의미를 살아내리라는 것을 선언했으리라고 나는 믿는다. "우리는 이 진리가 자명한 것이라고 믿습니다. '모든 사람은 평등하게 창조되었다'."

그가 옳기를 희망하자. 그를 위해, 그리고 우리를 위해, 자신의 나라에 대한 마틴 루터 킹의 신념이 빗나간 것이 아니었기를, 50년도 더 흐른 지금 족히 많은 그와 나의 동포들이 서릿발 같으면서도 부드러운 그 목소리에 다시 한번 귀기울이는 법을 배우기를 희망하고 기도하자. 죽음과 두려움을 건너와 우리를 부르는, 우리 시대의 자유와 정의

• John Lewis(1940~), 미국의 정치가이자 민권운동 지도자. 1963년 워싱턴 행진의 주역 중 한명으로 민권운동에 뛰어들어 인종차별 관련법을 철폐하는 데 선도적인 역할을 해왔다. 현재 민주당 소속 하원의원이다.

를 위해 어깨 겯고 함께 서라고 요구하는 그의 목소리에
귀를 기울이기를.

만델라를 찾아서*

넬슨 만델라의 기억을 나누고 그의 삶과 유산을 기리기 위해 생각을 가다듬어야 할 이 자리에서, 역설적이게도 제가 언제 처음으로 그의 이름을 들었는지 기억이 나지 않는다는 고백으로 이야기를 시작하고자 합니다. 1962년 그가 투옥되었을 당시 저는 나이 스물에 작은 분파의 별 볼일 없는 선동가였습니다. 산띠아고에 있는 칠레대학교의 학업을 잠시 접고 거리에서 경찰과 싸우거나 가난에 시달리는 우리나라 판자촌 빈민들을 조직하는 일을 돕고 있었습니다. 남아프리카공화국은 우리나라와 같은 남반구에 있

● 2010년 7월 31일, 매해 만델라 재단이 만델라의 생일을 기리는 행사에 초청받아 행한 연설이다. 나는 그 행사의 초청 연사가 된 최초의 라틴아메리카인이자 최초의 작가였다.─원주

기도 한데다 이미 세계에서 가장 부당하고 비인도적인 체제의 상징이 되어 있었지만, 체 게바라를, 더 가깝게는 아옌데를 영웅으로 삼은 세대에게 이곳의 투쟁은 반짝이기는 하지만 멀리서 희미하게 빛나는 별과 같았습니다. 아옌데는 1970년 민주적 절차를 통해 칠레 대통령으로 당선된 최초의 사회주의자였습니다. 아프리카민족회의* '자유헌장'의 모범이 되어도 좋을 만한 이상을 구현한 아옌데의 평화적 혁명이 지속되던 3년 동안에도, 굶주리는 아이도 없고 땅을 갖지 못한 농부도 없으며 우리의 땅과 영혼을 소유한 외국 기업도 하나 없는 그런 나라를 만들고자 있는 힘을 다 쏟던 그 1,000일 동안에도, 우리가 특별히 만델라의 감금에 항의했던 기억은 없습니다. 그저 아파르트헤이트에 대한 전반적 거부의 한 부분으로만 고려되었을 뿐이지요.

그러다가 1973년의 군사쿠데타로 아옌데가 사망하고 저는 망명길에 올랐습니다. 그렇게 머퀘르퀘레**처럼 지구 위를 떠도는 신세가 되어서야 비로소 만델라의 이름이 점차 중요한 희망의 횃불이 되었고, 이제 고향을 잃은 제게

---

* African National Congress(ANC), 남아프리카공화국의 인종차별정책에 대항해온 흑인해방운동조직. 1994년 최초의 흑인정권을 출범시켰다.
** makwerkwere, 남아프리카공화국에서 다른 나라에서 온 이주민들을 경멸조로 부르는 말.

는 일종의 고향이 되었습니다. 물론 1970년대에도 이미 그는 야만성 앞에서도 무너지지 않을 우리의 정신을 상징하는 존재로 굳건하게 자리 잡고 있었지만, 자국 국민들을 상대로 그릇된 정치를 펼치고 있던 쌍둥이처럼 비뚤어진 정부들 간의 결탁을 알게 되면서부터 그의 의미는 저에게 더욱 크게 다가왔습니다. 그와 그의 동료 애국자들을 감옥에 가두고 그들과 수백만 남아프리카공화국 사람들의 기본권을 유린하는 아파르트헤이트 정권은 저를 추방하고 우리 땅을 약탈한 남아메리카 독재정권의 몇 안되는 동맹국 중 하나임이 드러났습니다. 포르스터*와 보타**는 우리 대원수 아우구스또 삐노체뜨의 동료였습니다. 그들은 서로 훈장과 대사와 자기들끼리의 국빈방문을 주고받았고 서로에게 존경의 선물을 바쳤으며 무기와 정보, 심지어는 최루탄까지도 나누어 썼습니다. 이 불행하고 부끄러운 사례를 여기서 계속 열거할 수도 있겠습니다만, 남아프리카의 공포와 칠레의 공포가 교차하는 한 지점을 지적하는 것

• Balthazar Johannes [John] Vorster(1915~83), 남아프리카공화국의 정치가로 1966~78년 총리를 역임했다. 국제사회의 권고를 무시하고 강경한 인종차별정책을 실시했으며 반대자들을 철저하게 억압한 것으로 유명하다.

•• Pieter Willem Botha(1916~2006), 남아프리카공화국의 정치가로 1978년 포르스터 후임으로 총리직을 맡았다. 아파르트헤이트 유지를 고집하여 국제적 고립을 자초했으며, 그의 재임기간은 남아공 정치의 암흑기로 평가된다.

으로 족할 듯합니다. 1976년 소웨토 학살이 있던 그해, 우리는 서서히 진행되는 우리만의 학살을 경험하고 있었습니다. 칠레 군사정권과 삐노체뜨는 사람들을 사라지게 만드는 세계적으로 악명 높은 체계를 만들고 있었습니다. 사람들을 체포해가서는 애타게 찾는 가족들에게 그들의 인신(人身)을 인도하지 않았던 것입니다. 양국의 독재정권은 폭력을 이용해 어떤 저항세력도 감히 존재를 드러낼 수 없는 세상, 누구도 맞서 일어날 엄두를 내지 못할 세상을 만들고자 했습니다. 따라서 1970, 80년대를 거치면서 만델라에 대한 저의 존경심이 나날이 커져갔던 것은, 우리의 기억 자체가 존재하지 않았다는 듯 우리를 지구 위에서 없애버리고 싶어 하는 단합된 적들에 맞서 그의 나라 사람들과 우리나라 사람들이, 남아프리카 국민과 칠레 국민이 정의를 향한 투쟁의 길에 나란히 전심전력으로 나섰다는 사실과 불가분의 관계에 있습니다. 그러고도 1990년이 되어서야 칠레는 민주주의를 되찾았고, 같은 해에 만델라 자신도 석방되었습니다. 그의 나라와 저의 나라가, 실로 온 세계가 어떻게 과거가 낳아놓은 증오에 얽매이지 않고 과거와 마주할 것인가 하는 어려운 문제와 씨름하기 시작한 때였습니다. 남아프리카와 칠레는 민주주의로 가는 비슷한 길을 밟으며 기억과 대화에 관한 뜨거운 문제를 똑같이 스스로에게 던지지 않을 수 없게 되었습니다. 이때가 되자 비로소 마디바[*]는 저에게 전설 그 이상의 존재가 되고 그의 지혜, 인류애의 실천과 함께 현대 인류의 사표가 되었습니다. 왜냐하면 불의에 맞서 투쟁해온 우리 같은 사람들이, 적들의 폭압을 견디는 것보다 그들의 말에 귀를 기울이고 그들을 용서하는 것이 종종 더 힘들다는 것을 배워야 했기 때문입니다. 압제의 와중에서 뜨거운 가슴으로 머리를 꼿꼿이 들고 맞서는 것보다 자유가 던지는 시험과 그 미묘함 사이를 잘 헤쳐나가는 것이 도덕적으로 더 복잡한 일일 수 있다는 것을 배워야 했기 때문입니다. 압제가 있다면 오히려 선악을 가르기가 애매할 여지 없이 분명하겠지요.

오늘 이 자리에서 저는 바로 이러한 어려움과 복잡한 도덕적 문제에 대해 탐구해보고 싶습니다. 그리고 이야기꾼, 작가의 시각으로 그 일을 하고자 합니다. 수십년 동안 칠레 독재정권과 투쟁하면서 제가 여러번에 걸쳐 죽음을 모면했던 것은 권력자들이 억누르고자 했던 기억을 생생하게 남기는 일을 하라는 이유에서였다고 믿게 되었기 때문입니다. 그러니 우선, 이야기 하나를 들려드리겠습니다. 넬슨 만델라가 몸소 구현해낸 속죄와 구원의 이야기를 한편으로는 보완하면서 또 한편으로는 복잡하게 만드는 일화

---

* Madiba, '어른'을 뜻하는 말로 남아프리카공화국 국민들이 애정과 존경을 담아 만델라를 부르는 별칭.

입니다. 작가가 하는 일이 그렇습니다. 우리에게 만족과 위안을 가져다주는 단순한 대답에 안주하기보다 한없이 복잡한 우리 인간 조건 속으로 뛰어드는 것이지요.

몇년 전 칠레의 한 판자촌에서 어떤 NGO가 마련한 문맹퇴치 프로그램의 일환으로 학교에 다니는 아이들에게 책을 나눠주고 있을 때였습니다. 나이 든 목수 한 사람이 제게 다가왔습니다. "당신이 정말로 살바도르 아옌데 옆에서 일했던 사람이라면 당신에게 해줄 얘기가 있소." 그가 말했습니다. 제 기억이 틀리지 않는다면 이름이 까를로스였습니다. 그 사람은 살바도르 아옌데 정부의 열성 지지자였다고 했습니다. 아옌데가 만든 정책은 까를로스가 생애 최초이자 유일한 집을 사는 데 도움이 되었고, 아옌데는 까를로스의 아이들을 포함해 학교에 다니는 아이들이 무료 우유와 점심을 먹어야 하는 이유를 이해하고 있었으며, 아옌데는 노동자들이라고 해서 영원히 미래를 박탈당한 채 살 필요가 없다는 희망을, 이런 일이 모두의 자유를 존중하는 가운데 실현될 수 있다는 희망을 그 목수에게 불어넣어주었다고 했습니다. 1973년 9월 11일 군사쿠데타가 일어난 뒤, 아옌데는 아무 표지도 없는 무덤에 묻히고 그의 그림이나 사진을 거는 것도 금지되었습니다. 군인들이 이 목수의 동네에 들이닥쳐 문을 부수고 들어와 주민들을 구타하고 체포하고 그들에게 총질을 해댔습니다. 공포에 질린 까를로스는 자기 집 벽 널빤지 뒤에 순교한 대통령의 사진을 숨겼고 그 사진은 독재가 지속되는 17년 동안 내내 그 안에 들어 있었습니다. 칠레에 민주주의가 회복되고 정부의 목줄을 쥐고 있던 삐노체뜨가 권력을 양도했을 때에도 그 사진을 꺼낼 수 없었노라고 그는 제게 알려주었습니다. 삐노체뜨는 더이상 나라의 독재자는 아니었을지 모르지만 여전히 이런저런 핑계를 대며 총사령관직을 유지하고 있었고, 그가 심어놓은 사람들이 사법부나 미디어 분야, 특히 삐노체뜨의 신자유주의 정권하에서 추잡하게 번식해온 그런 영역에서 여전히 큰 부분을 장악하고 있었던 것입니다. 아마 더 결정적으로는 삐노체뜨의 그림자가 많은 칠레인들의 악몽 속에 버티고 있었기 때문일 것입니다. 그들은 여전히 그의 무시무시한 복귀를 두려워하고, 언젠가 그가 다시 돌아와 복수를 꾀할지도 모른다고 두려워하고 있었습니다. 자유선거만으로 그 목수는 두려움에서 해방될 수 없었던 것입니다. 국장의 예를 갖추어 아옌데를 보내는 것으로도 충분치 않았습니다. 몇년 후 남아프리카에 설립된 것과 유사한 '진실과 화해 위원회'의 도움으로 온 나라가 자신의 과거를 받아들일 수 있게 되었을 때조차도 그것만으로는 충분치 않았습니다. 1998년이 되어 런던을 방문 중이던 삐노체뜨가 반인륜적 범죄를 저질렀다는 혐의로 체포되자, 그제야 까를로스는 살바도르 아옌데의 초상을 숨겨두었던 널빤지를 뜯어냈습니다. 그러자 그 안에, 25년이 흐른 후에도 그의 아름다운 대통령(Presidente lindo)이, 그가 기억하는 그대로, 온전히 남아 있었다고 했습니다. 숨겨두었던 곳에서 그 초상을 다시 꺼낸 것이 까를로스를 변화시켰습니다. 런던에서 18개월간의 가택연금이 끝나 삐노체뜨가 다시 칠레로 돌아왔을 때, 까를로스는 한편으로는 겁이 났지만 이번에는 있는 용기를 다 모아 아옌데의 초상을 대담하게도 계속 벽에 걸어놓았습니다. 그는 제게 다시는 그것을 숨기지 않을 것이라고 말했습니다.

이 이야기가 감동적인 것은 까를로스가 투사도 아니고 공동의 선을 위해 스스로를 희생하는 혁명전사도 아니었기 때문입니다. 이런 이유로 그의 몸짓이 더욱 큰 의미를 지니는 것입니다. 넬슨 만델라가 설명하기를, "아파르트헤이트 정권이 개발한 모든 억압수단의 핵심에는 사람들의 기억을 조종하고 왜곡하고 약화시키려는, 심지어는 지워버리려는 목적이 있다"라고 했습니다. 까를로스는 남아프리카에서 수천 마일 떨어진 곳에서 그 억압수단에 저항하고 있었습니다. 과거에서 온 그 초상이 은신처를 벗어날 수 있었던 것은, 그것이 칠레의 공기와 산천을 다시 만날 수 있었던 것은, 그가 그 사진을 손주들에게 자랑스레 보여줄 수 있었던 것은, 바로 까를로스가 잊기를 거부했기 때문이었습니다. 문밖에서 보안대가 날뛰고 다니는 동안 그 사진을 태워버리지 않고 다시 꺼낼 수 있을 때까지 몰래 묻어놓았기 때문이었습니다. 그 목수가 제게 이 이야기를 들려줄 수 있었던 것은 그가 그 무법천지의 세월 동안 그 사진을 마음속에 품고 어루만지고 쓰다듬었기 때문이었습니다.

예, 감동적인 이야기 맞습니다. 그러나 생각해볼 거리를 던져주는 이야기이기도 합니다.

기억은 진공상태에 존재하는 것이 아닙니다. 만약 정의가 실현되지 않았더라면, 만약 삐노체뜨가 런던에서 강제로 재판정에 서고 1년 반 동안 자기 죗값을 치르는 일이 발생하지 않았더라면, 이 목수의 기억은 봉인된 채로 남아 있었을 것입니다. 기억이 막힘없이 흘러나오기 위해서는 두려움 역시 흘러나와야 했습니다. 과거에서 날아온 그 초상이 안전할 수 있는 사회적 공간이 필요했습니다. 기억은 진공상태에 존재하지 않습니다. 그 금지되었던 사진과 생각이 다시 모습을 드러내도록 길을 터준 정의는 그 자체가 많은 다른 기억들, 더 공적이고 더 공동의 것인 기억들의 산물이었습니다. 자기 존재를 걸고 싸웠던 수천수만 사람들의 기억 말입니다. 그들 중 많은 이가 목숨을 잃었고, 당연히 생계를 잃었습니다. 이는 모두 까를로스 같은 사람들이 다 타서 재가 되어버린 역사에 기억을 그냥 묻어두지 않아도 되도록, 까를로스 같은 사람들이 등지고 있던 세상으로 돌아왔을 때 더 많은 돈이나 더 많은 무력을 지닌 자들이 아니라 그와 다른 이들이 내는 목소리로 이루어진 나라를 만날 수 있도록 하기 위함이었습니다. 다시 마디바의 말씀을 빌려봅니다. "아파르트헤이트에 저항하는 투쟁의 특징은 망각에 맞서 싸우는 기억이라고 할 수 있다. 우리의 조상, 우리의 이야기, 우리의 가치와 우리의 꿈을 기억하려는 결의 속에서 우리는 진정한 동지애를 맛본다." 다른 이들이 모든 것을 걸고 해방의 공유지가 존재할 수 있도록 싸웠기에, 까를로스는 마침내 그의 사적 기억과 공적 기억을 조화시킬 수 있었습니다. 따라서 저항에 대한 하나의 기억이 버텨내기 위해서는 궁극적으로 그것이 보통 사람들이 이루는 대초원에서 어우러질 필요가 있습니다. 그것이 다른 금지된 기억들이 모여 있는 광대한 기록보관소에 합류하지 못하는 한 혼자서 폭력과 검열을 이겨내기는 어려울 것입니다. 이 목수의 경우, 그의 충직함에 아무리 경탄을 금할 길 없다 하더라도, 그의 은신처가 아주 고립되고 은밀한 곳이었다는 사실에서 아무도 모르게 이루어지는 마음속 저항이 근본적으로는 얼마나 취약한지가 고스란히 드러납니다. 이 점이 우리에게 냉정한 사고를 요구하는 것입니다.

만약 목수 까를로스가 죽임을 당했더라면 무슨 일이 벌어졌을까요? 그가 추방당했거나 집을 빼앗겼거나 혹은 알

츠하이머 같은 병에라도 걸렸더라면 어떻게 되었을까요? 어떤 사고가 일어나 살바도르 아옌데의 초상이 햇빛을 보지 못하게 되었을 가능성은 얼마든지 있었습니다. 혹은 훨씬 더 나쁜 경우로는, 수십년도 더 지나 까를로스가 아닌 누군가 다른 사람이, 어떤 낯선 이나 그의 증손주 같은 사람이 벽을 수리하면서 널빤지를 뜯어내다가 그 사진을 발견했을지도 모를 일입니다. 그러면 그는 그 사진을 보며 도대체 그것이 왜 거기 있는 것인지, 수수께끼의 골방에서 그것이 전달하고자 하는 불가해한 메시지는 무엇인지 어리둥절해했겠지요. 제가 이렇게 결국 망각으로 끝나버릴 행위의 위험성을 자꾸 언급하는 것은 칠레와 남아프리카 양국 모두에 이 시점에서 긴요한 일이 있기 때문입니다. 우리는 더이상 지체하지 말고 스스로에게 물어보아야 합니다. 투쟁과 저항, 슬픔과 희망의 기억을 어떻게 젊은 사람들에게 전달할 것인지, 단순한 종잇장이나 필름조각 이상의 무언가를 어떻게 전해줄지, 언제든 날아가버릴 것만 같은, 그러나 반드시 다음 세대에게 물려주어야 할 이것을 어떻게 전해줄지를 생각해보아야 합니다. 경험에 대해 말씀드리려는 것입니다. 경험, 남아프리카의 아파르트헤이트 아래에서 사는 것이 어떤 의미였는지, 칠레의 폭정을 견디고 살아남는 것이 어떤 의미였는지를 말해줄 그 경험 말입니다. 따라서 목수가 숨겼던 그 사진은, 기억이란 오래 지속되기도 하지만 그와 동시에 어쩔 수 없이 가변적인 상황에 처해 있음을 말해주는 하나의 은유가 됩니다. 물건인 사진은 거기 남아 있을지 모르지만 한때 그 기억을 생생한 것으로 지키고자 고군분투했던 그 목수는 사라질 것입니다. 기억은 진공상태에 존재하지 않습니다. 그것이 젊은이들의 삶 속에서 살아 숨쉬고 젊은이들의 삶 속에서 의미를 획득하지 않는 한, 보안대가 목수의 집을 불태웠다면 그랬을 것처럼 그 기억은 그대로 죽어 사라질 것입니다.

그러나 슬프게도, 시간은 죽음과 망각의 편입니다.

그리고 이 무자비한 시간만이 망각에 맞서 싸우는 사람들이 직면하고 있는 유일한 문제도 아닙니다. 이 목수의 이야기에서 화해에 관한 여러 질문들이 잇따라 제기됩니다. 어떻게 화해시킬 것인가? 화해라는 단어를 고집하는 데는 저 나름의 목적이 있습니다. 그 목수의 기억을, 아옌데의 사진을 태워버렸을 사람들, 아옌데를 기억할 누군가의 몸과 눈과 손까지도 태워버렸을 그 사람들의 기억과 어떻게 화해시킬 것인가? 그의 기억을, 그 사람이 사는 집마저 태우고 그 기억을 드러내기 위해 필사적으로 애쓰는 그의 나라까지 태워버리고야 말았을 자들의 강력하고 위협적인, 완전히 상반되는 기억과 어떻게 화해시킬 것인가? 서로 적인 사람들은 과거를 각기 다르게 기억합니다. 그들이 어떤 식으로든 과거에 대해 의견일치를 볼 때까지, 그래서 양쪽이 공유할 수 있는 기억을 벼려낼 때까지는 그들 사이의 반목이 사그라지지 않을 것입니다. '진실과 화해 위원회'가 필요한 것은 그런 이유에서입니다. 준비부족과 유보적 태도도 없지 않았고 모든 고통을 폭로하지도, 모든 범죄를 남김없이 처벌하지도 못했지만, 그럼에도 불구하고 이 위원회는 체제 자체가 폭력이던 시기를 거친 후 민주주의로 이행하는 데 있어서 필수불가결한 단계인 것입니다. 이들의 조사는 대다수 시민과 특히 그들의 자녀들이 접근할 수 있는 형태의 역사를 만들어냅니다. 미래의 대화와 토론에 불가역적인 준거틀이 될 이야기 말입니다. 이전에 적으로 만났던 두 세력이 동의할 수 있는 담론은 점차 그 민족 자체의 담론이 되어갑니다. 그 시절을 직접 겪은 주인공들의 삶 너머까지 지속될 집단적 기억의 한 형태가 된다 할 수 있겠습니다. 물론 우리는 너무도 큰 슬픔에 너무 많은 이야기들이 불쑥불쑥 불거져 그것들을 이 합의된 이야기에 다 담지 못하는 경우가 허다하며, 따라서 이 이야기는 어떤 과정의 끝이 아니라 시작으로 이해되어야 한다는 것을 인정합니다.

모질었던 과거를 공공연하게 드러내놓는 과정을 통해 이렇게 공유의 역사를 창출하는 일이 곧바로 진정한 화해로 귀결되는 것은 아니기 때문입니다. 반으로 나뉜 공동체를 치유하기 위해서는 다른 발걸음들이 필요할지도 모릅니다. 그들 자신의 행위가 우리 공통의 인간성을 훼손했다는 사실을 받아들이지 않으려는 사람들에게 다가가기 위해서는 다른 발걸음들이 필요할지도 모릅니다. 또 미래 세대에게도 이 과거가 생생하게 살아 있는 것이 되게 하려면 다른 발걸음들이 필수적일지도 모릅니다.

다시 돌아가 이야기를 하나 더 해볼까요? 지금 논란이 되고 있는 기억에 관한, 그리고 훨씬 더 큰 논란이 되고 있는 화해에 관한 또 하나의 이야기입니다. 목수와 그가 남몰래 숨겨놓았던 아옌데의 초상에 얽힌 일화보다 더 심란한 이야기이기도 합니다.

2006년에 저는 저의 일생을 소재로 한 다큐멘터리를 촬영하기 위해 칠레에 머물게 되었습니다. 우리의 적장 삐노체뜨 장군이 심장 발작으로 입원해 있던 중이었습니다. 일주일 후 그는 이 병으로 사망하게 됩니다. 처음에 저는 조심스럽게 삐노체뜨가 치료를 받고 있던 국군병원 뒤편으로 돌아서 갔습니다. 거기 모인 기자들과 얘기를 나누고 있었는데, 지나가던 한 여인이 저를 더러운 공산주의자라 부르며 모욕했습니다. 저도 공격적으로는 아니었지만 신경을 곤두세우며 응대했습니다. "부인, 왜 저를 비난하시는 겁니까? 제가 무슨 말을 했다고, 뭘 어쨌다고 이러십니까?" 그녀는 대답도 하지 않고 쌩하니 모퉁이를 돌아 병원 건물 앞쪽으로 사라졌습니다. 그리고 그곳에 그들이 있었습니다. 병원 정문 밖에 여자들이 모여서 그들의 죽어가는 지도자를 위해 소리내어 울고 있었습니다. 그들을 이끄는 사람은 키가 작고 살집이 있는 여성이었습니다. 짙게 바른 립스틱에, 손에는 죽어가는 자기 영웅의 초상화를 움켜쥔 채 어울리지 않는 짙은색 안경 속으로 탄원하는 듯한 눈물을 주룩주룩 흘리고 있었습니다. 거기서 그녀는 온 세상이 자신의 불쌍한 모습을 보도록, 여봐란듯이, 외국 법정과 산띠아고 법정에서 고문 가해자이자 살인자이자 거짓말쟁이, 도둑으로 기소되었던 자를 옹호하고 있었습니다. 그러나 모순된 일이지만, 설명할 길 없지만, 저는 어쩔 도리 없이 그녀의 비참에 마음이 움직였습니다. 그렇게, 저 자신을 제어하지 못하고 그 여인에게 다가갔습니다. 그리고 저도 그렇게 아옌데를 위해 슬퍼한 적이 있으니 이번엔 그녀가 자기 지도자를 위해 슬퍼할 차례임을 이해한다고 말해주었습니다. 또 우리 쪽에서 얼마나 큰 고통을 겪었는지를 그녀가 알아주었으면 좋겠다고도 했습니다.

다큐멘터리의 이 장면은 대단한 비판을, 특히 라틴아메리카에서 큰 비판을 불러일으킵니다. 사람들이 묻습니다. 어떻게 그럴 수가 있었어요? 어떻게 삐노체뜨에 대한 그 여자의 슬픔을 정당화해주고 아옌데를 향한 당신의 슬픔과 비슷한 것이라고 추어줄 수가 있었습니까? 삐노체뜨의 악행을 눈감아주는, 자기의 죽어가는 영웅이 당신 같은 사람들을 고문하고 추방하고 처형할 때는 아마도 기뻐했을 적에게까지 어떻게 동정심을 발휘할 수 있었습니까? 뭔가에 홀렸던 겁니까? 사람들은 계속해서 제게 그런 질문들을 던집니다.

맞는 말입니다. 사실 저 자신이 뭔가에 홀린 듯했습니다. 설명할 길 없이, 어쩔 도리 없이 그 여인의 비참에 마음이 움직였고 저 자신을 주체할 수 없었습니다. 마치 마음 깊은 곳에서 어떤 격정이나 넋이 솟아올라 저를 덮친 것만 같았습니다.

의사들의 임상실험을 통해 심리학자들이 발견한 바에 따르면, 아기는 자기 우는 소리를 녹음해서 들려주었을 때보다 다른 아이들의 고통스러워하는 울음소리를 들려주었을 때 더 심하게, 더 오랫동안 우는 경향이 있다고 합니다. 생각해보십시오. 아기는 자기 고통보다 누군가 다른 사람의 괴로운 목소리에 더 걱정스러워한다는 것입니다. 그 아기가 울음소리를 높이는 것은 타자와 연대하는 의미입니다. 그 아기는 고통을 나누며 다른 아이에게 혼자가 아니라고 말해줍니다. 증거가 필요하다면, 저에게는 이것이 증거입니다. 연민의 마음이 우리 인류에게 배어 있다는, 우리 뇌 회로 속에 심겨 있다는 증거 말입니다. 이 방법을 통해 사회적 관계망의 조건을 갖추어가며 우리는 겨우 인간이 됩니다. 그 안에서 우리는 다른 이들의 고통을 용납하지 않고 괴로워하는 이들에게 동정과 위안을 주어야 합니다. 물론 이것만이 우리를 인간으로 규정해주는 유일한 것은 아닐 것입니다. 우리에게는 잔인함과 이기심, 무관심과 탐욕이라는 특징도 있습니다. 그러나 무엇으로 우리의 근본적인 인간성을 규정할 것인지는 우리 각자의 선택입니다. 저는 우리의 가장 중요한 특성으로, 또 우리 진화의 바탕으로 다른 이들과 공감할 수 있는 탁월한 능력을 꼽겠습니다. 우리가 언어를 추구하는 바탕에도 누군가 다른 이가 인생길을 함께할 것이라는 분명한 생각과 믿음이 있습니다. 연민은 우리 인류가 상상력을 좇게 된 기원이며, 그 상상력을 이용해 우리는 내가 아닌 존재 속으로 슬며시 들어갈 수 있습니다. 그러니 그때 제가 무엇에 홀렸는지는 아주 간단합니다. 저는 그저 그 여인이 가여웠던 것입니다.

그럼에도 우리는 저의 행동을 따져물어야 합니다. 어쨌든, 발작적 흥분 상태이던 그 여인은 "말라 메모리아(mala memoria)", 말 그대로 "나쁜 기억"을 지닌 사람들에게 대놓고 폭언을 퍼붓습니다. 바로 아옌데를 기억하고 삐노체뜨 장군의 범죄를 잊지 않으려는 목수 까를로스 같은 사람들을 표적 삼는 것이지요. 그녀의 기억과 우리의 기억이 맞부딪치는 현장입니다. 당장 현세에서는 제가 무엇을 해도—내세에서도 분명 별 다르지 않겠지만—그녀가 기억하고 있는 것, 즉 스스로 쌓아올린 정체성을 방어하기 위해 그녀가 선택적으로 기억하고 있는 바를 바꾸기는 어려울 듯합니다. 그녀의 담론, 그녀의 마음 가장 깊은 곳에 있는 이야기, 그녀가 수십년을 살아오게 해준 그 신화는 아옌데가 자기의 평화와 재산을 위협하는 사회주의자라는 것이었습니다. 따라서 그녀에게는 아버지와 같은 삐노체뜨가 아옌데를 따르는 사람들을 폭력적으로 대접했다고 해도 그것은 그녀와 그녀의 가족을 그 패거리로부터 구해내기 위해서, 그녀를 야만인들로부터 보호하기 위해서였다고 생각하겠지요. 그녀도 다큐멘터리에 등장하는 다른 여인, 제가 처음 병원 뒤편에 도착했을 때 저를 더러운 공산주의자라 부르고 모욕하며 지나쳐간 그 여인과 똑같은 편집증을 가지고 시작했습니다. 그러나 중요한 차이점이 하나 있습니다. 삐노체뜨의 초상을 들고 있던 비탄에 젖은 그 여인은 듣고자 하는 마음이 있었습니다. 적어도 저와 얼굴을 마주하고 만날 수 있었고, 저를 같은 인간으로 바라보았습니다. 아마 제가 예의를 지켜 존중하는 태도로 다가갔기 때문, 아마 제가 적에 대한 그녀의 선입견을 무너뜨렸기 때문이겠지요. 마구잡이로 욕설을 퍼붓고는 등을 보이는 심사가 뒤틀린 여자와 대화를 시작하기란 어렵습니다. 그러나 그녀와 같은 편인 울고불고하던 다른 여인이 마구 쏟아내던 말을 멈추었을 때, 저는 거기서 그녀가 쌓아올린 장벽에 금이 가는 것을 보았습니다. 그래서 용기를 내어 그 틈을 붙잡고 우리가 기본적으로 생각은 다르지만 그래도 제가 그녀의 비통함을 이해할 수 있다고 말했던 것입니다. 그리고 그 대신에 그녀도 제 입장이 되어봐달라고, 제가 "나쁜 기억"에 오염된 것이 아님을 알아달라고 부탁했습니다. 그저 제가 가진 기억이 그녀의 것과 일치하지 않을 뿐 그것이 서로를 죽이고 혐오할 이유는 아니지 않느냐고 말입니다.

그들과 마주치기 전에도 저는 제 희곡과 소설 속에서 우리에게 심대한 해악을 끼친 사람들과 우리를 갈라놓는 벽이라는 주제에 천착해왔습니다. 제 작품 속 등장인물들을 최악의 적들을 상대하는 상황으로 몰아넣고, 자신이 피해자임을 자처하며 보복을 꿈꾸는 달콤한 함정을 어떻게 피할 것인지를 자문하게 만들었습니다. 저는 조금이라도 유의미하게 생각을 교환하는 일이 일어나기 위해서는 속죄가 필수적이라고, 범죄로 혜택을 입은 사람이 진심을 보여주는 증거로 자신의 특권을 포기하는 것이 필수적이라고 시사해왔습니다. 그러나 현실세계로 돌아오면 저도 그런 회개를 마냥 기다리고만 있을 수는 없었습니다. 현실세계에서는 그 벽을 내 손으로 부숴버리고 싶은 충동, 그 간극을 뛰어넘어 다른 종류의 세상을 상상하고 싶은 충동을, 비록 잠깐씩이지만 느끼곤 했습니다.

저는 그 삐노체뜨의 광신적 지지자에게 화해를 제시하

려던 것이 아니었습니다. 더구나 용서를 베풀 생각도 분명 아니었습니다. 어떤 후회가 그녀의 마음속을 헤집어놓았더라면, 그녀가 저의 기억을 자기 것처럼 생각하고 우리의 목수 까를로스가 25년 동안 그 불난리 속에서 자기 기억의 물줄기가 마르지 않도록 지키기 위해 어떤 일을 겪어왔는지 받아들일 마음을 먹기만 했더라면, 장기적인 휴전도 가능했을지 모릅니다. 그러면 저는 그녀에게, 까를로스도 그녀처럼 자신이 지닌 초상을 두려움 없이 만천하에 내보일 권리를 지녔다고 인정해주기를 바랐을 것입니다. 또 그녀가 그에게도 존재할 권리가 있고 우리에게도 애도할, 기억할 권리가 있음을 인정해주기를 원했을 것입니다. 그녀가 전혀 그럴 만한 상태가 아니었다는 것을 부인할 수는 없습니다. 그러나 그녀와 저는, 우리 둘은 최소한의 이해를 위한 최소한의 공간을 만들어냈습니다. 조용한 간주곡이라고나 할까요. 그리고 남아프리카의 예가 증명해주듯, 격렬하게 싸우던 적들이 서로 말을 나누기 시작하는 그 정전기간은 기적 같은 그 무엇의 출발점이 될 수 있습니다. 아무 노력 없이 그런 휴전 상태에 도달할 수 있는 것은 아닙니다. 때론 힘으로, 때론 꾀를 써서 상대를 협상 테이블에 앉혀야 하는 경우도 종종 있습니다. 마음과 마음의 그런 만남이 그저 우연히 일어날 것이라고 기대할 수는 없습니다. 작은 단계 하나하나마다 위험과 거짓과 유혹과 비뚤어진 환상이 도사리고 있습니다. 거듭 말씀드리겠습니다. 하나하나의 사진, 하나하나의 기억이 숨겨져 있던 곳으로부터 벗어나 밖으로 나오는 데에는 분투와 인고가, 그 뒤를 받쳐줄 끝없는 사회운동이, 어떤 형태로든 정의가 제대로 서는 일이 필요합니다.

그러나 적수들이 만나 적어도 서로 자기 관점을 강요하기 위해 대량학살이라는 수단을 동원하지는 않겠다는 협정에 도달하는 그 마법 같은 경우는 너무나 자주, 시작될 때와 마찬가지로 급작스레 종결되곤 하는 것도 사실입니다. 그럴 때면 우리는 종종 다시 출발점으로 굴러떨어진 스스로를 발견하게 됩니다. 그 벽을 산산이 부수고 시간의 틈을 비집고 들어가 찰나를 머물 수는 있습니다. 그러나 저를 모욕했던 여자와 같은 사람들, 폭군의 임박한 죽음으로 비탄에 갇혀 있던 그 여인과 같은 사람들, 칠레의 판자촌을 습격했던 군인들 같은 사람들, 또 남아프리카가 신음하는 동안 이익을 취한 이들과 같은 사람들, 우리 반대편에 있는 이런 사람들이 스스로가 지은 편견과 증오의 감옥에서 해방되는 길은 이런 범죄에 대한 자신의 공모를 인정하는 것뿐임을 깨닫고 그들 나름의 한 걸음을 내딛지 않는 한, 더이상의 진보는 있을 수 없을 것입니다.

지금까지 남아프리카가 보여주었듯, 그 여인과의 예외적인 만남이 순간을 넘어 지속되도록 만드는 일은 불가능하지 않습니다. 그것은 한 나라의 스스로에 대한 주요한 청산작업의 일부가 되기도 하겠지요.

1997년은 제가 여러분의 나라를 처음으로, 이번을 제외하면 유일하게 방문했던 해입니다. 그때 저는 케이프타운의 제6구역으로 안내받았습니다. 차별로 인해 갈가리 찢긴 다인종 동네에서 일어난 일을 기리는 양심의 상징이 된 바로 그곳입니다. 관리인 한 사람과 함께 박물관을 둘러보던 중 그가 최근에 열린 '진실과 화해 위원회'의 청문회에 대한 이야기를 들려주었습니다. 아프리카너* 태생의 한 경찰관이 어떤 아이의 부모를 죽였다는 사실을 인정하고 자기 행동에 유감을 표했다고 했습니다. 그 소년의 할머니가 자기가 죽으면 어떻게 되겠느냐고, 이 고아를 누가 돌봐주겠느냐고 묻자 그 경찰관은 잠시 말을 멈췄다가 이렇게 대답했다고 합니다. "그땐 제가 그 아이를 우리 집으로 데려와야겠네요."

놀라운 이야기입니다. 사실 너무 완벽한 이야기여서 저는 이 강연을 요청받자마자 그 이야기를 오늘 오후 이 자리에서 활용해야겠다고 마음먹었습니다. 그 사례에 역사적 무게를 더하기 위해 저는 만델라 재단에 있는 지인들을

---

* Afrikaner, 남아프리카공화국의 식민화 과정에서 네덜란드어가 토착화되며 형성된 언어인 아프리칸스(Afrikaans)를 제1언어로 쓰는, 주로 네덜란드계 백인을 이르는 말.

통해 그 일을 조사해보려 했습니다. 그러나 열심히 조사해 봐도 구체적 언급이 있는 자료는 하나도 찾을 수 없었습니다. 제6구역 박물관의 큐레이터도 그 일화를 기억해내지 못했고 여러 기자나 작가 들도 마찬가지였습니다. 항상 같은 대답뿐이었습니다. 그 이야기를 회상할 수 있는 사람이 아무도 없다는 것이었습니다. 그래서 저는 여기서 이 이야 기에 나오는 사람들의 이름을 알려드릴 수도, 그들을 생생 하게 표현해낼 수도 없습니다.

그러나 그런 경찰관과 그런 할머니가 실제로 존재했는 지 아닌지, 제가 들은 대로 경찰관과 할머니가 그런 말을 했는지 아닌지는 중요하지 않을 수도 있습니다. 제6구역 박물관 관리인이 여기저기서 얻어들은 이야기를 윤색해 서 전하는 과정에서 이야기의 형태가 달라졌다고 해도 그 것도 별로 중요하지 않을 수 있습니다. 기억이란 종종 그 런 식으로 작동하기 때문입니다. 공동체는 세상을 이해하 기 위해 자신들이 필요로 하는 연대기를 스스로에게 부여 합니다. 마치 개인들이 자존감을 가지고 살아남기 위해 필 요한 이야기를 스스로 만들어내는 것과 같은 이치입니다. 만약 그 이야기의 알맹이가 진실이라면, 만약 그것이 우리 에게 한 단계 더 높은 진실을, 우리 자신에 관한 잊을 수 없 는 무언가를 말해준다면, 그렇다면 그것은 어느정도 지어 낸 부분이 있다 하더라도 여전히 진실인 것입니다.

아니면, 그 경찰관이 본보기가 될 만한 행동을 상징하고 있다는 점을 부인할 수 있는 사람이 있겠습니까? 우리가 과거의 피해를 없던 일로 만들 수는 없겠지만 그 대신 미래의 피해를 없애기 위해 애써야만 한다고, 지난날의 공포와 죄악에서 배운 것이 있다는 사실을 미래의 행동을 통해 증명해야만 한다고, 그가 그 할머니와 그 뒤에서 귀둥냥하고 있는 세상을 향해, 바로 지금 여기 있는 우리 모두를 향해 말하고 있다는 점을 부인할 수 있겠습니까? 자기가 고아로 만든 바로 그 아이를 자기 집으로 데려가는 것 말고 한 어머니와 한 아버지의 목숨을 앗아간 행동을 보상할 다른 어떤 길이 있을까요? 삶을 되돌려주는 것 말고 삶을 앗아간 것을 보상할 길이 달리 또 있을까요?

그 경찰관의 생각처럼 아이를 자기 집으로 데려가는 일은 현실에서는 일어날 수 없을지도 모릅니다. 박해자였던 사람이 흑인 고아를 자기 집으로 데려가기 전에 공동체의 많은 다른 흑인들이 그 아이를 돌보겠지요. 그러나 하나의 은유로서, 서사적 드라마로서, 다문화사회의 이상으로서, 이보다 더 바랄 만한 것이 있을까요? 오늘날의 남아프리카에 제시할 만한 더 나은 목표가 있을까요? 언어의 장벽을 뛰어넘은 다인종 가정의 상(像)으로 이보다 더 좋은 것을 제시할 수 있을까요? 그 경찰관은 대륙과 시간을 건너뛰어 삐노체뜨를 위해 울던 그 여인에게 말하고 있는 것이 아닐까요? 그녀에게 목수 까를로스를 그녀의 집으로 데려가라고 촉구하고 있는 것이 아닐까요? 목수의 기억과 의견을 이유로 그를 박해하기보다 그가 지닌 아옌데의 초상을 보호하고 그것을 벽에 걸어놓을 권리를 보호하는 것이 경찰관으로서 자기의 의무라고 증언하고 있는 것이 아닐까요? 우리의 정체성이라는 벽 뒤에 숨겨져 있던 것을, 우리를 가장 괴롭히는 그것을, 우리의 정체성과 다르고 따라서 위험하다고 여겨온 수많은 다른 이들의 그 기억들을 우리의 집으로 들여놓으라고 우리 모두에게 요청하고 있는 것이 아닐까요? 우리와 다른 그들에게 안식처를 제공하는, 전진했다가 후퇴하기도 하는 이런 과정 속에서야말로 화해한다는 것, 적어도 관용을 향한 어슴푸레한 길을 밟아간다는 것이 무슨 의미인지 그 단초를 찾을 수 있는 것이 아닐까요? 문학과 예술이 끊임없이 하고 있는 일이 바로 이런 것이 아닐까요? 우리를 낯선 이의 집으로 이끌어 우리가 우리 자신을 더 잘 이해하도록 하고, 공동의 언어가 탄생하는 놀라운 자리를 만들어 그것을 출발점으로 수수께끼 같은 세상을 탐험하도록 해주는 일 말입니다.

하지만 무엇보다도, 저는 집을 잃은 그 고아와 그 아이가 돌봄을 받는다는 것, 진정한 보살핌을 받는다는 것의 의미가 무엇이겠는가 하는 문제에 집중하고자 합니다. 왜냐하면 제가 하는 말이 그 아이에게 가닿지 못한다면, 그 아이가 물려받을 만한 세상을 만드는 데 도움이 되지 못한다면, 제가 지금껏 들려드린 얘기가 부모를 잃은 그 소년에게 전해지지 않는다면, 그 모든 것이 무의미할 것이기 때문입니다. 사실 저는 이제 어른이 된 그 아이가 이 강연을 듣거나 보고 있지 않을까, 언젠가 그가 꾸며진 이야기의 막연한 경계를 뚫고 자기 나라의 역사 속으로 성큼 걸어나와 자신의 공적인 위치를 주장하지 않을까 생각해봅니다. 아옌데의 사진이 저의 고국 칠레의 역사 속으로 존재를 드러내기를 절실히 원했듯이 말입니다.

그 아이와 같은 아이들을 생각해보십시오. 전세계에 있는 그 아이와 같은 소년들, 그 아이와 같은 소녀들을 생각해보십시오. 그들이 우리의 행동 때문에 가정을 잃을 수도 있다고 생각해보십시오. 우리가 그들의 부모를 살해한 것은 아닐지 모릅니다. 그러나 지역과 기후를 떠나 모든 소년소녀가 위험에 처한 사회를 만든 것은 바로 우리들입니다. 기아와 질병, 전쟁, 가뭄, 학대, 오염, 내전, 난민과 외국인 혐오, 마약과 무지에, 여성들은 자기 권리를 빼앗기고 세계 여러 종교들이 보여주어야 할 연민의 마음은 근본주의자들에게 약탈당했으며 지도자들은 사태를 통제할 능력이 없어 보이고 정부 고위관료들은 정신을 못 차리고 살인행위와 부패를 용인하는 지금, 이 모든 것이 인류와 미래에 반하는 범죄가 아니고 무엇입니까? 더 안 좋은 얘기를 해볼까요? 미래라는 것은 아예 없을지도 모릅니다. 우리 인간뿐만 아니라 우리와 함께 사는 동물들까지도 절멸시킬 수 있는 핵무기가 여전히 우리 주위에 있습니다. 우리는 우리의 별 지구가 우리의 탐욕과 우리의 욕망과 우리의 무관심으로 착취당하고 더럽혀지는 꼴을 넋 놓고 보고만 있습니다. 그 아이를 맞아줄 지구 자체가 없는데, 우리 모두의 집이 아예 없는데, 어떻게 그 아이를 데리고 집으로 돌아갈 수 있겠습니까? 제가 들려드린 그 서로 얽혀 있는 세가지 이야기가 이 긴급하고도 어려운 문제의 구체적인 해결책을 갈구하는 아이들과 세상을 향해 어떤 희망의 메시지를 전할 수 있겠습니까?

중요한 것은 기억입니다. 우리 인류가 지금 처해 있는 비상한 위기 이면의 주요 원인 중 하나는 수십억에 달하는 사람들을 배제하고 있다는 사실, 현실 속 스크린에서, 저녁 뉴스에서 한 귀퉁이도 차지하지 못하는 그들 남녀가 기억하고 있는 바를 배제하고 있다는 사실에 기인합니다. 우리가 처한 곤경을 벗어나는 한가지 방법은 참여의 영역을 더 늘리는 것, 진정한 참여의 바다를 마련하는 것입니다. 그들의 기억과 이야기에 공간을 제공하고 존경을 표하는 것은 단지 솔선해서 자선과 온정을 베푸는 일 그 이상입니다. 그것은 궁극적인 자기보존 행위입니다. 자기 국민 대다수의 억압된 기억 대부분을 끌어안지 못하는 나라는 항상 약할 수밖에 없습니다. 반대자와 타자에 대한 배제를 기반으로 생존을 유지하기 때문입니다. 자기 삶의 가치를 인정받지 못하는 사람들, 이야기 속에서 자신의 존엄성을 인정받지 못하는 사람들은 우리 시대의 지속적인 문제를 해결하는 데에 진정한 역할을 할 수가 없습니다. 우리에게 는 목수 까를로스가 그랬듯 감추어져 있던 각각의 꿈들이 햇빛 속으로 걸어나올 때까지 25년을 다시 또 기다리고 있을 여유가 없습니다.

그러한 빛을 앞당기기 위해 우리는 현시대의 상황 면면에 배어들어 있는 두려움을 걷어낼 방법을 찾아야 합니다. 목소리를 높였다가 처벌받을지도 모른다는 두려움. 우리와 의견이 다른 사람들에게 다가서려 했다가 조롱당하거나 비웃음을 살지도 모른다는 두려움. 우리가 저질렀을지도 모를 잘못을 바로잡으려 시도하다가 오히려 분노와 복수를 부를지도 모른다는 두려움.

두려움, 이 두려움이야말로 우리의 진짜 적이며, 그것에 가장 크게 희생당하는 것은 바로 신뢰입니다.

서로를 신뢰하지 않는다면 우리 모두 종말을 맞이하리라는 것, 그것이 이 강연을 통해 제가 호소하는 바의 핵심입니다.

쉽지는 않을 것입니다. 이 땅 위 가장 가난하고 가장 무시당하는 존재들이 숨겨두었던 사진과 기억 들에 안식처를 찾아줄 필요성을 우리가 깨닫지 못한다면, 신뢰는 오지 않을 것입니다. 가장 큰 권력을 가진 사람들, 진실은 자기만의 것이라 믿고 따라서 누군가가 그에 도전하면 우려라는 미명하에 온갖 범죄와 악행을 저지를 사람들을 무장해제하기 위해 우리가 노력하지 않는다면, 신뢰는 오지 않을 것입니다. 그리고 어쩌면 우리 자신을 먼저 무장해제해야 할지도 모릅니다. 우리 중 그 누구도 권력과 지배의 유혹에 빠지지 않을 정도로 완벽하고 성스러운 사람은 없다는 것을 먼저 인정해야 할 것입니다. 어쩌면 있는 그대로의 우리 모습에 대한 두려움을 극복하는 것이 먼저일 것입니다. 그러면, 아마도 그러면, 혹시 모르겠습니다. 다른 이들도 우리를 믿어주지 않을까요?

이런 일이 너무 늦지 않게 이루어질 수 있을까요? 우리가 함께 아이들을 집으로 데려갈 수 있을까요? 우리가 지구를 완전히 파괴하기 전에 말입니다.

여기서 넬슨 만델라가 지금까지 우리에게 보내온 희망의 메시지를 돌아봅시다.

몸이 갇혀 있는 동안 마디바에게 가장 큰 즐거움 중의 하나는 그의 정원이었습니다. 이 세상에서 그가 마음대로 할 수 있는 것이라고는 그 자신의 존엄성과 기억, 동지들이 멈춤 없이 투쟁하리라는 믿음밖에 없었을 때, 햇빛과 빗물 아래서 뿌리고 거두는 일, 그 작은 조각밭을 가꾸는 일이 얼마나 큰 힘이 되었는지를 그는 자주 우리에게 들려줍니다. 그는 우리에게 그의 노동이 생산한 풍성한 수확을, 불의와 슬픔과 이별에도 불구하고 그와 그의 땅이 낳은 것을 동료 수인들과, 더 나아가서는 간수들과 나누었던 일과 그 즐거움에 대해 얘기합니다.

만델라의 정원은 요행도, 예외도 아닙니다. 얼마 전부터 저는 『정원의 도전』이라는 책을 읽고 있습니다. 지은이 케네스 헬펀드는 정원이라고는 도저히 꿈도 못 꿀 가혹한 전쟁의 와중에도 정원들이 태어난 사연을 하나하나 들려줍니다. 2차대전 중 바르샤바 게토의 절망 속에서 피어난 정원들과 일본계 미국인들이 강제수용소 안에서 가꾼 돌정원들, 1차대전 참호의 그늘 속에 조성된 채소밭, 베트남에 폭탄이 떨어지고 미국 병사들이 한국과 페르시아만에서 싸울 준비를 하는 동안에도 무성하게 자라던, 처음에는 머뭇거리는 듯 나중에는 여봐란듯이, 그러나 언제나 곱게, 어렵사리 자라던 정원들. 이렇게 정원이 늘어선 풍경이 매혹적인 이유는 이 정원을 가꾼 서로 다른 다양한 사람들이 전쟁에서 같은 편에 나란히 있지 않았다는 점에 있습니다. 오히려 철천지원수였을지도 모릅니다. 그러나 그들 모두는 같은 인간이었고, 꽃과 과일을 갈망했으며, 그들 모두 주위를 둘러싼 파괴의 밤을 뚫고 무언가가 자라나리라는 희망의 끈을 놓지 않기를 못 견디게 원하고 있었습니다.

한 인류로서 우리에게 필요한 깊은 화해의 경지에 도달할 수 있으리라는 보장은 어디에도 없습니다. 죄 많은 작가여서겠지만, 사실 저는 어떤 손상은 한번 가해지면 영원히 회복될 수 없다는 생각도 자주 합니다. 정의가 더디게 찾아올 때면 가장 오래 버텨온 기억도 흐릿해질 위험에 처하는 것을 보기도 합니다. 그러나 절망이 찾아오면, 저는 정원의 이미지에 매달립니다. 정원이 자라난다면 기억도 그럴 수 있을 것입니다. 정원이 자라난다면 정의도 그럴 것입니다. 정원이 자라난다면 진정한 화해도 그래야 합니다.

그리고 곡식과 채소가, 잎과 나무가 자라나려면 우리가 노래를 불러줘야 한다는 것을 잊지 맙시다.

우리는 이 땅이 우리를 용서하고 계속 희망을 주도록 땅에 노래를 불러줘야 합니다.

우리는 넬슨 만델라와 그의 사람들이 가꾼 다채롭고 무한한 정원을 언제나 기억해야 합니다.

진리가 그녀를 자유롭게 하리니

1980년 12월 3일 이른 아침, 엘살바도르의 어느 외진 도로에서 한 농부가 도랑에 누워 있는 네 구의 시신을 발견했다. 내전과 게릴라투쟁에 시달리는 "숨이 턱 막힐 정도로 가난한" 중앙아메리카의 이 작은 나라에서 이런 광경은 이미 지극히 일상적인, 예외랄 게 없는 것이 되었다. 그해만 해도 8천명이 넘는 남녀와 어린이 들이 살육당했는데, 대부분은 정부군과 살인특공대에 의한 것이었다.

그러나 시신의 신원이 파악되자 특히 이번 희생자의 경우에는 실로 예외적인 무언가가 있다는 것이 드러났다. 넷모두가 여성이라는 사실, 그중 둘이 강간을 당했다는 사실도 아니었고, 가해자가 전혀 자기의 범죄를 숨길 생각조차하지 않았다는 사실도 아니었다. 이 사건이 국제적으로 물의를 일으키게 된 것은 알고 보니 그 여성들이 "보통의" 엘살바도르인이 아니라 미국 시민이었으며 그중 세명, 아이타 포드와 도로시 케이즐, 모라 클라크는 천주교 수녀였다는 점 때문이었다. (네번째 여성 진 도노번은 선교활동을 하던 평신도 자원봉사자였다.)

2016년, 끔찍했던 올해 말에 출간된 아일린 마키의 책 『급진적 신앙: 모라 수녀의 암살』은 살해사건 자체에 대한 조사보고는 아니다. 이 점이 프랜시스코 골드먼의 명저 『정치적 살인의 기술』이 1998년에 일어난 과테말라 후안 헤라르디 주교의 살해를 둘러싼 음모와 기만의 네트워크를 파헤친 것과 다른 점이다. 그러나 마키가 이뤄낸 성과는 골드먼의 작업만큼이나 값지다. 그 수녀들 중 한명, 쉰살 가까운 모라 클라크가 남의 나라땅 그 도랑에서 발견될 수밖에 없도록 필연에 가깝게 이끌었던 경로를 고생스럽게 추적한 것이다.

브롱크스에서 보낸 모라의 애국적 어린 시절이 종교적 심상과 아일랜드 독립이라는 대의에 충실한 이민자 출신 아버지에 대한 이야기로 가득했다는 사실에서 그녀의 기원을 찾는 저자는, 이렇듯 타인을 아끼고 그 고통을 달래주고자 하는 사람에게 메리놀수도회가 당연한 종착점이 된 이유를 설명한다. 마키는 또한 자신이 그런 소명을 감당할 자격이 있는지 회의하는 모라의 모습도 보여준다. 적어도 이 비종교적인 평자의 눈에는 좀 지루한 도입부를 지나 1959년 모라가 니까라과에 도착해 자기 교구민들의 욕구와 희망에 얽히게 되는 단계에 오면 이야기가 속도를 내기 시작한다. 그러다가 그녀가 예수의 살아 있는 화신으로 섬기게 된 공동체가 포악하고 부패한 소모사 정권을 무너뜨릴 산디니스따 투쟁에 합류하자 이야기는 한층 더 극적으로 내달린다. 엘살바도르의 로메로 대주교(그 또한 모라가 죽기 몇달 전 미사 중 암살당했다)가 교회의 아이들과 농부들, 그의 나라의 불법거주자들이 로마제국 치하 초기 기독교인들이 당했던 것과 유사한 방식으로 박해받고 있는 이 시기에 메리놀 수녀들이 나서서 교회를 도와달라 요청하자, 두려움이 없지 않았음에도 모라는 그 부름에 응답한다. 책의 마지막 장들은 그후 그녀가 엘살바도르에서 겪은 경험을 차곡차곡 기록한다.

그녀가 마지막 몇달 동안 보여준 활동——분쟁지역에서 난민들을 빼내고 학살에서 살아남은 사람들에게 은신처를 제공하며 먼 곳의 상처 입은 사회에까지 음식과 의료물자를 나르고 훗날 처벌이 가능해질 때를 대비해 잔학행위들을 기록하는 등——은 내게는 특히 큰 울림으로 다가왔다. 1980년 그때는 아내와 내가 망명생활을 하는 중이었고, 고국 칠레에서도 아우구스또 삐노체뜨 장군의 독재에 저항하는 유사한 운동이 벌어지고 있던 시기였다. 그리고 칠레

성직자들이 그 투쟁에 가담했다는 이유로 군부정권의 표적이 되었던 것과 똑같이, 엘살바도르의 여신도들 역시 자신들이 "주님의 축복받은 신전"이라 여기는 사람들의 권리를 옹호했다는 이유로 공격받았던 것이다.

모라와 동료들은 살해 위협을 받으면서도 굴하지 않기로 했다. 착한 목자는 양떼를 늑대들에게 넘길 수 없다고 주장했다. 그러자 그 늑대들이 그들을 덮쳤던 것이다. 그들의 부러지고 훼손된 시신은 두려워하라는 교훈을 주기 위함이었다. 미국인 수녀가 살해되었는데도 범인들이 버젓이 돌아다니는 판국에 누군들 안전하겠는가?

아일린 마키는 이 책의 주인공이 지나온 여정의 굽이굽이를 꼼꼼하게 조사했다. 모라가 머물렀던 모든 장소를 방문하고 정부의 전보와 비망록을 분석했으며 수천통의 개인 편지를 샅샅이 뒤지고 그 순교한 수녀에게서 영향을 받아 삶이 바뀐 수십명의 남녀를 인터뷰했다. 단 하나의 사실이나 요인도, 아무리 사소한 사건일지라도 빼놓지 않고 모두 기록으로 남겼다. 죽은 자가 말할 수 있도록 도우려는, 폭력에 의해 영원히 침묵하게 된 사랑의 목소리를 구해내려는 그 간절한 열정에는 나도 공감한다. 그런데 온 힘을 다 쏟는 그런 열성은 뭐랄까, 어딘가 진을 빼는 면도 없지 않다. 셀 수 없이 많은 친척들을 모라가 방문한 이야기를 일일이 다 알아야 할 필요가 정말 있을까? "집에 있다는 것이 참으로 좋았다"라는 말이 나오는 같은 단락에서 바로 "집이 곧 낙원 같았다"라는 것을 상기시킬 필요가 있었을까? 서너 페이지마다 한번씩 모라의 미소가 아름다웠다는 얘기를 반복하거나 그녀가 얼마나 솔직하고 상냥했는지, 사람들을 조화시키는 능력을 가지고 있었는지를 거듭 전하는 것은 분명 불필요한 일이다. 적절한 편집이 가해졌으면 좋았을 예들을 여럿 더 들 수도 있겠지만, 이런 사소한 한계들이 있다고 해서 이 책의 중요성이 줄어들지는 않는다.

왜냐하면 이것은 그저 한 여성의 이야기에서 끝나는 것이 아니기 때문이다. 그 인물을 통해 역사 속 하나의 운동, 하나의 세대, 하나의 시대를 보여주는 이야기이기 때문이다. 모라가 가입할 당시에는 순종과 귀의를 설파하던 구식 교회가 1961~65년 사이의 제2차 바띠깐공의회와 1968년의 메데인 주교회의 이후 새로운 모습으로 변했고 불같이 뜨거운 해방신학의 문을 열어젖혔다. 수녀들은 "그렇게 많은 사람들을 가난으로 몰아넣은 계급제도"를 비판하지 않을 수 없다고 느꼈다. 남성이 지배하는 보수적인 교회 자체에 대해서도 부와 권력이 불평등하게 분배되어 있는 이 사회에서 어떤 역할을 할지 성찰하라고 요구하지 않을 수 없었다. 성직에 종사하는 많은 이들에게—그중 빛나는 예가 모라일 텐데—복음에 대한 이런 새로운 인식은 독재에 저항하는 혁명의 편에 서는 것을 의미했다. 십자가에서 죽은 가난한 자들의 하느님과 같은 운명을 맞을 위험도 감수하는 수밖에 없었다. 그리고 모라와 그녀의 많은 종교적 동료들의 경우, 그것은 또한 하느님의 백성들(el pueblo de Dios)을 속박하는 바로 그 폭정을 자기 나라, 미국이 지원하고 교사하고 있다는 사실에 대한 깨달음을 의미하기도 했다. 그녀를 처형한 살인특공대를 이끈 장교와 그 명령을 내린 다른 장교가 모두 '아메리카 군사학교'●에서, 즉 폐쇄 요구가 끊이지 않음에도 불구하고 미국의 운영하에 아직까지 라틴아메리카 군대의 '교육'을 계속하고 있는 바로 그 기관에서 훈련받았다는 사실을 알고 나면, 미국의 대외정책과 냉전시대의 전쟁범죄 공모에 대한 그녀의 비판이 더더욱 놀라운 것이었음을 느끼게 된다.

모라의 나라 미국의 많은 이들이 세계에서 미국이 차지하는 제국으로서의 역할에 대해 다시금 질문을 던지고 있고 그녀의 교회가 이 땅 위의 잊힌 자들만이 아니라 이 땅 자체를 구원할 방법을 찾아 반성을 거듭하고 있는 지금 같

● 정식 명칭은 U. S. Army School of the Americas(SOA)로 1946년 공산주의 반란에 대처할 목적으로 설립된 미 국방부 산하 군사교육기관이다. 주로 미국과 동맹관계에 있는 라틴아메리카 국가의 정부 인사들을 훈련시키고 미국 군인들에게 라틴아메리카의 언어와 문화를 가르치는 역할을 해왔다. 라틴아메리카의 (독재)정권과 연관되어 내정에 간섭한다는 혐의를 받으며 정치적 논란의 대상이 되었으나 현재도 명칭만 바꾸어 운영되고 있다.

은 시기에, 이 수녀의 삶과 희생은 그 어느 때보다도 더 큰 의미를 갖는 것으로 보인다.

그런 그녀 삶의 여러 장면 중에서 유난히 감동적이고 기억에 남는 것으로 마지막 장면 중 하나를 들 수 있겠다. 모라는 살해되기 전날 밤 미국에서 걱정하고 있는 부모에게 편지를 썼다. "우리 인류는 항상 해방을 찾고 구할 거예요." 그리고 이렇게 덧붙였다. "곧 소식 드릴게요."

그녀는 그 마지막 약속을 지키지 못했다. 그러나 『급진적 신앙』이 그녀를 부활시켰고, 모라 수녀는 결국 큰 소리로 자기 소식을 전하며 정의를 추구하는 사명을 계속할 수 있게 되었다. 이 용감하고 자비로운 여성에게, 성과 속을 떠나 "진정으로 자유롭기"를 원하는 모든 이들의 헌신적 롤모델인 이 여성에게 귀기울이기에 이보다 더 나은 때가 또 있겠는가.

갇힌 몸으로 세르반떼스를 읽다

『라 만차의 돈 끼호떼』는 사춘기 이후 여러번 되풀이해서 읽었지만 그중에서도 전형적이고 집단적이며 독특한 경험으로 특별히 기억하고 싶은, 아니 기억하지 않을 수 없는 독서가 있다. 벌써 40년 이상 지난 일이지만 절망에 빠진 한 무리의 감금된 남녀들과 함께 그 책을 읽었던 경험은 특히나 지금 중요한 의미를 갖는다. 미겔 데 세르반떼스의 사망 400주기를 맞이한 지금, 그가 우리에게 가져다주는 기쁨과 즐거움은 그것대로 누리면서도 새 시대를 연 이 작가에게 우리가 사는 이 혼란스러운 21세기에 전할 긴급한 메시지가 있지 않은지 물어야 할 때가 되었기 때문이다.

세르반떼스 자신, 이상하고 다양하며 적절한 독자모임을 찾겠다는 일념으로 저승에서 돌아왔다 하더라도 그보다 더 이상하고 더 다양하며 더 적절한 자기 책 독자들의 모임을 만나리라 상상하지는 못했으리라. 1973년 10월 중순 어느 한때 산띠아고 아르헨띠나대사관의 널찍한 객실 하나를 빼곡하게 채운 그 사람들이 자신의 독자라니. 그 건물 밖에서는 죽음이 거리를 활보했다. 9월 11일 군부가 우리 대통령 아옌데를 쓰러뜨리고 칠레 국민들을 거스르는 공포정치를 시작한 지 한달이 지난 시점이었다.

쿠데타 이후 한달 동안 삐노체뜨 장군의 비밀경찰을 가까스로 따돌리고 숨어 지내던 내게 아르헨띠나대사관으로 망명을 신청하라는 저항군 쪽의 지령이 전달되었다. 경내를 에워싼 군인들을 지나 겨우 대사관으로 숨어들자 거기서 나를 맞아준 것은, 원래는 칵테일파티를 열어 몇몇 지체 높은 손님들을 접대하고자 만들어진 공간에 되는대로 진을 치고 있는 1천명에 가까운 남녀노소였다. 지옥이 따로 없었다. 한때 풍성했던 정원은 사람들의 발길에 짓밟혀 오간 데 없었다. 너무 많이 사용해서 이미 고장나버린 화장실 앞에 몸에서 고약한 냄새를 풍기는 사람들이 끝도 없이 줄지어 서 있었다. 모두들 배고픔이 가시질 않았다. 그 많은 허기진 입을 위한 음식을 준비하기에는 주방이 턱없이 작았기 때문이다. 그리고 무엇보다도 황량함과 두려움이 풍기는 쿰쿰한 기운 위로 질식할 듯 무거운 분위기가 내리누르고 있었다.

『돈 끼호떼』를 읽는 것은 그 음울한 분위기를 물리치려는 계획의 일환이었다. 그런 상황은 당장 몇주 안에 끝날 것 같지 않았는데, 군사정권이 우리가 기다리는 통행증을 선선히 내주려 하지 않았기 때문이다. 대학에서 그 소설을 가르쳐본 적이 있는 터라 내가 그 심오한 작품 속으로 떠나는 장정을 이끌겠다고 자원했다. 이 '재기발랄한 기사 나리'와 그의 하인 산초 빤사의 좌충우돌 모험담이 우리의 번민과 슬픔에 해독제로 작용할지도 모른다는 기대가 없지 않았다. 그의 사회가 더이상 값을 쳐주지 않는 기사도의 이상을 되살리려 미치도록 애쓴다는 이유로 쏟아지는 공격에도 굴하지 않고, 자기가 보호해야 할 과부와 주군 삼아 섬겨야 할 고아를 찾아 에스빠냐의 온 길바닥을 쉴새 없이 헤매고 다니는 이 주인공에게서 우리 모두는 몇차례 너털웃음 이상의 무엇, 어쩌면 희망을 끌어낼 수도 있지 않겠는가?

그런 유쾌함이라는 약을 얻으려면 먼저 그 소설책을 한부 구하는 것이 우선과제였다. 파시스트 아르헨띠나의 공무원으로 반갑지 않은 식객들을 담당하고 있던 대사관의 일등서기관은 책을 구해달라는 나의 요청을 비웃어넘겼다. 큰 키에 두겹 턱을 한 기분 나쁜 남자였는데, 이름이 무엇이었는지는 굳이 기억하고 싶지도 않다. 그는 급진적으로 사회를 변화시키려는 성공 못할 시도에 착수하기 전에 그 소설을 읽었더라면 좋지 않았겠냐며 조롱조의 논평을 했다. "당신들은 자본주의라는 풍차에 창을 들고 덤빈 거요." 그가 비꼬았다. "그러다가 그 풍차한테 제대로 한방 얻어맞은 것이고요. 당신네 부류가 생쥐들처럼 줄행랑치는 것 말고 뭐 달리 더 배울 게 있을지 모르겠소만."

말은 그렇게 심하게 했으면서도 그 관리는 아마 폭탄 제조법이나 체 게바라의 수기를 요구하지 않은 우리가 고마웠던지 결국 내 손에 『돈 끼호떼』 한권을 쥐여주었다. 그리고 그 책은 곧, 그때까지는 띄엄띄엄 항상 피상적으로만 세르반떼스의 이 소설을 접했던 30명 남짓 망명객들의 가슴을 덥혀주었다. 즉흥적으로 모인 그 독자들은 칠레인 몇명을 빼면 대개 다른 라틴아메리카 땅에서—우루과이와 볼리비아, 엘살바도르, 꼴롬비아, 과떼말라, 브라질, 그리고 당연히 아르헨띠나에서—혁명이 실패하자 우리나라로 찾아온 사람들이었다. 따라서 그들은 이 소설에 원숙함과 경험이라는 자산을 보태주었고, 위기감과 비통함의 깊이를 더해주었다. 젊은 대학생 제자들에게서는 찾기 힘든 특징이었다. 이 투사들 중 다수는 오랜 기간 투옥된 경험이 있었고, 고문과 억압과 추방을 겪었으며, 패배와 슬픔과 상실의 동굴 속에서도 정의에 대한 갈망을 살려내려고 애써온 사람들이었다. 그들의 이런 갈망에 세르반떼스도 깊이 공감했을 것이라고 나는 확신한다. 물론 그 시대의 작가로서 (토머스 모어의 『유토피아』에는 찬탄하는 바이지만) 우리의 사회주의적 원칙을 그대로 받아들였을 것이라고는 예상하기 어렵지만 말이다. 그러나 그 투사들과 마찬가지로 세르반떼스도 엄청난 역경의 희생물이었고 『돈끼호떼』 2부작을 쓰면서는 잔인하고 실망스러운 세상 속에서도 무한한 기지를 놓치지 않으려고 끝까지 밀어붙이지 않았던가.

사실 우리 미껠의 삶을 규정하는 경험, 그가 장차 어떤 사람, 어떤 예술가가 될지를 정해준 경험은 그가 베르베르족 해적의 포로로 붙잡혀 알제의 지하감옥에서 보낸 비참한 5년간의 세월(1575~80)이었다. 그곳, 이슬람과 서구가 충돌하고 뒤섞이는 바로 그 접경지에서 세르반떼스는 자신과 근본적으로 다른 이들을 향한 관용의 가치를 배웠고, 또 인간이 바랄 수 있는 모든 재산 중에서 실로 자유가 가장 큰 것임을 발견했다. 가족이 댈 수도 없는 몸값이 오길 기다리며 용감하게 탈출을 시도할 때마다 잡혀서 처벌을 받고 자기와 같은 처지의 노예들이 고문당하고 주리 틀리는 것을 보면서, 그는 제멋대로인 주인에게 자신을 속박시키는 잔인한 벽이나 족쇄가 없는 삶을 갈구했다. 그러나 다시 에스빠냐로 돌아와 한 팔을 잃은 참전군인으로서 정작 자신을 싸움터로 보낸 자들에게서 냉대받고 직업도 없고 인정도 받지 못하는 스스로를 돌아보면서 실망감과 배신감이 쌓여갈 때, 그는 한가지 결론을 내렸다. 우리의 육신을 괴롭히는 불운을 어찌해볼 도리는 없을지라도 우리의 뜻대로 그 불운에 맞서는 방법을 택할 수는 있으며, 우리의 영혼을 해방하는 더 중요한 과제에 힘을 쏟을 수 있다는 것이었다.

『돈 끼호떼』는 이런 깨달음에서 출발한다. 소설 제1권 머리말에서 그는 "하릴없는 독자들"에게 이 책이 "온갖 곤란이 깃들고 모든 슬픈 소리가 머무는 감옥에서 태어났다"라고 말한다. 세르반떼스가 평생 동안 여러번에 걸쳐 부패하고 무능한 행정장관의 박해 때문에 번번이 부당하게 투옥되었다는 사실로 인해, 에스빠냐의 어느 도시가 이 초기의 시험작 '재기발랄한 기사나리의 이야기'가 처음 빛을 본 감옥을 품는 기묘한 영광을 차지할 자격이 있을지는 확실히 알 수 없다. 그러나 한가지 확실해 보이는 것은, 이렇게 다시 감금당한 상처 깊은 경험이 그가 알제에서 겪었던 시련을 상기시켜주었으며 하나의 난제를 마주하도록 내몰았다는 사실이다. 쓰디쓴 절망에 굴복할 것인가, 아니면 상상의 나래를 마음껏 펼쳐 우리 인간은 이 세상의 즉자적인 물질의 감옥을 넘어설 무한한, 실로 신성한 능력을 우리 안에 지니고 있음을 증명할 것인가. 그가 답을 찾은 것이 우리에겐 다행한 일이었다. 마침내 그 결과가 이 책이 되었기 때문이다. 창조성의 경계를 허물고 이전 문학의 속박과 한계에서 그의 글쓰기를 해방하고 세르반떼스가 물려받은 모든 전통과 인습을 전복한 이 책 말이다. 기적 같은 일이었다. 그를 무시하고 검열하는, 쇠퇴해가는 에스빠냐를 원한에 차 비난하는 대신, 세르반떼스는 다층적인 동시에 그만큼 장난기와 아이러니로 가득한 걸작을 창조함으로써 불확실성 속에 온갖 엉뚱한 실험들이 등장할 수 있는 터전을 마련했다. 앞으로 수세기에 걸쳐 소설 장르는 이 실험을 계속하게 될 것이었고, 이후로 모든 작가들이 그 샘에서 목을 축이게 될 것이었다.

애초에 그 희극적이고 명랑한 오락적 가치 때문에 이 책을 환영했던 독자들은 몇세기가 흐르는 동안 점차로 자신이 다차원적인 풍차바퀴 같은 하루하루의 존재조건 속에서 살고 고통받으며 제 역할을 하고 있다는 것을, 그리고 이런 조건이 매혹적이고 정교하며 세심한 이야기의 소재가 될 가치가 있음을 서구 역사상 최초로 주장한 인물이 세르반떼스였다는 것을 인정하게 되었다. 거칠고도 섬세하게 그가 깨달은 것은, 우리는 모두 역사에 뒤처진 광인들이라는 것이었다. 신기루 같은 우리의 존재와 욕망에 의해 추동되고 타자들의 시선에서 배태된 정체성에 갇혀 있으며, 먹고 자고 배설하고 사랑을 나누고 언젠가는 죽어야하는 운명의 육신에 묶여 있는, 우리 안에 숨은 허구와 관념에 의해 때로 우스워지고 그와 동시에 찬란해지기도 하는, 그런 연약한 인간이라는 것이었다. 투박하게 표현하자면, 세르반떼스는 모호한 근대적 조건의 광활한 심리적·사회적 영토를 발견했던 것이다. 가차없이 몰아치는 가혹한 현실의 포로이면서 동시에, 우리는 우리 나름의 긍지를 잃지 않고 그 운명의 쏟아지는 공격을 넘어서려 끊임없이 시도함으로써 품격을 유지하기도 한다. 독자들 자신도 돈 끼호떼와 산초 빤사 두 사람과 같은 결로 짜인 인간들이라는 사실, 정반대여야 할 이 두 주인공이 실은 자유를 찾는 하나의 복합적인 인간 속성을 구성하는 필요불가결한 요소라는 사실을 인정하고 그 점을 기쁘게 찬양하도록 독자들을 은근히 밀어붙이는 것이야말로 세르반떼스의 천재성이었다.

언제라도 우리를 스타디움과 지하실과 공동묘지로 보내버릴 태세인 군대에 둘러싸인 채 떠나고 싶어도 떠날 수 없었던 그 대사관에서 『돈 끼호떼』를 읽던 1973년의 우리는, 우리가 겪고 있는 상황과 그리 다르지 않은 환경에서 태어난 이 야단스러운 작품에 몸으로 반응했다. 개인적으로나 미학적으로나 그렇게 줄기차게 자유를 찬양하고 실행하는 모습에서, 가장 추악한 사건사고에 포위되어 있더라도 우리는 모두, 마지막 한 사람까지 멈추지 않고 전진할 장대한 실험의 일부이며 그 실험은 우리가 마지막 숨을 내쉴 때에야 비로소 끝날 것이라는 용기와 확신을 얻었다.

『돈 끼호떼』 제2권의 한 대목에서 우리는 감동의 눈물을 흘렸는데, 인간의 영혼은 무너지지 않는다는 믿음이 거기에 하나의 사건으로 요약되어 있었기 때문이다.

산초 빤사가 가공의 인술라, 즉 섬의 총독으로 임명된 일이 있었다. 자기 손님들을 이용해서 재미를 보고야 말겠다고 작심한 어떤 공작과 그 부인의 소행이었다. 그러나 이 지체 낮은 향사(鄕土)가 그와 그의 주인을 조롱하는 귀족들보다 훨씬 더 현명하고 자비로운 통치자임이 드러난다. 어느날 밤 순시를 돌던 그는 순경에게서 달아나는 한 소년과 부닥친다. 그 소년은 산초 앞에서도 방자하게 굴었고, 이에 그 전직 총독은 소년을 감옥으로 보내 재우라고 명한다. 소년은 잡힌 처지에서도 불같이 화를 내며 자신을 쇠창살과 사슬로 가둘 수는 있겠지만 아무도 자기에게 잠을 자라고 시킬 권한은 없다고, 깨어 있을지 말지는 자신의 의지에 달린 것이지 다른 사람의 명령에 달린 것이 아니라고 주장한다. 그가 보여준 독립성과 담대함에 마음이 누그러진 산초는 그를 풀어준다.

이 에피소드는 이후로도 쭉 내 기억 속에 남아 있었다. 지금 다시 그것을 떠올리는 것은, 그 일화야말로 세르반떼스가 오늘의 절망적인 인류를 향해 보내는 핵심적인 메시지를 담고 있다고 느끼기 때문이다.

물론 지구 위에 사는 대부분의 사람들은 세르반떼스가

자주 겪은 것처럼 감옥에 갇혀 있는 것도, 여러 겹 공포의 벽에 둘러싸여 아르헨띠나대사관에 묶여 있던 혁명가들처럼 감금되어 있는 것도 아니다. 그러나 우리는 『돈 끼호떼』의 저자보다 훨씬 더 변덕스러운 우여곡절로 가득한 세상에 살고 있으며, 훨씬 더 서로에게서 멀리 떨어져 살고 있다. 폭력과 불평등, 탐욕과 어리석음, 불관용과 외국인 혐오에 사로잡힌 채 제멋대로 돌아가는 별 위에 유배당한 종족이 되었다. 몽유병에 걸려 낭떠러지를 향해 걸어가는 미치광이의 모습과 같지 않은가.

400년 전에 세상을 떠났지만 세르반떼스는 여전히 우리에게 말을 걸어온다. 산초 빤사에게 겁박당하던 그 소년이 전해준 지혜의 말은 너무 늦기 전에 다시 읽어보고 귀기울여 듣고 깊이 생각해보아야 할 말들이다.

우리 자신이 원하지도 않는데 우리에게 자라고 시킬 권한은 누구에게도 없다.

세르반떼스는 우리에게, 사면초가에 처해 넋을 놓고 있는 포로 상태의 인류지만 우리가 제때 깨어날 수 있다는 희망을 잃어서는 안된다는 얘기를 하고 있는 것이다.

알베르트 아인슈타인의 춤추는 우주

　사람들은 아인슈타인이 시각과 빛의 천재라고 생각해 왔다.

　그러나 어둠 속에서 우주의 숨겨진 음악을 듣는 귀야말로 그가 우리에게 주는 마지막 선물임이 드러났다. 내게는 놀라운 일이 아니다. 어린 시절 나는 알베르트 아인슈타인이 세계에서 가장 유명한 바이올리니스트라고 확신한 적도 있었다.

　그런 혼동은 1940년대 후반 『뉴욕타임즈』 지면을 장식한 그 위대한 사람의 사진 한장에서 비롯되었다. 정확히 말하면 1948년이었는데, 그때 나는 여섯살이었고 우연히도 1885년 아인슈타인이 처음 바이올린 수업을 시작한 것과 딱 맞아떨어지는 나이였다. 1948년 그날 아침 아버지는 뉴욕 퀸즈의 우리 집에서 신문을 펼치고는 덥수룩한 콧수염, 마구 뻗친 머리에 부드럽게 웃는 눈매를 가진 남자의 사진을 가리켰다. "우리 시대 가장 훌륭한 사람이지." 아버지가 근엄한 말투로 내게 알려주었다. "1944년 프린스턴에 있을 때 고등연구소에서 그분을 몇번 뵌 적이 있었다. 나를 집으로 초대해 차를 대접해주기도 하셨어. 게다가 바이올린 연주를 얼마나 잘하시던지!"

아버지가 "바이올린 연주를 얼마나 잘하시던지"라는 말을 입에 담으며 보여준 그 경외의 태도만으로도 충분했다. 그것만으로도 나는 그후 몇년간 역사상 가장 저명한 물리학자의 명성이 주로 악기에서 선율을 끌어내는 그의 능력에서 온 것이라 믿고 살았다.

물론 머지않아, 실로 머지않아 그것이 나의 착각이었음을 깨닫게 되었다. 사춘기 시절의 두뇌로 질량과 에너지가 동일한 현상의 발현이라는 것을 이해하려고 고생할 무렵 그가 시야에 들어오기 시작했고, 그러다가 성인이 된 머리로 과거와 현재, 미래 사이의 구분은 완강하게 지속되는, 그러나 그저 굴곡으로 가득한 미망에 불과하다는 이야기들을 쓰기 시작했을 때에는 그의 존재가 훨씬 더 크게 다가왔다. 이어 이 놀라운 사람이 풀어놓은 힘에 의해 산산이 찢긴 20세기에 아인슈타인이 발견한 법칙에 의해 규정되는 세상 속에서 점점 나이를 먹어가며 나의 삶이 하나의 원자인 양 산산조각이 나버렸음을 알게 되었을 때에는, 온갖 비유적 광영이 그에게 있는 것으로 보였다. 그리고 그 모든 것을 거치면서 나는 경탄의 마음을 담아 아인슈타인을 평화와 지혜의 사람으로 바라보게 되었다. 또 그 악명 높은 사진에서 우리를 향해 혀를 내밀고 있는 유명한 장면이 보여주듯 자기를, 우리 자신을 너무들 그렇게 심각하게 받아들이지 말아달라고 청하는 이 장난꾸러기 같은 인물을 찬탄하게 되었다.

그렇게 많은 이미지를 가지고 그렇게 큰 영향을 끼친 인물, 은하계 중심의 빛처럼 잊을 수 없을 속도로 변화하는 인물을 바라보며 아인슈타인을 음악가라고 여겼던 나의 첫인상은 점점 흐려질 수밖에 없었다.

그러나 이제 우주가 지금으로부터 딱 100년 전인 1916년에 아인슈타인이 그 존재를 예측했던 중력파로 가득 차 있다는 것을 우리가 알아가면서 그 앞에서 놀라움과 겸허함을 느끼고, 이제 인류의 눈이 아니라 귀가 블랙홀 내부와 그 너머를 기록하게 되자, 위대한 알베르트에 대해 내가 품었던 애초의 직감이 결국 옳은 것이 아니었나 하는 생각이 들기 시작했다. 독일어를 말하는 데 더뎠고 아직 단어를 제대로 발음하지도 못하던 소년에게 1885년의 그 이른 바이올린 수업들은 그의 정신을 버리고 단련하는 달콤한 불이 아니었을까. 그가 처음으로 우주론의 법칙을 생각해낸 장소와 때와 방법은 그의 존재의 전자 하나하나 속에서 공명하는, 어쩌지 못할 에너지로 가득한 바로 그 나무 악기의 질량 속에 있었던 것이 아닐까. 그가 그 현들에서 끌어내던 희로애락의 감정 속에 우주의 밑그림이 담겨 있었던 것은 아닐까. 모차르트 음악의 세례를 받은 마음이 상투적인 지식의 축적보다는 상상력의 양자도약이 언제나 더 중요하다는 확신을 낳은 것은 아닐까. 마지막으로, 아인슈타인의 원대한 우주론은 그의 압도적인 수학적 지능이 아니라 미학적 깨달음에 더 많은 것을 빚지고 있지 않을까. 그가 저 우주 너머의 중력파를 추정해낸 것은 그의 두뇌 속 파동치며 서로 엮이는 소리들로부터가 아니었을까.

내가 이렇게 생각하는 것은 그가 정말로 뭔가를 알고 있었고 그 뭔가를 표현한 적이 있기 때문이다. "우리는 모두 머나먼 곳에서 보이지 않는 피리꾼이 불어주는 신비한 음악에 맞춰 춤을 춘다." 그리고 그가 예외적 존재인 이유는 그가 이런 신비와 거리감, 이런 불가시성과 피리꾼을, 그 이후로 여전히 빛나고 있는 그의 음악과 그의 지성의 그림자 속에서 춤추어온 불확실성과 혼란에 가득 찬 대부분의 사람들보다 더 깊고 더 인간적인 방식으로 이해했다는 데에 있다.

이제 다시 한번 그의 말에 귀기울일 때가 되지 않았는가? 그와 같은 난민들이 안전한 통행과 피난처를 제공받지 못하는 지금, 그가 맹렬한 지성으로 지켜온 과학이 조롱당하고 자금부족에 시달리며 온갖 공격을 받고 있는 지금, 증오범죄와 반유대주의를 비롯해 그와 동료들이 겪은 것과 같은 종류의 차별이 마구 퍼지며 권력 가진 수많은 이들에 의해 리트위트되고 있는 지금, 지금이야말로 그가 마치 먼 곳의 깜빡이는 별처럼 여전히 우리에게 전해오는 메시지의 선율을 기려야 할 순간이 아니겠는가?

알베르트 아저씨, 세계 최고의 바이올리니스트, 당신에게 건배!

네루다, 죽음 저편에서 말하다

빠블로 네루다, 칠레에서 가장 위대한 시인이자 20세기 문학의 거목 중 한 사람인 그가 사망했다는 소식을 들은 그날의 충격과 슬픔이 아직도 생생하게 기억난다. 1973년 9월 23일이었다. 칠레 군부가 쿠데타를 통해 살바도르 아옌데 대통령에게 반기를 들고 이후 17년간 지속될 독재정권을 들어앉힌 날로부터 2주가 지난 때였다.

수많은 지식인들과 아옌데 지지자들처럼 나도 목숨을 구하고자 산띠아고의 안전한 집에 숨어 지내고 있었다. 그곳까지 소식이 들려왔으니, 우리 땅을 파시즘에 빼앗긴 것에 더해 이 땅이 낳은 언어의 최고 장인을 잃었다는 것이었다. 그것도 우리에게 그가 가장 필요한 시점에.

군사정권이 아옌데를 따르는 사람들을 고문하고 살해

하고 처형하고 추방하는 동안 그 정권이 내뱉는 말 한마디 한마디를 모두 의심해볼 만한 이유는 충분했지만, 그들이 다른 사람도 아니고 네루다를 암살할 정도로 멍청하리라는 생각은 들지 않았다.

나는 그가 한동안 전립선암을 앓아왔고 당시 병석에 누워 있었다는 사실을 알고 있었다. 칠레의 민주주의가 파괴당하는 것을 지켜보아야 하는 공포, 자신이 몸담고 있던 공산당과 다른 좌파 조직의 동료들이 죽어가는 것을 보면서 느꼈을 비통함이 당연히 그의 죽음을 재촉했으리라 여겼다.

여러 해가 지나도록 대부분의 칠레 사람들과 마찬가지로 나도 네루다가 산따마리아병원에 억류되어 있을 때 독재정권의 하수인이 그를 독살했다는 루머는 귓등으로 넘겨버렸다. 마지막 순간까지 여러 날 동안 그의 곁을 지켰던 친구들의 증언이 나의 그런 생각을 굳혀주었다. 작가의 미망인 마띨데 우루띠아도 조국의 운명에 낙심천만한 것이 결정타가 되기는 했지만 실제로는 암이 사망의 원인이었다고 내게 얘기해주었다.

나는 확증할 수도 없고 이익보다는 폐해가 더 큰 이런 허황된 이야기에 대한 경계심을 풀지 않았다. 실제적이고 부인할 수 없는 수많은 잔혹행위 앞에서, 근거도 없어 보이는데다 선동으로 해석될 수도 있는 범죄를 전제하고 들어가는 것은 쓸데없는 일이었다.

그럼에도 불구하고 수십년이 지나 네루다의 운전기사였던 마누엘 아라야가 시인이 죽기 몇시간 전 치명적인 약물을 주입받았음을 언급하며 규탄하자, 칠레의 한 판사가 외국의 법의학기관에 도움을 청하고 작가의 시신을 파내서 진짜 사인을 밝히도록 하기에 이르렀다. 그리고 16명의 전문가가 네루다가 죽은 것은 그의 사망증명서에 거짓 기재된 것처럼 암으로 인한 말기 쇠약 때문이 아니라 박테리아 감염 때문이었다고 선언한 것이다.

비열한 행위가 있었다는 증거는 제시하지 못했지만 그들의 조사는 여러 추측을 낳았다. 법의학 전문가들이 어쩔 수 없이 신중한 태도를 보인 것과 달리, 칠레인 다수는——전문가, 정치인, 지식인에다 네루다의 조카들 중 한 사람까지 가담하여——그것을 처형이 실행되었음을 보여주는 증거라고 받아들였다.

이렇듯 새롭게 제기된 추론들은 네루다 사망 후 몇해가 지나 그 위대한 시인이 생을 마감한 바로 그 병원, 동일한 병실에서 전 대통령 에두아르도 프레이 몬딸바가 의심스러운 정황 속에 사망한 것에서 더욱 힘을 얻었다. 조사에 여러 해가 걸리긴 했지만, 칠레 법원은 몬딸바가 일단의 비밀요원들에 의해 살해당했다는 판결을 내렸다. 그들이 그를 살해한 이유는 불을 보듯 뻔했다. 몬딸바는 초기에는 쿠데타를 지지했지만 이후로는 아우구스또 삐노체뜨 장군 반대세력의 용맹한 지도자가 된 인물이었다.

그를 죽이는 것은 민주주의 회복을 원하는 사람들을 다시 불러모아 단합시킬 수 있는 상징적 인물을 제거하는 길이었다. 아옌데 정부에서 외무장관을 역임했고 대중적 인기와 카리스마를 지녔던 오를란도 레뗄리에르가 워싱턴 D.C.에서 암살당한 사건 이면의 동기도 이와 유사했다.

그러나 네루다를 살해하는 것은 여전히 앞뒤가 맞지 않아 보인다. 왜 삐노체뜨의 앞잡이들이 이미 죽어가는 시인을, 모든 정파와 계층의 존경을 받는 노벨상 수상자를 죽이는 위험을 감수한단 말인가? 그는 이미 병들고 기운이 빠진데다가 얼마 안 있어 멕시코로 망명할 예정이었고, 그러면 가만 놔두어도 곧 사라지지 않았겠는가?

그의 죽음에 관한 진실이 무엇이든, 그 죽음의 여파는 엄청났다. 1973년 9월 26일에 거행된 네루다의 장례식은 칠레의 새 통치자를 향한 대중적 저항행동의 시발점이 되었다.

길 위의 군인들, 마음속의 두려움과 맞서 싸우며 수천명의 애국자들이 세멘떼리오 헤네랄로 향하는 네루다의 관과 나란히 걸었다. 자기들의 이야기를 해준 시인, 해방을 찾는 라틴아메리카의 이야기를 들려준 시인에게 작별을 고하는 순간이었다. 인간 육체의 갖가지 감각적 욕망과 가장 깊은 절망을 노래했던 그 시인의 육신이 마지막 가는 길에 그들이 어떻게 함께하지 않을 수 있었겠는가?

그들은 그의 시를 통해 희망을 빚는 법을 배우고 사랑을 꿈꾸는 법을 배운 사람들이었다. 허망함과 분노에 싸인 가운데서도 그들은 자기들의 시인이 자기 안에 살아 있다고 노래했다. 세상을 떠난 우리의 대통령 아옌데를 잊지 않겠다고 약속했다. 칠레는 독재에 무릎 꿇지 않을 것이라고 맹세했다.

이 사건의 의의는 스스로의 목숨을 위태롭게 하면서까지 자유에 대한 갈구를 표현하려 했던 그렇게나 많은 남녀, 심지어는 어린아이들이 상징하는 바에만 있지 않았다. 그 장례식은 앞으로 닥쳐올 험한 세월 동안 저항세력이 어떻게 결국은 삐노체뜨를 무찌를 것인지를 보여주는 청사진이기도 했다. 가능한 모든 크고 작은 공간을 접수함으로써, 허용되는 것의 한계를 조금씩 밀어붙임으로써, 대검과 총탄 앞에서도 침묵이 지배하지는 못할 것이라고 주장함으로써 그 일을 이룰 것임을 보여주는 것이었다.

그의 『모두의 시』*에 나오는 가장 유명한 구절에서 네루다는 라틴아메리카의 세상을 뜬 무명씨를 향해 말을 걸었다. "일어나 나와 함께 태어나자, 형제여(Sube a nacer

---

• *Canto General*, 1950년 발표된 네루다의 장편서사시.

네루다, 죽음 저편에서 말하다 193

conmigo, hermano)." 역사에 의해 잊히고 더럽혀진 이들에게 다시 태어나라 청한 것이다.

네루다의 죽음을 둘러싼 이야기들이 새로 시작되면서 우리는 그를 다시 한번 기억하게 되었다. 어둠과 파멸과 망각에 맞서 싸우는 전투에서 우리를 이끌어준 선지자로 그를 다시 볼 수 있게 되었다. 살아생전 그랬던 것과 똑같이 우리의 빠블로는 죽음 저편에서 쉼없이 인류에게 희망의 메시지를 보내며 우리의 이 암울한 시대에 정의와 자유를 위해 분투하라고 격려하고 있다.

네루다의 시신이 우리에게 말하고 있다. 아무리 오래 걸릴지라도 과거의 범죄는 드러나게 마련이라고. 네루다의 기억이 우리에게 말하고 있다. 아무리 오래 걸릴지라도 결국엔 심판의 날이 올 것이라고. 네루다의 시가 우리에게 말하고 있다. 아무리 오래 걸릴지라도, 역사의 희생자들은 다시 태어날 길을 반드시 찾을 것이라고.

칠레에서 멜빌을 다시 읽다

도널드 트럼프와 정도에서 한참 벗어난 그의 명령과 정책에 저항하는 법을 생각하려 시도해볼 장소로 칠레의 산띠아고를 택하다니, 이상하게 보일지도 모르겠다. 그러나 다름 아닌 허먼 멜빌의 통찰과 회의에 자극받아 이런 문제에 대해 숙고해볼 수 있었던 것은 바로 아내와 내가 일년 중 몇달을 보내는 이곳 꼬노 수르*의 도시가 주는 거리감과 평정심 덕분이었다.

1973년의 쿠데타 이후 삐노체뜨 독재정권 때문에 우리 가족이 망명길에 올라야만 했을 때, 여러 해에 걸쳐 (아끼려야 아낄 것도 없는 자산으로) 어렵사리 모아온 방대한

---

* Cono Sur, 남아메리카 대륙 남단의 원뿔 모양으로 생긴 지역을 일컫는 말.

장서는 두고 떠나는 수밖에 없었다. 그중 일부는 분실되거나 도난당했고 일부는 홍수로 손상되었으나, 나머지 상당 부분은 1990년 민주주의가 회복된 후 우리가 칠레에 돌아왔을 때 구해낼 수 있었다. 홍수와 절도와 폭정을 견뎌낸 이 책들의 놀라운 점은 그것들이 마치 마법처럼 나를 과거 어느 한때의 나로, 내가 되고자 꿈꾸었던 그런 사람으로, 소설과 철학, 과학, 역사, 시, 희곡 등의 책을 쉬지 않고 닥치는 대로 읽으면서 온 우주를 집어삼키고 싶어 했던 그 청년으로 돌려놓는다는 사실이다. 물론 그와 동시에 대부분 고전이자 정전에 속하는 그 책들은 내가 그것들을 처음 경험한 이래 얼마나 많은 우울하고 깊은 생각의 시간들을 보냈는지, 수십년의 유배생활 동안 넓은 세상과 함께 나자신이 얼마나 많이 변했는지를 가늠하지 않을 수 없게 만든다. 옛날에 읽은 그 책들 중 아무것이나 뽑아들고 어쩔 수 없는 오늘날의 시각으로 다시 읽는 바로 그 순간 그러한 변화를 실감하게 된다.

내가 이번에 다시 읽어보려 고른 작품이 멜빌의 작품이었다는 것은 다행스러운 우연의 일치였다. 우리가 현재 살고 있는 이 위험천만한 순간에 대해 그보다 더 많은 것을 알려줄 미국 작가를 떠올리기는 어렵기 때문이다. 책장의 선반을 차례차례 훑어보던 중 곧 수수께끼 같은 그의 소설 『사기꾼: 그의 가장무도회』, 그리고 그 책과 『모비딕』사이

에 꽂혀 있던 그의 중편 세 편을 묶은 선집 『베니토 서레노·
필경사 바틀비·선원 빌리 버드』에 시선이 멈췄다.

속임수와 최면을 이용해 권력을 잡은 전형적인 거짓말
쟁이이자 교활한 사기꾼을 대통령 자리에까지 올려놓은
최근 선거에 한 사람의 미국 시민으로서 방금 참여했던 터
라 『사기꾼』에서 시작하는 것이 적당하리라 생각되었다.
160년 전인 1857년 만우절에 출간되긴 했지만, 이 책에서
멜빌이 자기 나라를 "이 바보들의 배 위에, 이 바보들의 선
장 아래, 바보 무리!"로 가득한 미시시피강의 증기선에 빗
댄 것으로 보아 그가 선견지명으로 오늘날의 미국을 예견
했을 수도 있겠다 싶다.

그 배의 승객들은 악마 같은 주인공에게 체계적으로 사
기를 당한다. 그는 그때그때 이름과 모습, 책략을 바꾸어
가며 끊임없이 정체성을 변화시킨다. 그러는 동안 계속
해서 알쏭달쏭한 모습으로 변신해 매번 이러저러한 협잡
을 부리고 그의 시대에, 그리고 안타깝지만 우리 시대에
도 흔히 만날 수 있는 사기꾼과 돌팔이 약장수 짓을 시도
한다. 부동산 사기거래와 파산, 도덕주의자의 진실로 위장
한 번드르르한 거짓말, 결코 실현되지 않을 거창한 자선사
업, 금융강매와 사기, 속아넘어갈 대상의 정직함을 상대로
한 과장된 호소, 또 염치라고는 조금도 찾아볼 수 없는 뻔
뻔함, 이 모든 것이 트럼프와 그의 21세기식 어릿광대 같

은 기행, 그의 "진실한 과장"에 대한 입문서처럼 들린다. 물론 멜빌의 시대는 트위터와 인스타그램과 짧은 집중시간의 시대가 아니었기에, 변신을 거듭하는 그의 악당은 플라톤이나 타키투스, 성 아우구스티누스를 비롯해 트럼프는 아마 들어본 적도 없을 책들까지 인용하면서 끝도 없이 인간에 대한 형이상학적 토론을 벌인다. 그리고 이 19세기의 사기꾼은 힘으로 을러대거나 허풍을 떨기보다는 말이 많고 상냥하다. 그러나 트럼프와 똑같이 그도 거짓 전제와 약속이라는 병기를 선보이며 터무니없고 앞뒤 맞지 않는, 그러나 꼼꼼히 따져보기 전까지는 그럴듯해 보이는 계획으로 희생자들을 어리둥절하게 만들고 현혹시키려 든다. 그러다가 그의 모험적 사업의 증거를 대라는 요구를 받고 궁지에 몰리면 이 악당은 어떻게든 청중의 주의를 다른 데로 돌리고 교묘히 빠져나간다. 그리고 역시 트럼프처럼, 그는 자기에게 속아넘어갈 사람들을 상대로 "설득력 있는 매혹의 힘, 눈빛으로 다른 존재를 사로잡는 힘"을 발휘하고, 그 힘은 그가 상대방의 무지와 고지식함, 무엇보다도 탐욕을 악용하여 많은 적수들을 이겨넘길 수 있게 해준다.

사실 멜빌의 이 염세적 우화는 입심 좋고 요리조리 잘 빠져나가는 사기꾼에 대한 비난이라기보다는 그렇게 쉽게 사기를 당할 만큼 잘 속아넘어가는 사람들에 대한 신랄한 고발로 보이기도 한다. 이 책의 저자는 미국이 거짓된 순수와 돈을 벌고자 하는 탐욕스러운 욕망에 병들어 종말을 향해, 특히 바로 4년 앞으로 다가온 남북전쟁을 향해 가는 것으로 보았다. 역할놀이를 하는 승객들이 펼치는 미덕과 신심의 가장무도회 이면에 어둠과 악의의 그림자가 드리우고 있다는 점을 염려한 그는, 미국의 고결함과 온전함에 대한 과도한 "믿음"과 "불같이 밝은 인생관"이 결국은 비극을 가져올 수도 있다는 것을 드러내고자 열심이었다.

그리고 소설의 결말은 차분하면서도 무시무시하다. 마지막 램프의 불이 꺼지고 한 병든 노인, 우리 사기꾼의 마지막 먹잇감인 노인이 종말을 향해 "친절하게도" 인도될 때, 화자는 우리에게 다음과 같은 마음 불편한 예측을 남긴다. "앞으로 뭔가 더한 것이 이 가장무도회를 뒤따를지도 모른다."

이 말이 마음에 꽂힌다. 우리가 살고 있는 현재에서 "뭔가 더한 것"은 멜빌도 예상할 수 없었을 극악한 상황이기 때문이다. 만약 그 교묘한 사기꾼 같은 누군가가 권력을 잡는다면, 바보들의 배의 선장이 된다면, 달리 표현해 만약 누군가가 수많은 대표단을 미혹할 수 있는 능력을 가지고 공화국을 장악하려 든다면, 미친 에이해브 선장처럼 밑바닥까지 자신이 증오하는 목표를 뒤쫓으며(트럼프의 바다에는 여러 마리 흰고래와 상당수의 작은 물고기들이 있다) 우리 모두를 그와 함께 물에 빠져 죽을 운명으로 이끈

다면, 그렇다면 어떻게 될 것인가?

*

　그의 책 속의 사기꾼이 무례하고 정신 나간 대통령이 될지도 모른다는 염려는 하지 않았겠지만, 그럼에도 불구하고 멜빌은 우리에게 주인공들이 각기 자신만의 특별한 방식으로 비인간적이고 억압적인 체제에 저항하는 걸작 중편 세편을 물려주었다. 따라서 「필경사 바틀비」와 「선원 빌리 버드」 「베니토 세레노」를 다시 한번 읽음으로써 나는 트럼프와 그 일당이 미국을 근본부터 다시 만들 완전하고 절대적인 권력을 추구하면서 집약적으로 보여준 독재적 성향에 맞서 싸울 방법을 고민하는 우리에게 멜빌이 전해줄 만한 지침이 있는지 찾아보고자 했다.
　당연히 「필경사 바틀비」를 먼저 손에 들었다.
　"그렇게 안하고 싶습니다." 이 구절은 소설의 주인공 바틀비를 상징하는 말이다. 그는 월스트리트의 한 변호사(이 이야기의 영문 몰라 하는 화자이기도 한) 사무실에서 일하는 필경사로, 가장 단순한 일을 하라고 요구받았을 때에도, 승진을 하거나 자신을 변호할 기회를 부여받았을 때에도 한결같이 이 말로 응답한다. 그러다가 직장과 거처를 잃고 결국엔 감옥에서 음식을 거부하고 생을 마감함으로써 목숨까지 잃게 되었을 때도 그의 응답은 마찬가지였다. 젊어서 처음 읽었을 때 나는 이 이야기가 멜빌 자신에 대한 우화라고 생각했고, 그런 판단도 틀린 것은 아니었다. 이 소설을 쓰던 1856년은 실험적이고 비타협적인 『사기꾼』이 출간되기 일년 전이었고, 당시 작가는 (1851년 선보인 『모비딕』이 판매도 저조하고 전반적으로 제대로 평가받지 못하던 상황에서) 자신의 문체와 상상력을 당대 상업문학의 기준에 맞추기를 거부하면서 고투하고 있었다. 그의 이런 거부는 '기득권'에 영합하지 않겠다는 1960년대 나 자신의 그것과도 상통하는 면이 있었다. 「필경사 바틀비」가 세상에 선보인 이래 많은 독자들이 그랬듯이 당시의 나도 현 상황에 대한 이런 근본적인 거부가 예술적 자유에 대한 옹호를 넘어 신이 사라져버린 이 우주에서 인류의 실존적 고독을 깊이 파고드는 것임을 알아보았지만, 바틀비가 저항의 무기로 소극적 부정을 택한 것에 정치적 의미가 있을 수 있다는 점을 충분히 평가하게 된 것은 트럼프의 독재가 제기하는 다양한 위험과 딜레마에 시달리게 된 지금에 와서다.

그의 금욕주의적 초연함이나 수동적 태도, "창백한 절망 상태"가 이 호전적인 퇴행의 시대에 트럼프에게 반대표를 던진 미국인들 대다수에게 필요한 것이라서가 아니다. 그보다는 주인공이 자신의 저항을 제기하는 특별한 방식이 에이해브처럼 "온갖 타락천사들에게 사로잡혀 있는" 현 대통령의 공격성에 위협을 느끼는 우리 같은 사람들에게 하나의 모범이 되어주기 때문이다. 사실 바틀비의 고용주를 무장해제하는 것, 그가 "분기를 꺾게" 만드는 것은 필경사의 대답이 변함없이 온순하며 그 안에 "그 어떤 불안이나 분노, 성마름, 불손함도 없다는" 점이다. 바틀비의 이런 개인적 비타협은 멜빌 시대의 절망적인 세상을 변화시키기에는 충분치 않았으나, 우리 시대에 적극적인 저항을 시작하기에는 훌륭한 출발점이 되어줄 것이다.

"그렇게 안하고 싶습니다"가 하나의 구호라고 상상해보라. "서류 미비의 남성과 여성, 어린이를 색출하는 일을 돕지 않고 싶습니다"라고 외치는 피난처도시●와 교회. "탱크와 송유관이 밀고 들어올 때 옆으로 비켜서지 않고 싶습니다"라고 외치는 토착민과 퇴역군인과 활동가 들. "환경을 파괴하는, 공립학교 체제의 골간을 무너뜨리는, 은행에 대한 공적 규제를 해제하는, 예술을 황폐화하는, 언론을 공격하는 명령 제정을 안하고 싶습니다. 부당한, 오도된, 어리석은, 모순적인 행정명령에 협조 안하고 싶습니다. 헌법을 위반하는 불법행위를 목격했을 때 침묵 안하고 싶습니

● sanctuary city, 명시적·묵시적으로 불법체류자를 보호하는 성역정책을 채택한 도시.

다"라고 외치는 연방기관의 공무원들. 그들을 상상해보라. 우리는 계속해서 이렇게 외치고 또 외칠 수 있을 것이고, 그렇게 해야만 한다, 자유롭기 위해서는. 트럼프에게 반대하는 사람 하나하나가 이렇게 단호하고도 침착하게 동조를 거부하는 자세를 취한다면──집단적 저항은 언제나 누구 한 사람이 "아니오!"라고 말함으로써 시작되는 법이기에──우리의 호전적인 대통령도 자신의 뜻을 관철하기 어렵다는 것을 알게 될 것이다. 물론 그의 길을 가로막는 사람들에게 엄청난 압박이 가해지리라는 것도 예상해야겠지만 말이다. 과연, 우리의 이의제기와 비판, 저항과 고발, 항의에 국가가 전력을 다해 대응할 것이라는 징후가 이미 도처에서 감지된다.

*

그런 억압이 다양한 차원에서 트럼프에게 도전하는 사람들을 제어하는 데 성공할지 아닐지는 대통령에게 반대하는 측의 끈질김과 명민함에 달려 있지만, 그뿐 아니라 사법부가 이 싸움에 어떤 식으로 개입하는지에 달려 있기도 하다. 속임수로 지금 행정부를 점령한 자의 명령을 저지할 수 있을지 아닐지는 어떻게 정의에 복무하고, 더 나아가 어떻게 정의를 해석할 것인지가 결정할 것이다.

사정이 이러하니 자연스럽게 다음으로는 멜빌의 작품 중 가장 읽기 괴로운 작품, 그가 마지막으로 쓴 (1891년 그가 사망할 때까지 미완성으로 남은)「선원 빌리 버드」를 펼쳐들었다. 뭔가에 홀린 듯하기도, 독자들을 홀리기도 하는 작품이다. 주인공 빌리 버드는 영국 해군에 복무하는 수병으로 "그렇게 안하고 싶습니다" 같은 말은 내뱉을 생각조차 못할 인물이며, 오히려 싹싹하고 고분고분하다. 하늘이 내린 듯 잘생긴 외모에 특유의 쾌활함으로 하루하루의 고단함을 덜어주기도 하며 선원과 장교 들 사이에서 인기를 누리는 그는 "베이비 버드"라고 불릴 만큼 벨리포턴트호 선상에서 모두의 사랑을 받는 아기양 같은 청년이다. 아니, 모두는 아닌 모양이다. 빌리 버드의 바로 이러한 완전무결한 순진함과 아름다움이 이 배의 선임부사관 클래거트에게 증오와 분노, 시기심, 그리고 "일방적인 악의"를 불러일으킨다. 멜빌에 따르면, 이런 감정은 완전한 타락과 바닥 모를 악에서 기인한 것이다. 치안과 군율, 감시를 담당한 클래거트는 빌리를 함정에 빠뜨릴 무기를 자기 뜻대로 다룰 수 있는 지위에 있었고, 그것을 이용해 선상반란 음모를 꾸몄다는 거짓 혐의를 빌리에게 뒤집어씌운다. 영국 해군은 당시 널리 퍼진 선상반란 때문에 골머리를 앓는 형편이었다. 이런 고발에 맞닥뜨리자, 극심한 감정적 스트레스를 받으면 말을 할 수 없게 되어버리는 "경련성 언어

장애"를 앓는 빌리가 할 수 있는 대응이라고는 클래거트를 치는 것뿐이다. 이 한번의 타격으로 악마 같은 선임부사관이 죽어버리자, 빌리는 서둘러 소집된 임시 군사법정 앞에서 재판을 받아야 할 처지가 된다.

그후의 법 집행과정이(혹은 잘못된 처리가) 이야기의 핵심이다('핵심crux'이라는 단어를 굳이 사용하는 이유는 후에 '십자가에 못 박히는 광경crucifixion'을 목격할 것이기 때문이다). 멜빌은 잠시 옆길로 빠져 배의 사령관 비어 함장을 칭찬한다. 그는 박식하고 공정하고 용감하며 종종 몽상적인 듯하지만 매우 고결한 인물로, 빌리 버드를 승진시킬 생각을 할 정도로 그에 대해 아버지 같은 진심 어린 애정을 지니고 있다. 그리고 그는 클래거트가 거짓말을 하고 있다는 것을 믿어 의심치 않는다. (함장은 그에게 "가까이하기 싫을 정도의 혐오감"을 느끼고 있다.) 그의 먹잇감이 된 빌리 버드가 무슨 음모에 대해 아는 바도 없고 반란을 일으킬 생각도 결코 품은 적이 없으리라는 것을 확신하고 있다. 그러나 이 살인사건에 대한 비어의 대응은 단호하다.

"그가 목청껏 외쳤다. '하느님의 천사에게 맞아죽었구나! 그러나 천사도 교수형을 면할 수는 없다!'"

그렇게 빌리 버드에 대한 판결을 내린 후 비어는 그 선원이 유죄라고 평결하도록 (모두 그에게 예속되어 그의 직권하에 있는) 하급장교들로 이루어진 법정을 조종하려 든다. 정상을 참작하거나 해군의 관례나 군법이 명하는 대로 그 문제에 대한 심판을 제독에게 맡기지 않는 것이다. 자신이 원하는 평결을 얻어내기 위해서—연민이나 융통성이 무질서와 폭동을 조장할지도 모른다는 두려움에—그는 자신의 개인적 양심을 무시하고 제국의 전시규정을 그대로 따라 "따뜻한 마음"에 반하는 주장을 하지 않을 수 없다. 그는 이 "따뜻한 마음"을 "남자 안의 여성성"이라 일컬으며 따라서 그 마음을 의심하고 "배제해야"할 것이라고 한다. 아버지 같은 역할을 맡은 그가 이렇게 약자를 보호하는 데에 실패한 것은 비어 함장 자신의 비극(그는 이 사건 후 얼마 지나지 않아 벌어진 전투에서 괴로움 속에 빌리 버드의 이름을 부르며 죽음을 맞는다)과 아무 죄 없는 그 잘생긴 선원의 비극(그는 자신을 저버린 함장을 축복하며 죽음을 맞이한다)에 그치지 않는다. 그것은 구원을 향한 여정에 있는 인류에게도 비극인 것이다.

멜빌이 이렇듯 법의 잘못된 심판에 관심을 보인 것은 사실이나—악의적인 공격이나 정부의 기만으로부터 스스로를 보호할 능력이 없는 사람들을 지켜주는 것과 관련해서는 미국 법정이 비어 함장과는 다르기를 바랄 도리밖에 없을 듯싶다—이 중편은 평생에 걸쳐 그를 사로잡았던 또 하나의 불편한 주제를 깊이 파고들기도 한다. 바로 폭력의 정당성이라는 문제다.

「선원 빌리 버드」에서 폭력은 여러 가면을 쓰고 다양한 모습으로 등장한다. 거기에는 당연히 비어 함장이 대표하는, 그가 "무력을 총동원해" 행사하는 국가의 폭력이 존재한다. 그다음으로는 클래거트의 폭력이 있다. 명령을 집행하는 공식 임무를 맡았으면서도 자기 권한을 악용하여 결국은 불신과 부도덕의 도구가 되는 자이다. 그러나 그중 가장 흥미로운 경우는 바로 빌리 버드다. 왜 그 천사 같은 청년은 자신을 파멸로 몰아갈 치명적인 타격을 가하는가? 그가 주먹으로 말을 한 것은 자기 존재의 근본에 대한 갑작스러운 공격에 그의 혀와 목구멍이 말을 듣지 않았기 때문이다. 그렇게 악랄한 공격은 전혀 예측할 수 없었던 것이다. 사실 그는 바로 그 극단적으로 선한 품성, 악의 존재를 인지하기를 꺼렸던—클래거트가 "그 작은 족제비 같은 눈으로" 그를 노리고 있다는 경고를 받았음에도 불구하고—태도 때문에 무방비 상태에 있게 된 것이다. 우리의 불운한 주인공은 동료에 대한 너무 큰 신뢰와 "믿음"을 가졌다고 감히 말해봄 직하다.

멜빌은 이 순수함과 폭력이라는 문제를, 배의 선원과 장교 들이 막을 수 없을 정도로 모두를—자기를 이슈미얼이라고 불러달라는 화자 한 사람을 제외한 모두를—파멸로 몰아가는 피쿼드호의 미친 선장에 관한 이야기 『모비

딕』을 통해서 이미 탐구한 바 있다. 그러나 그가 「베니토 서레노」에서만큼 그 어려운 문제를 깊이 파고든 적은 없다는 주장도 가능하다. 1855년 잡지에 연재되었던 이 작품은 1856년 (역시 『사기꾼』 출판 직전에) 개정을 거쳐 『피아자 테일즈』의 일부로 출간되었다.

이 충격적인 이야기의 중심에는 실제 바다 위에서 벌어졌던 놀라운 사건이 놓여 있다. 책을 펼치며 떠올린 어렴풋한 기억에 따르면, 배경이 된 곳은 이번에 내가 이 소설을 다시 읽게 된 곳에서 몇백 마일 떨어진 칠레 남부 연안이었다. 때는 1805년, 한 무리의 노예들이 에스빠냐 선박을 탈취해 백인 선원과 승객 대부분을 죽이고 선장 베니토 서레노에게 자기들을 아프리카로 돌려보내줄 것을 요구했다. 멜빌은 사건이 일어난 시점을 1799년으로 옮기고 배의 이름을 샌도미닉이라고 바꾼다. 생도맹그섬에서 프랑스인들에게 저항해 노예들이 일으켜 성공시킨—극도로 격렬했던—봉기, 결국 세계 최초의 흑인 공화국 아이띠 건국을 이끈 그 봉기와 소설 속 이야기의 유사성을 더욱 부각시키기 위해서였다. 우리가 지금 노예제를 끝내지 않으면 이런 유혈사태를 맞이할 것이다. 근본적으로 그는 위험을 깨닫지 못하고 있는 미국의 대중을 향해 이런 이야기를 하고 있는 것이다.

「베니토 서레노」의 비범함은, 노예제에 반대하기 위해

멜빌이 선택한 길이 『톰 아저씨의 오두막』이나 당대 노예제 폐지론자들의 수많은 팸플릿이나 회고록처럼 다른 인간을 노예로 묶어둔 사람들의 잔인함과 악랄함을 전면에 내세우는 것이 아니었다는 데에 있다. 그는 오히려, 노예들이 자기들에게 허용된 유일한 폭력적 수단을 사용해서 해방을 찾으려 할 때는 자기 주인들을 모방해 이전에 자신들의 지배자들이 감히 저항할 마음을 품지 못하도록 자기들에게 가했던 것과 똑같은 공포와 고문을 사용할 것이라는 점을 극화해서 보여주는 길을 택한다. 그러나 이것이 끝이 아니다. 구조하고자 관대한 마음으로 다가왔다가 선상의 백인 생존자들이 노예들의 강요에 따라 수행하는 연극에 속아넘어가는, 선한 의도를 지닌 친절한 미국인 선장 어매사 델러노의 눈을 통해, 멜빌은 이 무서운 역할의 전도를 보여준다. 이 배가 허리케인, 질병, 역풍 같은 여러 차례의 불운에 시달려왔으며, 그 결과 선상의 백인들은 대부분 사망했고 흑인들만 주로 살아남아 어쩔 줄 모르는 채 갑판을 배회하고 있다는, 따라서 영원불변의 사회질서는 끄떡없다는 것을 보여주는 것이 그 연극의 의도였다. 인종적 편견에 가득 찬 델러노는 이 노예들이 자기 생각에는 당연한 예속과 복종의 지위를 깨치고 나왔다는 사실도, 그뿐 아니라 이런 복잡한 음모를 꾸밀 치밀함과 지능을 지니고 있다는 것도 상상하지 못한다. 그가 이렇듯 악의 가능성(노예제라는 악과 그 악이 노예에게도 전염될 수 있다는 사실)을 보지 못하는 것은 그 악에 대한 자신의 공모관계를 인지하지 못하는 데에서, 그림자와 빛을, 겉모습과 실체를 구분하지 못하는 데에서 비롯한다.

어매사 델러노는 멜빌의 소설 속 순진함 때문에 눈이 흐려진 여러명의 남성 주인공들(그의 음울한 이야기 속에는 관심을 끌 만한 여성이나 아이는 거의 등장하지 않는다)과 같은 선상에 있다. 그들은,『사기꾼』의 한 등장인물이 말한 대로 "덧칠한 무대장치"에 불과한 이 세상에서 "아무도 누가 누군지 모른다"라는 것, 우리 중 최악의 인간들은 고결함이라는 한겹 겉치레 아래 가장 사악한 욕망과 죄악을 감추고 있고 우리 중 가장 나은 자들은 소용돌이치는 그들 악행의 깊이를 생각조차 못한다는 것을 알지 못한다. 멜빌의 주인공들이 속임을 당하는 것은 그들이 자기 자신을 속이고 있기 때문이다. 클래거트가 무슨 일을 꾸미고 있는지 생각해보지도 않으려 하는 빌리 버드가 그러하고, 자신의 생활방식과 열망이 바틀비의 협조 거부를 가져온 근본 원인이라는 것을 보지 못하는 월스트리트의 변호사가 그러하다. 자신이 실어나르는 노예들이 자신을 파멸로 이끌 수 있다는 것을 전혀 알아차리지 못했던 베니토 서레노, 며칠 후면 자신도 전쟁터에서 죽을 것을, 빌리를 교수형에 처함으로써 자기 자신을 죽이고 말았다는 것을 모른 채 전쟁

의 법칙에 따르기 위해 마음속 여성성을 억누르는 비어 함
장도 그러하다. 이미 운명이 결정된 피쿼드 선상의 무리도
마찬가지다. 멜빌의 우화 속에는——이야기를 끌어가는 그
놀라운 솜씨는 말할 것도 없이——다정함이나 애정도 없지
않고 유머나 희망의 징조도 모자라지 않으나, 미국을 향해
(그리고 세계를 향해) 그가 던지는 메시지의 근본은 깨어
나라는 것이다.

트럼프가 우세를 점한 오늘의 불길한 상황에 비추어 멜
빌이 남긴 이 경고의 연대기를 읽고 가장 먼저 든 생각은,
그렇게나 많은 미국인들이 멜빌의 등장인물들과 마찬가지
로 어떤 미래가 펼쳐질지에 대해 주의를 기울이지 않는다
는 것이었다. 그런 악의와 속임수의 존재를 상상할 수 있
는 능력을, 마치 빌리 버드가 그랬듯이, 집단 전체(트럼프
지지자들 다수도 포함된다)가 잃어버린 셈이다. 그리고 미
국 내에는 양식 있고 선량한 백인들이 충분히 많으므로 이
땅에서 가장 도덕성 낮은 시민이 가장 높은 정치적 직책,
지구상에서 가장 막강한 권한을 휘두를 수 있는 직책을 차
지하지 못하도록 막을 수 있으리라 가정하고 있었다는 점
에서 나 자신도 남들과 다르지 않았다는 사실을 인정해야
겠다. 미국은 그런 식의 치명적 실수를 범하기에는 너무나
선하고 너무나 독보적이며 너무나 훌륭한 나라라는 생각,
낙관주의도 죄라고 할까.

유명을 달리한 지 이미 오래인 작가가 미래에 대해 했음 직한 예언의 말을 도출하고 추정하는 것은 위험한 일일지도 모르나, 멜빌이 이렇게 호통을 쳤으리라는 것은 장담할 수 있을 듯싶다. 이 바보들, 트럼프가 너희를 속여왔다는 모든 증거가 있음에도 과거부터 지금까지도 그를 믿고 있는 바보들아. 이곳에서는 그런 일이 일어날 수 없을 것이라 생각하고 시작부터 미국을 좀먹어온 분노와 비인도성을 온전히 바라보지 못하는 바보들아. 그리고 너희 바보들, 이 미친 시대가 서둘러 지나가면 더 나아지는 일만 남지 않겠느냐고 생각하는, 수많은 재난을 거치는 동안 견제와 균형을 제공해준 그 제도가 이번 시련도 견뎌내지 않겠느냐고 스스로를 기만하고 있는 바보들아.

　눈을 뜨고 깨어나라. 클래거트가 음모를 꾸미며 대기하고 있다. 독재란 있을 수 없다니 어림없는 소리다.

　이렇듯 눈감고 있는 나라가 미국만이 아니라는 것이 위안이라면 위안일까.

*

　내가 칠레에서 멜빌을 다시 읽기 시작한 것은 거리상 미국에서 멀리 떨어져 있다는 사실이 이 작가가 미국의 오늘과 내일에 대해 밝혀주는 바를 이해하는 데 도움을 주리라는 기대 때문이었다. 그러나 놀랍게도, 그의 소설 속 세계로 들어가면 들어갈수록, 그가 폭로하는 취약함이나 그가 점검하는 난제들이 내 독서가 이루어지고 있는 이곳, 평등과 정의를 향한 오랜 투쟁이 1970년 살바도르 아옌데의 평화로운 혁명으로 절정에 올랐다가 그후 가혹한 억압을 맞게 된 이 나라에도 고스란히 적용될 수 있다는 점을 인정하지 않을 수 없었다.

당시의 칠레인들은 우리의 민주주의가 이제 안정되었으며 앞으로도 그렇게 지속되리라는 환상을 품고 있었으나, 결국 1973년의 군사쿠데타를 겪고 엄혹한 현실에 눈을 뜸으로써 뒤늦게 우리 제도의 허약함을 인식하게 되었다. 그 많은 국민들이 얼마나 빠르게 선동과 폭압에 굴복했고, 소비주의의 마법에 걸려든 그들이 얼마나 쉽게 일상생활 속 독재의 악의를 아무 일도 아닌 듯 받아들였던가.

그러나 나는 또한 멜빌의 걸작들 속에 우리 다수가 그 17년의 폭정기간 동안 고민했던 것과 같은 여러 저항의 형태가 있음을 알아보았다. 퇴행에 직면하고 비탄에 무너진 채, 삐노체뜨 장군과 그의 과두적 민간 조력세력의 폭압에 맞서기에는 너무 비겁하고 소심했던 판사들에게도 버림받은 우리는 샌도미닉호 노예들의 무장봉기와 바틀비의 "그렇게 안하고 싶습니다" 사이에서 하나를 선택해야만 했다. 군부에 맞서는 사람들 중 소수파 몇몇은 그렇게 극악한 정권에 대항해 승리로 가는 정당하고 유일한 길이라며 폭력을 채택했으나, 민주주의를 통한 저항을 주장하는 압도적 다수의 사람들은 그 투쟁전략을 경계했다. 우리 생각에 그것은 실패가 예정된 수단이었으며, 설혹 역효과를 피해 성공한다손 치더라도 그 폭력이 어떤 결과를 가져올지 주의를 기울여야만 했다. 멜빌이 「베니토 서레노」에서 예언한 것과 똑같은 교훈을 우리는 역사를 통해 배웠다. 어제의 실수와 강압을 되풀이함으로써 오늘의 혁명세력이 내일의 압제자가 되는 일이 너무나 빈번했다는 것이다. 그래서 우리는, 이슈미얼 같은 한없는 끈기와 바틀비 같은 불복종, 빌리 버드 같은 천상의 결의를 통해 칠레의 클래거트를 무찔렀다.

미국 국민들도 비슷한 일을 해낼 수 있을 것인가?

내 짐작에 멜빌은, 미국이 철저하게 윤리적으로 변모하지 않는 한, 트럼프는 이 나라의 어두운 영혼의 병적 징후에 지나지 않는다는 것을 깨닫지 못하는 한, 그런 일은 불가능하다고 말하지 싶다. 우리의 저자는 지금 우리를 괴롭히고 있는 이 상황은 과거의 죄가 제 집을 찾아온 결과라고 지적했을 것이다. 인종주의와 편협함을 보아넘겼던 미국, 자신의 잘못에 낙관적으로 눈감았던 미국, 거짓된 광경과 가면무도회와 사랑에 빠졌던 미국, 제국주의적 팽창의 와중에도 비난받아 마땅할 정도로 순진했던 미국, 이런 미국의 죄가 돌아온 것이라고 말이다. 트럼프의 승리가 가능해졌을 뿐 아니라 어떤 시점에서는 불가피해져버린 나라를 만든 책임, 그렇게나 많은 미국인들이 기꺼이 "바보들의 배"에 올라탈 정도로 소외되고 버려졌다고 느끼는 나라를 만든 책임을 미국의 시민들, 충분히 많은 수의 시민들이 인정할 때까지는 사기꾼이, 그것도 다수의 사기꾼들이 승리를 거듭할 것이다.

물론 멜빌이 소설을 쓴 시대는 인류의 밑바닥 계층이 당당하게 자기 목소리를 내기에 극히 어려운 때였다. 그의 주인공 다수는 빌리 버드처럼 위기의 순간에 말문이 막혀버리거나, 아니면 샌도미닉호의 노예들처럼 누군가 다른 사람, 더 힘있는 사람이 자기들의 이야기를 하며 그것을 왜곡하는 동안 입을 닫고만 있다. 심지어는 바틀비도 자신이 반항하는 이유를 조리 있게 또박또박 설명하지 못한다. 또한 화자를 제외하면, 다양한 인종이 모여 있던 피쿼드호의 선원이나 항해사 중 살아남아 흰 고래의 이야기를 들려줄 사람도 하나 없다. 멜빌은 자신의 불경한 문학이 지배자들이 쓴 역사의 공식적 '진실'에 대한 대안적 이야기를 제공할 것이라 보았다.

이제 사정이 달라졌다. 임박한 파국을 피하기 위해 시민 불복종에 참가할, 그럴 것이 틀림없는 사람들의 목소리는 결코 작지 않다.

그러므로 멜빌의 동포들이 사기꾼의 통치기간 중 밀어 닥칠 맹공을 버틸 수 있을지 궁금해질 때, 미국민 중 가장 훌륭한 사람들이 힘과 지혜를 찾아 권력자들이 그들의 말에 귀기울이도록 만들 수 있을지 자문해볼 때, 미래에는 과연 어떤 나라가 펼쳐질지 상상해보려 할 때, 나는 그 대답을 과거에서 온 우리의 위대한 우군, 영원한 우리의 멜빌에게 맡기고자 한다. "앞으로 뭔가 더한 것이 이 가장무도회를 뒤따를지도 모르는" 내일을 상상해본다면 『모비 딕』에서 따온 마법의 구절로 그 내일을 이렇게 묘사하고 싶다. "그것은 어느 지도에도 나오지 않아요. 진짜 장소는 절대 지도에 나오지를 않지요."

혹은 이편이 더 좋을지도. "결국은 이룰 만큼 이루겠지만, 모든 시도를 다 해보리."

무엇을
할 것인가

제4부

국토안보부가 내 연설문을 삼켰습니다*

친애하는 현대언어학회 회장님, 그리고 함께 연설하실 분들과 청중으로 참석하신 회원들께도 인사를 드립니다.

어젯밤 만찬에서 줄리아 크리스떼바 선생이 가족의 건강 문제로 오늘 이 학회장 주재 포럼에 참석하지 못할 것이라는 얘기를 들었습니다. 그분의 부재에 한편으론 애석한 마음이 들면서도, 제 연설문 대신에 그분의 연설문을 낭독함으로써 이 불행한 상황을 기회 삼아 망신을 모면할 수 있지 않을까 생각해보았노라 고백해야겠습니다. 하지

• 문제의 연설은 현대언어학회(MLA) 총회 프로그램의 일부였다. 곧 드러나게 될 이유로 이 연설을 한 날짜와 장소를 흔쾌히 밝힐 수가 없다. 연설은 나를 네명의 패널 중 한 사람으로 초청해준 현대언어학회 회장을 향한 것이었다.—원주

만 그 일은 벌써 다른 분께 부탁을 하셨다니, 저 자신으로서는 오늘 이 총회를 위해 준비했던 연설문을 그대로 전할 수 없게 되었다는 사실을 덮고 넘어갈 길이 없게 되었습니다. 어제 예상치 못한 사건이 벌어졌습니다. 예상치는 못했으나 아마 전조가 없었다고는 할 수 없을 일이지요. '저희 집 개가 제 숙제를 삼켜버렸어요' 식의 상투적인 변명이 아니라는 제 말을 믿어주셨으면 좋겠습니다. 청중 여러분 모두 대학교수로 계시니 이런 식의 변명은 틀림없이 많이 들어보셨겠지만요.

진짜로 무슨 일이 있었는지를 말씀드리지요.

어제, 정확히 오전 10시 31분, 라틴아메리카발 비행기로 마이애미 국제공항에 도착하자마자 국토안보부에서 나온 요원 두명이 '21세기 지식인의 역할'에 관한 제 연설 원고를 압수했습니다.

이 얘기를 듣고 있는 여러분은 미국에서는 그런 일이 일어날 리 없다고 생각할지도 모르겠습니다. 물론 여러분은 그런 의심을 할 권리가 충분합니다. 사실, 제 연설의 논지 중 하나가 바로 그것이었습니다. 우리에게는 의심할 권리만이 아니라 그래야 할 의무도 있다는 것이죠. 그리고 저항도 해야 합니다. 또 경계를 늦춰서도 안됩니다. 우리에게 허용되지 않는 유일한 권리는 침묵을 지킬 권리입니다.

너무 이야기를 앞질러갔군요.

요는, 비행기가 까라까스에서 이륙함과 거의 동시에 제 컴퓨터의 배터리가 다 닳아버렸다는 것입니다. 생각해보니 어쩌면 그게 그들이 절 막은 이유일지도 모르겠군요. 제가 고분고분하지도 않고 성가시고 혼란스러운 베네수엘라에서 왔다는 것 말입니다. 어쨌든, 저는 비행시간을 이용해 손으로 연설문을 쓰는 실수를 저질렀습니다. 15페이지 정도는 일단 착륙하고 나면 쉽게 컴퓨터로 옮길 수 있으리라 생각했던 것이지요. 그러나 역사란 이랬더라면 저랬더라면 하는 가정으로 가득한 법입니다. 예를 들어, 제가 컴퓨터가 뭔지도 몰랐던 보르헤스의 소설 속 인물 푸네스 엘 메모리오소* 처럼 완벽한 기억력을 가지고 있었더라면 어땠을까요? 그 사람들이 장담하기로는 임의검사라던 그 검사에 제가 뽑혀서 옆으로 좀 나와 서보라는 말을 듣지 않았더라면 어땠을까요? 또 그들이 제 가방을 열어젖히고 서류며 논문을 있는 대로 조사하는 꼴을 봐야 하는 상황이 없었더라면 어땠을까요? 만약 푸네스 엘 메모리오소가 국토안보부의 위압적인 요원 두 사람이 묻는 질문에 대답해야만 했다면, 그는 어떻게 했을까요? 그러나 그는 아마 현대언어학회에서 할 연설 원고를 그들이 채어갔다

• Funes el Memorioso, 보르헤스의 단편집 『픽션들』(*Ficciones*, 1944)에 실린 같은 제목의 단편에 등장하는 인물. 초인적인 기억력을 가지고 있어 '기억의 왕 푸네스'로 불린다.

고 해도 신경 쓰지 않았을 것 같습니다. 광활한 저장소와도 같은 자신의 기억 속으로 그저 들어갔다 나오는 것만으로도 연설문 정도는 너끈히 복원할 수 있었을 테니까요.

하지만 저는 다릅니다. 저는 제가 쓴 내용을 정확하고 세세하게 기억해낼 수가 없습니다. 게다가 현재 제 논평들을 출판하기로 되어 있는 잡지 『포제션』과 미국시민자유연맹(ACLU) 측의 법률자문과 협력작업 중인 제 변호사들이 단언하기를, 원고를 되찾으려면 밀고 당기는 사법절차에 적어도 5년은 걸릴 것이라고 하더군요. 그러니 이제 오늘 제게 주어진 이 시간에 뭘 해야 할 것인지 하는 난제가 남은 셈입니다. 크리스테바 작전은 수포로 돌아갔으니, 본론은 건너뛰고 어느 발표 자리에서나 모든 청중이 정말로 좋아하는 것, 즉 생생한 질의응답 시간을 가져볼까도 생각해보았습니다. 그러나 오늘 이 자리에 질문 시간은 따로 없는 것으로 되어 있는데다가, 제가 발표도 하지 않았는데 여러분이 어떻게 그에 대한 질문을 할 수 있겠습니까? 나보꼬프식으로 질문과 대답을 꾸며내는 방법도 생각해보았습니다만, 그냥 저와 그 요원들 사이에 벌어진 일을 그대로 전하는 것이 더 낫겠다 싶습니다. 벽에 걸린 도널드 J. 트럼프의 사진이 다소 불길하게 언짢은 표정으로 저를 내려다보던 그 방 안에서 벌어진 일 말입니다. 대화라고 부르기도 망설여지고 감히 심문이라 부르고 싶지도 않은 일이니, 그저 그들 손에 쥐여진 그 연설문에 대한 열띠고 솔직한 토론이었다고 해둡시다. 특히 신임 대통령과 이른바 테러와의 전쟁, 그리고 제가 "또다른 9월 11일"이라고 부른 2001년 9월 11일의 여파에 관한 토론이었다고 할까요.

아마 그것이 말썽의 시작이었던 모양입니다. "이른바"라니, 그게 무슨 뜻입니까? 그 요원들이 계속 묻더군요. 발표도 못하게 된 연설문의 도입부에 나오는 그 구절을 곱씹으면서요. 뉴욕에서 벌어진 테러공격에 초점을 맞출 때마다 멀고 외진 곳의 잊혀버린 1973년 9월 11일, 칠레가 군사쿠데타에 유린당한 그날과의 연관성을 생각하지 않을 수 없다고 했는데, 그건 무슨 의미입니까? 그러니까 그게, 칠레인들이 아옌데 정부의 전복에 미국이 했음 직한 역할에 대한 보상을, 어쩌면 복수를 구하고 있을지도 모른다는 의미입니까? 그들이, 아니 그중 키가 더 작고 살집이 있는 쪽이 이렇게 물었습니다. 40년 이상 원한을 품고 있다가 이제 모종의 공격행위를 계획하고 있는 것이냐, 도널드 J. 트럼프가 백악관을 차지하자 고개를 들려 하는 칠레의 잠복세력에 대해 뭐라도 아는 게 있느냐고요.

제 대답은 "아니오"였습니다. 복수에 관한 한 제 입장은 초지일관 그와는 정반대였다고 했지요. 우리 칠레인들은 희생자였다, 우리는 공격받았지만 우리에게 가해진 폭력에 대해 우리의 민주주의에 개입한 외세에 맞선 공세적 폭력으로 응수하지 않았다, 우리는 테러에 테러로 맞서지 않았고 우리를 공격한 자들을 모방하지 않았다는 것이 저의 설명이었습니다. 따라서 여기, 고난을 통해 성숙해지는, 고난을 통해 올바른 질문을 하고 비록 잠정적일지라도 어쩌면 올바른 해답에 도달할 수도 있다는 본보기가 있다고 말해주었지요. '잠정적'이라는 단어를 반복해서 말했습니다. 너무 밝은 조명으로 과열된 그 방 안에서 제가 매달릴 것이라고는 그것밖에 없다는 듯, 마치 구명정이라도 되는 듯이 말이죠.

그들이 꽤 열심히 제 말에 귀를 기울이는 것처럼 보이기에 그때 속으로 생각했습니다. 이것 봐라, 이 사람들이랑은 얘기가 되겠는데. 말을 잘 해서 이 상황을 돌파할 수도 있겠군. 그렇지, 내가 그러라고 있는 사람이지. 논쟁하고 이의를 제기하고 설득하는 사람, 이성과 과학적으로 증명된 사실을 믿는 사람. 충분한 경험과 지식이 없는 사람들을 납득시키는 것이야말로 우리 같은 사람의 쓸모가 아닌가. 그것이 진정한 지식인의 역할, 적어도 우리가 할 수 있는 역할의 하나가 아닌가. 우리 시대 지식인의 가장 어려운 과제는 이미 수전 손택을 찬탄하는 사람들에게 한번 더 손을 내미는 것이 아니라 그 대신에 「유명인사 견습생」*을 보는 어마어마한 시청자들과 종말론적인 『남겨진 사람들』 시리즈**를 읽는 6천 5백만 미국인들과 소통하는 것이라고, 지금 내 손에 없는 연설문 중 어느 구절엔가 쓰지 않았던가 하고요. 상당히 겸손하고 함부로 나서지도 않는 그 두 명의 안보부 요원들이 스스로를 TV 리얼리티쇼에 나올 만한 사람이라고 생각하는 것처럼 보였다거나 실은 휴거가 곧 닥쳐와 역사를 끝내고 불신하는 자들을 쓸어버릴 것이라고 믿는 것처럼 보였다는 얘기는 아닙니다. 다만, 따분해하는 여느 관료들과 마찬가지로 그들도 제일 큰 관심은 저의 방해로 즐기지 못하는 따뜻하고 푸짐한 점심식사에 있는 것처럼 보였습니다.

그럼에도 불구하고 저는 이것이 황금 같은 기회라는 것을 직감했습니다. 이것이야말로 이론이 아닌 진정한 실천이라고 생각했지요. 트럼프 시대에 바로 이런 일을 해야 한다고 좌파가 부르짖어오지 않았습니까? 민주·공화의 진영 구분을 넘어 손을 내미는 것 말입니다. 여기 두 명의 공무원이 있었습니다. 명예로운 말단 하위직에, 학술대회에서는 절대 목소리를 들어볼 수 없는 사람들입니다. 그리고 그들은 제 연설문을 한번도 아니고 두번이나 읽었고, 게다

• Celebrity Apprentice, 미국 NBC에서 방영된 리얼리티쇼 「견습생」의 유명인사 버전. 15면 주 참조.

•• Left Behind, 1995~2007년 총 16권으로 출간된 팀 러헤이어(Tim LaHaye)와 제리 젠킨스(Jerry B. Jenkins)의 종교소설 시리즈. 심판의 날과 휴거를 소재로 한 장편소설이다.

가 저와 저의 견해를 철저하게 따져볼 용의가 있는 것처럼 보였습니다. 이게 바로 질의응답이 아니고 무엇이겠습니까! 잠정적이라는 말을 이미 언급했겠다, 그것이 압류된 제 연설문의 핵심이었다는 생각도 다시 떠오르기에, 저는 곧바로 그 주제로 들어가야겠다고 마음먹었습니다. 지금 이 순간의 역사에서는 조심스럽게 미묘한 차이를 존중하는 것이 결정적으로 중요하며, 불확실성과 모호성, 철학적 불복종이 필요하다는 것을 저를 지키고 있는 그 사람들에게 납득시킬 수 있을지 한번 알아보기로 한 것입니다. 지금은 공인된 거짓말들이 마치 사실인 양 쏟아지고 사실은 그것과는 다른 대안적 사실이 있는 것처럼 취급되며 진짜 뉴스를 무시하는 방법으로 가짜 뉴스가 양산되는 시대이기 때문이라며 제 얘기를 들려주었죠. 따라서 더 중요한 것은 겸허한 우리 자신을 상대편에게 보여주는 일이다, 안전한 자기만족 뒤에 숨을 것이 아니라 우리 자신의 회의조차 불확실하다는 사실을 받아들이는 것이다. 그 주제에 열이 올라 저는 계속 말을 이었습니다.

그때 가만히 있던 다른 친구가 제 말을 끊었습니다. "좋아요, 좋습니다. 무슨 말인지 알겠어요." 키가 더 크고 약간 호리호리한 편에 더 학구적인 외모를 지닌 그는 뜨로쯔끼풍의 안경을 코에 걸치고 있었습니다. 그들이 착한 경찰대 못된 경찰 식의 진부한 게임은 이제 그만하라는 얘기를 들은 것이 아닌가, 그 대신 학구적인 경찰 대 무식한 경찰, 모범생 대 양아치 역할을 맡으라는 지시를 받은 것은 아닌가 하는 생각도 해보았습니다. 어쩌면 그들은 학구적 성향과 포스트모던한 경향을 지닌 수상한 외국인을 솎아내도록 특수훈련을 받은 팀일지도 모르는 일이었습니다. 어쩌면 우리가 낸 수십억 달러의 세금이 그런 데에 들어갔을지도, 어쩌면 그들도 알 만큼은 충분히 알아서 제가 해를 끼칠 사람이 전혀 아니라는 것을 깨닫고 그 정도로 무해하다면 연설문을 돌려주어도 되지 않을까 생각했을지도 모를 일입니다. 잠깐, 지금 내가 정말로 원하는 것이 그렇게 해를 끼치지 않을 사람으로 보이는 것인가? 그건 나 자신의 무력함을 수긍하는 길이 아닌가? 앤 콜터나 스티브 배넌이 반엘리트주의 장광설을 폭포처럼 쏟아부어도 개의치 않고 써온 글과 펼쳐온 주장, 그 모든 것이 실은 별로 중요한 게 못됨을 인정하는 것이 아닌가? 현대언어학회가 전부 나서서 뭘 하든 안하든 그것도 실은 중요하지 않다는 것인가? 전형적인 쁘띠부르주아식 고민이었지요. 위험한 세력으로 박해받기를 원하는가, 아니면 아무도 건드리지 않을 초연한 존재가 되기를 원하는가? 우리도 어느 공동체의 일원인가, 아니면 독립적인 견해만 먹고 사는가?

똑똑해 보이는 쪽 요원은 제가 이런 딜레마에 대해 길게 숙고하도록 내버려두지 않았습니다.

"우린 전쟁 중입니다." 그가 말했지요. "선생도 전쟁이 어떤 건지는 아실 겁니다. 당신의 이 연설문에 따르면 당신도 한때는 독재자를 내쫓기 위해 생사를 건 투쟁을 했다지요. 그 와중에 있을 때에도 모호성과 잠정성과 미묘한 차이 같은 것에 그렇게 열심이셨을 것 같지는 않은데요. 아우구스또 뭔지 하는 그 장군은 나쁜 편, 당신은 좋은 편, 당시에는 이런 완강한 입장을 채택했던 것 아닙니까? 아니면 그때도 이럴 수도 있고 저럴 수도 있다, 또는 뭔가 다른 걸 수도 있다는 식으로 근사한 지적 모호성에 전념하셨던가요? 아옌데 시절 적들의 포위공격을 받을 때도 그랬습니까?"

그의 말에도 일리가 있었습니다. 이번 판은 캔자스 억양을 쓰는 이 국토안보부 요원이 이겼다는 것을 인정할 수밖에 없었지요. 저는 그의 페어플레이 정신에 호소해보았습니다.

"그런 문제에는 쉽게 답할 수가 없는 법이지요." 제가 말했습니다. "내게 몇분만 얘기할 시간을 주면…." 그 키 큰 요원이 반대하는 것 같지 않기에, 저는 바로 얘기를 시작했습니다. 예의를 차릴 뜻이라곤 전혀 없이 의자에 퍼질러앉아 이를 쑤시고 있는 그의 파트너는 무시하려고 애쓰면서 말이지요. 그런데 지금 이를 쑤시고 있는 저것이 혹시, 으음, 설마 성냥개비인가? "그런 시기가 있지요." 이렇게 말을 잇는데, 마이애미 공항의 그 창문 없는 방 안에서는 그 말들이 왠지 조금 공허하고 작위적으로 들렸습니다. 선언문은 피하기로 맹세하지 않았던가? 설교조의 것은 무엇이든 경계해야 한다고 바로 그 연설문에 쓰지 않았던가? 그러나 이미 말의 둑이 터져버린 터라 그 길로 쭉 내달릴 밖에 다른 도리가 없었습니다. "모든 사람이 시험을 받는 그런 시기가 있습니다. 국가적 비상시기나 더 나아가서는 세계적 비상시기로, 그럴 때는 모두 생사가 위태위태하다고 느낍니다. 그들의 삶, 그들이 믿는 바, 우리 지구의 운명, 모든 것이 위태롭다고요."

"뭐라고요?" 건장한 요원이 불쑥 끼어들었습니다. 내 말 한마디 한마디를 마치 또 하나의 성냥개비를 씹듯 잘근잘근 씹으면서요. "지구온난화를 믿는다는 겁니까, 지금? 우리가 산업성장을 멈춘 다음 자기들이 일인자가 되려고 중국인들이 지어낸 그 속임수에 넘어간 사람이 여기 또 있었군그래."

"이봐, 이분 생각을 끝까지 들어보자고." 그의 동료가 말했습니다. "우리가 기후변화를 따지자고 여기 있는 게 아니잖아. 그의 연설문을 수정할 필요가 있는지, 그걸 결정하는 게 우리 일이야. 그의 말을 샅샅이 조사해보고 그게 우리 국가안보에 모종의 위험을 제기하는지 아닌지 파악하는 것, 안 그래? 그런데 그렇게 말을 막으면 우리 일을 할 수가 없잖아, 안 그래? 자, 제 의견과도 우연히 일치하고 우리 대통령도 믿고 있는 뭔가에 대해 말씀하시던 중이었지요. 우리 역사에 어떤 위험한 순간들이 있다고….”

“그렇소.” 저는 다시 고삐를 죄었습니다. “그리고 그런 순간에 누구보다 더 흔들리는 것은 지식인들입니다. 불화와 혼란의 시기가 오면 갑자기, 제대로 사유하는 것이 이전 어느 때보다 더 중요하게 보이기 때문이지요. 우리가 직면한 위기의 본질을 이해하는 것이 그 위기를 끝내는 데에 진정으로 중요한 역할을 할 수도 있습니다. 그런 이해 작업을 우리 동료 시민들에게 전달할 전략을 찾는 것 이상으로 더 중요한 일은 없을지도 모릅니다. 당신들 나라의 역사에도 그런 순간들이 있었죠.” 저는 그 두명의 국토안보부 요원들을 향해 말했습니다. “이곳 미국도 남북전쟁 직전과 대공황 시기, 그리고 1960년대에 그런 순간들을 거쳤죠. 막대한 혼란이 밀어닥치자 많은 예술가와 지식인 들이 사활이 걸린 당대의 문제들과 씨름하고 그 문제들에 참여해야겠다고 느끼던 때였습니다. 지금 우리도 그런 순간에 들어와 있습니다. 무엇을 할 것인가 하는 문제에 대해서는 두분이 내 의견에 동의하지 않을지 몰라도, 적어도 우리 공화국이 명백하고 현존하는 위험을 마주하고 있다는 것에 대해서는 우리 사이에 이견이 없지 않습니까?”

“그러는 선생은 어찌 그리 특별하십니까?” 건장한 친구가 물었습니다. "어떻게 그 해답을 알게 되셨소?"

"아니오. 나도 해답이 뭔지는 전혀 알 도리가 없어요. 다만 아시다시피, 그 해답을 얻기 위해 오랫동안 분투해온 경험을 좀 갖게 되었을 뿐이지요. 그리고 내가 과거에 겪은 그 순간들이 뭔가 본보기가 되기를, 우리가 현재 처해 있는 이 곤경에서 우리를 위한 일종의 지침 역할을 해주기를, 지식인의 역할을 규정하는 데에 이용될 수 있기를 희망해왔습니다. 당신들이 불법적으로 빼앗아간 그 연설문에 다 나오는 얘깁니다."

"이보세요, 교수님. 제가 교수님이라고 불러도 괜찮겠지요?"

"지금은 은퇴해서 물러난 몸이지만 교수든 뭐든 원하는 대로 부르시오."

"물러나신 것처럼 보이진 않습니다. 뭔가에 매여 있으신 것처럼 보이는데요. 어쨌든 교수님, 은퇴를 하신 거든 아니든, 우리에게 문구 하나로 말해주십시오. 요점만 따서요. 동료 시민들한테 전달하는 게 그렇게 중요하다면서요. 한 문장으로, 21세기 지식인의 역할은 무엇입니까? 21개 단어 이하로 부탁드립니다, 교수님. 한 세기당 한 단어예요."

그러자 똑똑해 보이는 다른 친구가 덧붙였습니다. "역사에 관심 많으시지요? 아이크, 그러니까 아이젠하워 대통령이 지식인을 뭐라고 불렀는지 아실 겁니다. 필요한 것보다 더 많은 말을 사용해서 아는 것보다 더 많은 얘기를 하는 사람이라고 했지요. 그러니 21단어 이하로 말씀해보시죠. 지나치게 장황하게 하시지만 않는다면, 혹시 압니까, 보내드릴지?"

저는 심호흡을 크게 한번 하고 말문을 열었습니다. 명쾌한 정의는 없을 수도 있다, 지식인의 역할이 하나만 있다는 듯이 바로 이것뿐이라고 말하는 것은 틀릴 수도 있다고요. 오히려 지식인의 활동에는 서로 다른 여러 층위가 있고 종종 상충하는 선택지가 모여 있는 법이라는 얘기도 했습니다. 왜냐하면 지식인들은 그들이 처한 역사적 상황에 따라, 에드워드 싸이드가 이미 밝힌 대로, 상이하게 대응할 수도 있기 때문이라는 것이었죠. 그들을 상대로 그런 얘기를 했습니다.

그리고 거기서 말을 멈추었습니다. 싸이드를 인용하는 것이 현명한 일일까 확신이 서지 않았거든요. 싸이드 얘기를 하면 아마 그들은, 그럴 가능성은 없어 보였지만 만에 하나 그를 알고 있다고 하더라도, 그가 기독교인이 아니라 무슬림이라고 생각하겠지요. 혹시 싸이드가 팔레스타인에서 태어났다는 사실을 알고 네타냐후에 관한 제 견해를 물어올지도 모르고, 어쩌면 거기서 이란에 대한 얘기, 제가 미국공영라디오*에 나가서 루미**에 대한 애정을 열정적으로 표현한 일에 대한 얘기로 넘어갈지도 모르는 일이었습니다. 그 사람들이 저에 대해 어떤 자료를 모아놓았을지 누가 알겠습니까? 어쨌든 저는 이미 주어진 21단어라는 할당량을 훌쩍 넘어섰고 이런 추세로 나가다가는 곧 21,000단어로도 모자랄 판이었습니다. 그들에게 제가 무슨 말을 하는지 헤아릴 마음이 있었을까요? 그들은 제가 하는 말, 제가 온 곳으로부터 천리만리 떨어져 있었고 우리 사이의 간극은 제가 한마디 한마디 내뱉을 때마다 점점 더 벌어지고 있었습니다.

살바도르 아옌데의 혁명적 칠레에서 생생하게 살아나 순식간에 피어오르는 삶을 느낀다는 것이 어떤 의미였는지를 어떻게 하나의 문구로 표현할 수 있을까요? 그때는 나라의 하층계급도 스스로를 표현하기 위해, 자기 운명의 주인이 되기 위해 분투하던 때였고, 주변의 모든 것들이 터져나와 우리 역사상 전면에 나설 기회를 한번도 부여받지 못했던 언어와 색깔과 사상을 찾고자 하던 때였는데요. 바로 지금 2017년에 맞이한 현재의 순간도, 비록 혁명적인 것과는 거리가 멀지만 에너지와 희망이 넘치는 시기다, 이

• National Public Radio(NPR), 1971년 비영리조합 형태로 설립되어 인터넷 라디오 서비스를 주로 하는 미국의 공영방송.

•• Rūmī Jalāl ad-Dīn ar(1207~73), 페르시아의 신비주의 시인이자 신학자. 그의 시는 주로 페르시아어로 쓰였으나 현대에 이르기까지 이슬람문화권을 넘어 세계적으로 널리 읽히고 있다.

미 폭력적이었던 과거의 그 누구보다 더 전제적이고 제왕적인 '최고 양아치'가 불러일으킨 저항이 널리 퍼져나가고 있다, 그렇게 많은 운동, 그렇게 많은 대의명분, 미처 예견하지 못했던 허리케인이자 태풍 같은 그렇게 많은 사람들, 당신들 두 요원의 이웃들까지 포함되어 있을지도 모를 그 많은 사람들이 새로운 언어를 찾기 위해 분투하면서 정치라는 고리타분한 구속을 찢어버리고 있다고 만약에 제가 말했더라면, 그 요원들은 어떻게 받아들였을까요? 다시 꿈꾸는 법을 배우는 것이 중요한 문제라고 말했다면 또 어땠을까요? 제가 지식인들은 다시 꿈꾸는 법을 배워야만 한다고 주장했다면 그 요원들이 무어라 말했을까요? 그러나 만약 제가 그런 얘기를 했더라면, 그 꿈들이 궤도를 이탈해 제멋대로 날아다니게 내버려두지 않도록 조심해야 한다는 얘기도 덧붙여야 했을 것입니다. 그 꿈들이 정밀한 감시를 벗어나지 않게 할 필요가 있다는 것, 열정에 대한 비판은 열정 그 자체만큼이나 중요하다는 것, 제가 그동안 배운 것이 있다면 바로 이것이며 또 이것이 장차 쓸모 있어지리라는 얘기도 덧붙여야 했겠지요. 패배에서도 배울 게 있는 법이니까요. 그러고 보면 1990년 칠레에 민주주의가 돌아왔을 때에도 우리는 승리로부터 무언가를 배웠습니다. 그 민감한 순간에도, 우리가 괜한 풍파를 일으키고 너무 꼬치꼬치 따지고 든다면 군부가 다시 돌아와 권력을 잡을 것이라고 위협하던 그때 그 위험한 순간에도, 아니 그 순간이기 때문에 더더욱, 우리가 누구인지, 어디로 가고 있는지, 또 왜 그곳으로 가려 하는지를 가열하게 묻는 것이 중차대했습니다. 특히 승리의 순간에 스스로의 한계를 넘어서는 것이 그만큼이나, 다른 사정을 돌아볼 여지 없이 중요했습니다. 그러나 제 모든 경험 중에서 가장 값진, 이 위험한 21세기에 가장 유효할 경험은 1973년의 쿠데타 이후 우리에게 일어난 일이었습니다. 그 긴박한 상황이 더더욱 긴박했던 것은 우리 쪽의 대비가 없었기 때문, 앞으로 닥칠 일에 대한 준비가 되어 있지 않았기 때문이었습니다. 칠레의 엘리트와 칠레 국민 대부분은 이전에는 그렇게 지독한 독재의 그늘 아래서 살아본 적이 한번도 없었습니다. 1973년 9월 10일에는 자유롭게 자신을 표현할 수 있었고 손안에 책과 신문과 TV 방송국과 거리를 가지고 있던 우리가, 9월 12일이 되자 색출당하고 체포되었으며 처형당하고 고문받고 추방되고 활동을 금지당했습니다. 물론 처음에는 생존하는 것이 중요했습니다. 그러나 생존만으로는 충분치 않았습니다. 그냥 당하고 참는 것을 넘어 세상을 바꾸기를 바란다면 생존하는 것만으로 만족할 수는 없었습니다. 그후 여러 해 동안 지식인들은 많은 활동에 참여하지 않을 수 없었습니다. 때로는 비판하고 정보를 제공하는 일, 기억상실과 싸우거나 가능한 한 단순하게 진실을 전달하는 일에 그치는 경우도 있었습니다. 한마디의 진실한 말은 만마디의 거짓말만큼 가치가 있기 때문에, 우리는 한마디 진실한 말이 백만마디 거짓말보다 더 가치 있다는 것을 믿어야만 합니다. 이것이 오늘 2017년에, 그리고 내일도 우리가 기억해야 할 점입니다.

물론 내일이란 지구와 우리 인류가 살아남을 경우의 얘기겠지만요.

그러나 저는 낙관적인 태도로 우리가 망명과 비밀활동, 저항의 시기를 사는 동안 해낸 다른 일들을 떠올려보아야 했습니다. 예컨대 증언작업이 있었습니다. 여러 이야기와 목소리 들이 자라날 수 있도록 공간을 제공하는 일이지요. 그리고 분석도 했습니다. 우리가 처한 그 새로운 상황을 이해하기 위해 끊임없이 애썼습니다. 또한 언어를 돌아보았습니다. 무엇보다도 먼저 오염된 단어들, 권력에 의해 본뜻을 잃고 오용되고 악용된 단어들을 돌아보았습니다. 우리 아이들이 자유로운 땅에서 자유로이 말할 수 있게 하려면 그 단어들을 돌보고 치유하고 구해내야만 했습니다. 혼돈의 와중에도 올바른 어휘들을 전달해야만 했습니다. 허위와 비루함과 두려움의 맹공을 이기고 무언가를 살려내기 위해서는 말입니다. 그래요, 두려움이 있었네요. 두려워하지 않기, 그것이 그 문구일 수도 있었습니다. 제가 그 두명의 국토안보부 요원에게 제공할 단순한 문장일 수 있었지요.

그러나 그들이 이해했을까요? 두려움은 무슨 두려움이 냐며 그들은 코웃음을 쳤을 것입니다. 두렵다고요? 우리가 임의로 당신을 잡아세워서 당신의 멍청한 연설문을 두번 읽고 당신에게 절차상의 질문을 몇개 했다고 해서요? 여기가 1973년의 칠레 같은 줄 아십니까? 여기 우리 미국인들도 독재에 대해 뭘 좀 배워야겠다고 생각하시죠? 우리랑 얘기만 몇마디 나누고 나면 언제든지 자유롭게 떠날 수 있고, 쪼르르 달려가서 현대언어학회(MLA)인가 PMLA인가 MLAPK인가, 아니면 무슬림 해방동맹(MLA)인가 뭔가 하는 데서 연설을 할 수 있는데도요.

그리고 저는 여기서 칠레와 미국의 유사성에 대해 얘기하기 시작하면 이 토론이 정말로 엉켜버릴 것임을 알았습니다. 2001년 9월 11일이라는 늪으로부터 스멀스멀 기어나오는 그 진저리나는 절차들, 우리 앞에 놓인 위협, 그 모든 현재의 상황이 슬프게도 제게는 너무나 낯익다는 점을 설명해야 했을 것입니다. 용의자 인도, 고문, 도청, 실종까지도—이 미국땅 안에서 실종이라니요!—또 제왕적 대통령, 비밀주의와 부패, 비겁하게 굴종하는 언론, 선제적 폭력에 대한 공허한 정당화, 거짓말들, 사고의 단순화, 담론의 퇴화, 사회의 군국주의화, 그리고 두려움, 예, 그 두려움까지 말입니다.

그리고 그 모든 것이, 오바마가 있었음에도 불구하고, 어쩌면 오바마가 있었기 때문에, 그를 하나의 위협으로 인지하고 그에 대한 반동으로 결국은 트럼프를 불러왔다는 것도 얘기해야 했을 것입니다. 그러면 그 모범생 요원은 미묘한 차이를 약속하던 사람이 그런 식으로 단순화해도 되는 것이냐며 저를 보고 히죽거렸겠지요. 정말로 트럼프가 삐노체뜨와 맞먹을 만큼 경찰국가를 만들려 한다고 비난할 수가 있겠냐면서, 명백한 역사적 차이점은 살펴보지도 않고 파시스트처럼 아무렇게나 말을 던질 셈이냐고 물었겠지요.

그러면 저는, 사실 우리가 아직 경찰국가에 살고 있는 것은 아니다, 아직은 그렇지 않다고 인정해야만 했을 겁니다. 그러나 칠레를 좀먹은 것과 동일한 국가안보라는 원칙이 공적 공간, 공적 토론의 구석구석까지 장악하고 있다는 사실, 정말로 충격적인 공격, 단 한 차례의 거대한 테러행위만으로도 지형 자체가 훨씬 더 극심하게 변화하고 민주주의가 무너질 수도 있다는 사실을 누가 부인할 수 있겠느냐고 되묻기도 했을 것입니다. 그리고 그때가 되면, 맞습니다, 어렵지 않게 제가 이 방에 다시 들어오게 될 수도 있고, 다음번엔 빠져나가기가 이번처럼 쉽지 않을 수도, 다음번엔 격의 없는 대화로 끝나지 않을 수도 있다는 점을 지적했겠지요. 여기서도 그런 일이 일어날 수 있다, 어느 곳에서든 그런 일은 일어날 수 있다고 얘기해야만 했겠지만, 그런 말을 하지는 않았습니다. 우리 칠레 사람들이 억압과 공포와 실종을 겪은 긴 세월 동안 그 나름 가치 있는 교훈을 얻었다는 것, 불안정한 상황에 처한 세계 여러 나라의 수많은 다른 이들도 그런 발견을 해왔다는 말도 하지 않았습니다. 지금은 특히나 시간과 공간과 문화적 차이를 뛰어넘는 사고와 경험의 교환이 요구되기 시기라는 얘기도, 지금은 외진 곳의 지식인들이 어떻게 그들의 잊혀버린 땅에 닥친 파국을 극복하기 위해 노력해왔는지를 살펴볼 시기라는 얘기도, 또 지금은 우리가 어떻게 생각을 일구어 그 파국에서 빠져나오는 데에 성공했는지를 기억할 시기라는 얘기도 하지 않았습니다.

생각을 일구어 파국에서 빠져나온다.

이 정도면 꽤 괜찮은 문구겠다 싶었습니다. 이것이야말로 이런 투쟁의 시대에, 역경 가득한 현시점에서 더 많은 재난이 닥쳐올 미래를 전망하는 지식인을 규정하는 정확한 표현이 아니겠습니까? 이 21세기에 우리의 재능, 우리의 지식, 우리의 상상력, 우리의 지성을 활용할 최선의 방법이 바로 이것 아니겠습니까?

그래서 저는 그들에게 이 문구를 전달했습니다. "지금부터 21단어 이하로 얘기해보지요. 세어보시오. '우리는 지금 파국의 시대를 살고 있고 거기서 빠져나오기 위해 생각을 일굴 방법, 그 파국에서 벗어나기 위해 생각을 일굴 방법을 찾아야 한다.'"

똑똑한 쪽 친구가 입술을 오므리고 단어 수를 세더니 고개를 끄덕였습니다. 그의 동료가 의자에서 일어나더군요.

"좋아요, 그럼 가서 그렇게 하세요, 교수님. 가서 생각을 일궈보세요. 하지만 이 연설문은 필요없겠군요. 여기엔 어떻게 그 일을 해낼지, 어떻게 파국에서 빠져나올 생각을 일굴지에 대한 설명이 없으니까 말입니다. 그러니 이건 그냥 우리가 가지고 있고 당신은 현대언어학회의 당신 친구들한테 할 뭐 다른 얘깃거리를 찾아보시죠. 호의라고, 이 토론에 우리 나름으로 도움을 드린 거라고 생각하세요. 어떻습니까?"

저는 자리를 뜨기 위해 일어서서 소지품을 챙겼습니다. 그들은 돕지 않고 보고만 있었습니다.

"더 할 얘기가 있소?" 제가 물었습니다.

"제 질문에는 답을 안하셨는데요." 범생이 타입의 요원이 말했습니다. 그의 안경이 반짝이더군요. "전쟁을 수행하면서 대의에 복무하려 애쓰는 동안에도 모호성과 잠정성을 유지해야 한다는 문제 말입니다."

"아, 그렇군요." 제가 말했습니다. "그것이 긴장을 가져오는 가장 큰 원인이지요. 지식인들에게뿐 아니라 모든 시민에게도 마찬가지입니다. 자기가 믿는 것을 위해 싸우면서 그와 동시에 비판의식을 유지하고 자기 자신의 동기, 자기 자신의 입장을 의심해보는 일, 철저하게 복합적인 시각을 견지하는 일, 그건 어려운 일입니다. 언제나 그랬지요. 집이 불타고 있는데도 그 상황을 초월해 생각한다는 것, 골치 아픈 일일 수밖에요."

나가려고 돌아섰습니다.

등 뒤에서 다부진 친구의 목소리가 들렸습니다. 그동안 제가 하는 말에 최소한의 관심도 보인 적이 없었고 그러는 척해볼 마음조차 없는 것 같던 그 요원이었습니다. "한가지 더요." 그 목소리가 말했습니다. 저는 이번에는 그를 향해 몸을 돌렸습니다. "제 생각은 어떤지 아세요?" 그가 말했습니다. "제 생각에 당신네들은 너무 심각해요. 모든 걸너무 심각하게만 받아들인다고요. 사람들이 도대체 무슨 말인지 모를 당신 얘기를 이해해주길 원합니까? 그럼 시험 삼아 유머를 한번 써보시는 게 좋을 겁니다. 어때요?"

그가 저를 쳐다보았습니다. 제 얼굴을 기억하려 애쓰는 듯이 말입니다. 제가 그의 얼굴을 잊지 않으리라는 것은 확실했지요.

"생각해보겠소." 제가 말했습니다. "그 문제를 정말 생각해봐야만 할 것 같군요."

*

후기가 불가피해졌다.

앞에서 한 모든 얘기는 당연하게도 완전히 꾸며낸 것이다. 현대언어학회 청중을 상대로 한 연설 내내, 지식인으로서 우리가 혼란한 시대를 살아간다는 것의 모순을 예시하려 시도하면서 그 작업이 농반진반으로 이루어져 있다는 단서를 곳곳에 심어놓았다. 내 이야기를 허황하기 그지없는 수준까지 밀어붙이면서 속임수와 가짜 원고의 대가들인 호르헤 루이스 보르헤스와 블라지미르 나보꼬프를 언급하기도 했다.

그 모든 것이 나 자신을 비롯해 학계 동료 같은 지식인들의 자만을 넌지시 조롱하는 하나의 방법이었다. 거창한 내 주장이 그 두명의 요원들을 설득하지도 못했고 그중 한명은 이미 확신하고 있는 사람이 아닌 누군가를 설득하려면 "유머를 한번 써보라"라고 충고까지 하는 장면을 넣은 것은 그런 이유에서였다.

그래서 내가 만들어낸 등장인물의 충고를 따라 거기 모인 교수들에게 그 이야기를 들려준 것이다.

그러나 나는 곧 몇몇이 내가 문학적으로 지어낸 이 별난 이야기를 심각하게, 아주 심각하게 받아들이고 있다는 사실을 알게 되었다. 어떤 교수는 나중에 나를 불러세워서

242 제4부 무엇을 할 것인가

는 왜 그 요원들이 구글에서 내 이름을 검색해 내가 진짜
로 위험한 사람인지 알아보려 하지 않았느냐며 의문을 표
했다. 또다른 교수는 내가 컴퓨터를 압수당했는지 알고 싶
어 했다. "그 짐승들"이 나를 거칠게 몰아세웠는지 묻는 사
람들도 여럿 있었다. 이전에 가르쳤던 제자 한명은 『워싱
턴포스트』에 내가 그런 취급을 받은 것에 항의하는 편지를
보내겠다고 했다. 오후 세션에서는 어떤 대학원생이 내 이
야기 때문에 두려움이 차오른다고 고백했다. 나 같은 사람
도 그런 식으로 억류하고 심문하는데 자기같이 평범한 사
람들이 미국에 들어올 때 무슨 일이 일어날지 어떻게 알겠
느냐는 것이었다.

국토안보부 요원들에게 구금당했던 내용으로 내가 지
어낸 이야기가 그렇게 많은 동료들의 머릿속에서 들끓고
있던 환상의 고삐를 풀고 그 깊숙이까지 가닿았다는 생각
이 그제야 떠올랐다. 그들 중 당장 꾸바의 관따나모만으로
보내지는 사람이 있으리라고는 생각되지 않는다. 그리고
내가 만들어낸 허구의 요원들이 미국이 경찰국가가 되기
직전의 상황에 있다고 그들을 설득하려는 내게 지적했듯
이, 내가 현대언어학회 총회에서 하고 싶은 말은 무엇이든
자유롭게 할 수 있었던 것도 사실이다.

그러나 나의 이야기가 우리 안 깊은 곳에 있는 피해망상
을 건드렸다는 점도 부인할 수 없을 것이다. 완전히 이성

적인 사람들이, 문학해석과 아이러니를 읽는 독서의 전문가인 사람들이 내 말을 믿었다면, 그것은 내가 가짜로 지어낸 그런 경험이 자기들에게 닥칠 가능성을 이미 그들이 상상해본 적이 있기 때문일 것이다. 현대언어학회 총회에서도 또 그후에도, 내 친구와 동료 중에서 나의 그 과장된 이야기를 완전히 터무니없는 것이라 제쳐놓는 이는 아무도 없었다. 내가 학식 풍부한 청중의 이런 순진함을 한탄하자 돌아오는 반응은 한결같았다. 순진한 쪽은 나라는 것이었다.

그들 말이 맞을지도 모른다. 아무런 혐의 없는 시민을 무한정 구류할 수 있고 정부기관이 영장 없이 내국인의 해외통화를 감시하며 부통령이라는 자가 테러리스트로 추정되는 사람들에게는 고문을 사용해도 좋다고 하는 나라, 대통령이라는 사람이 거짓 구실을 대고 다른 나라를 침략하는 나라에서는, 내가 꾸며낸 이야기가 너무나 무서울 정도로 그럴듯해 보였던 것이다.

내 이야기의 슬픈 진실은 그것이 바로 9·11로 야기된 불안과 공포, 그리고 그 여파에서 나왔다는 것이다. 우리는 아직도 그 여파 속에 살고 있으며, 그로 인해 트럼프 같은 독재자가 선출되었다. 그날 이전이었다면 이런 이야기를 꾸며내는 것을 생각조차 하지 않았을 것이다. 대부분의 미국인들이 내가 무슨 이야기를 하는지 이해하지 못했을 테니까. 농담도 통하지 않았을 것이다.

더 슬픈 진실은, 내 이야기의 에필로그도 상상이 간다는 것이다.

어느날 미합중국이 훨씬 치명적인 테러공격을 받는다.

그런 날이 왔을 때 누군가가 내 집 문을 두드리지 않을 것이라고, 한명은 큰 키에 호리호리하고 한명은 작은 키에 다부진 두 남자가 찾아와 내게 테러와의 전쟁을 벌이고 있는 그들의 노력에 대해 거짓말을 퍼뜨리고 다닌 것을 기억하는지 묻지 않을 것이라고 자신있게 말할 수 있을까? 그 다음에는 그들이 같이 좀 가줘야겠다고, 그냥 몇시간 정도 통상적인 질문을 위해 그래줘야겠다고 요구하지 않으리라 말할 수 있을까?

좌파 나라의 앨리스

춤을 출 거야, 말 거야?

"이런 쯧쯧, 애야!" 공작부인이 말했다. "모든 일에는
교훈이 있는 법이란다. 찾을 수만 있다면 말이야."

—『이상한 나라의 앨리스』

1865년 『이상한 나라의 앨리스』 초판이 발행된 곳으로
부터 멀지 않은 곳에서, 그 책이 세상에 나오고 몇달 지나
지 않은 때에, 한 어린 소녀가 아버지의 발치에 앉아 열심
히 그 책을 읽고 있었다. 그때 그 아버지는 런던의 자기 서
재에서 완전히 다른 종류의 책, 세상을 뒤집어놓을 책을
집필 중이었다. 딸의 이름은 엘리너였는데, 가족들 사이에
서는 투시라고 불렸다. 그 아이의 아버지는 다름 아닌 카
를 맑스로, 좋지 않은 형편에서 『자본』을 쓰느라 고군분투

중이었다. 끝 모를 빚을 진 상태로 빚쟁이들이 줄지어 문을 두드려대고 "전당포가 아니면 막막한" 살림살이인 것을 그가 후원자인 프리드리히 엥겔스에게 보낸 편지에서 고백한 것이 그해 7월 말이었다. 아마 바로 그 순간에도 투시는 루이스 캐럴의 걸작을 읽고 있었을 것이다.

맑스가 막내딸 엘리너를 얼마나 사랑했는지를 생각하면(그는 "투시가 바로 나"라고 공언한 적도 있다), 이후 150년간의 중요한 혁명 대부분을 불러일으킨 이 사람이 자기 딸을 그렇게나 사로잡은 어린이용 고전을 읽었다고 해도 놀랄 일은 아니다. 그 격변의 세월에 선두에 서고 몸을 던지고 고통받은 사람들 중 많은 이들이 『이상한 나라의 앨리스』를 즐겨 읽었을 가능성도 대단히 높다. 이 책은 어쨌든 유별난 인기를(이 인기를 능가하는 것은 셰익스피어와 성서밖에 없다는 얘기가 있을 정도로) 누렸기 때문이다. 그 생각을 할수록 더욱 안타까운 사실은, 이후 한 세기 반 동안 등장한 급진주의자와 혁명가 들이 그들을 정의와 평화와 자유의 추구에 나서도록 추동할 수도 있었을 이 책에 숨어 있는 몇가지 교훈에 주의를 기울이지 않았다는 것이다. 그들은 그 많은 함정과 실수와 패배를 피하도록 도와주었을지도 모를, 낙원이 아니라 재난으로 귀결된 다수의 미친 티파티에 초대받았을 때 그것을 거절하라고 경고해주었을 보석 같은 통찰에 주의를 기울이지 않았다.

그 게임이 너무나 혼란스러워서 그녀는 자기 차례인
지 아닌지도 전혀 알 수 없었다.

나는 이전에도 여러번 루이스 캐럴의 책을 읽은 적이 있
다. 아이였을 때도 읽었고, 내 아이들에게 읽어주기도 했
으며, 최근에는 그저 그 중구난방의 재치를 즐길 요량으로
아내 앙헬리까와 함께 읽기도 했다. 그러나 150년 동안 이
어진 더 나은 세상을 향한 투쟁의 시각을 렌즈 삼아 다시
한번 그 토끼굴 속으로 뛰어드는 것은 놀랍도록 눈앞이 환
해지고 종종 심란해지는 경험이었다. 온갖 잡다한 구절과
상황이 나 자신 50년이 넘는 세월을 거치면서 겪어온 진보
적 활동과 투신의 경험을 떠올리게 했다.
　나도 수많은 빛나는 동지들과 함께 "분주하게 (흰 장미
를) 붉은색으로 칠하며" 셀 수 없이 많은 시간을 보내지 않
았던가. 우리도 우리 테이블에 앉고 싶어 하는 사람들에게
사실 "자리가 충분"한데도 습관적으로 "자리가 없어! 자리
가 없다니까!" 하고 소리 지르지 않았던가. 슬프게도 이런
소리가 귀에 익지 않은가? "게임을 하는 사람들이 모두 차
례를 기다리지 않고 한꺼번에 달려들어 내내 말다툼과 싸
움이 끊이지 않았다." 이야기 속의 쥐처럼 "너무 쉽게 성을
내는" 여러 좌파 조직과 당파에 포진한 투사들과 함께했던

헤아릴 수 없이 많은 회합을 돌이켜보고 세밀하고 난해한 세부사항이나 심원하고 모호한 이론을 놓고 열띠게 토론하던 일을 돌아보면, "모자장수가 하는 말은 확실히 영어가 맞기는 한데 아무 뜻도 없는 것 같았다"라는 앨리스의 평가를 무시하고 넘길 수가 없다. 또 앨리스가 "모두들 정말 무섭게도… 말싸움하네. 이러다 미칠 것 같아"라고 생각할 때 그 심정에 너무나 쉽게 공감하게 되었다.

이 구절을 음미하면서 고개를 끄덕이고 고담준론의 나라에서 저질렀던 과오를 떠올리는 우리 같은 사람들이라고 해서, 루이스 캐럴이 그리 쉽게 봐주지는 않을 듯싶다. 예의 바르고 변함없이 합리적인 앨리스가——우리가 그랬을 것처럼——자기는 주변의 미친 세상을 벗어나 있다고 가정하자, 체셔 고양이는 앨리스도 다른 모든 이들만큼 제정신이 아님을 어렵지 않게 증명한다. "너도 틀림없이 미친거야." 고양이는 단호하게 주장한다. "그렇지 않으면 여기 왔을 리가 없지."

때로 이런 식의 전반적인 광기는 무해한 허튼소리의 형태를 띠지만 악몽처럼 집요하게 이상한 나라의 폭력 속에 구현되는 경우도 드물지 않다. "선고 먼저, 평결은 나중에." 하트의 여왕은 마치 스딸린이나 마오처럼 이렇게 명령한다. 구타와 모의재판, 즉시 처형해버리겠다는 위협, 아랫사람에 대한 비인간적인 대우, 그리고 무엇보다 사소하기 그지없는 실수에도 쉴 새 없이 사람들의 목을 베는 행태 등이 넘쳐난다. "여기서는 사람 목 치는 것을 끔찍하게 좋아해. 아직 살아 있는 사람들이 남아 있다는 게 정말 놀랍지!" 루이스 캐럴이 자기도 모르게 독자들에게 앞날에 드리운 독재의 위험을 경고하는 모양새다. 그 독재가 인민의 이름으로 하늘나라를 점령하려는 20세기의 혁명가들에 의해 저질러지는 것인지, 바로 그 무시당하고 시달려온 인민의 공세에 저항해 자본주의와 특권을 구해내려는 정권에 의해 행해지는 것인지는 중요하지 않다. 지금의 긴박함으로 미래를 향한 미친 질주를 정당화하고 "한순간도 지체할 수 없다"고 확신하기 때문에 우리는 "도대체 어떻게… 다시 빠져나올지는 한번 생각해보지도 않고" 가장 가까운 토끼굴로 충동적으로 달려들기를 반복하는 것이다.

"여기서 어느 길로 가야 하는지 제발 좀 말해줄래?"
"그건 다분히 네가 어디로 가고 싶은지에 달려 있지."
고양이가 말했다.

그러면 나 자신은, 앨리스와 그녀가 좌파 나라에 오면 겪을지 모를 모험에 대해 이렇게 음울한 고찰을 하면서 어디로 가기를 희망하는가? 이렇게 유쾌하고 떠들썩한 책을 급진적 기획과 방법에 대한 불길한 비판으로 읽는 것이 정당한가? 낙담한 채 침울한 3월 토끼를 따라 오로지 한탄하기만을 업으로 삼음으로써 나는 지금 루이스 캐럴의 이야기와 등장인물들이 지닌 본질적이고 영속적인, 매력적이고 해방적인 면을 외면하고 있는 것은 아닌가?

왜냐하면 『이상한 나라의 앨리스』는 유토피아적 충동이 흘러넘치는 하나의 선동적 텍스트로도 읽을 수 있기 때문이다. "진짜로 불가능한 것은 정말 거의 없다"라는 앨리스의 깨달음을 강조하는 것은 어떤가? 이런 깨달음이야말로 이제까지 그렇게 많은 사회개혁운동에 불을 지펴온, 최근 들어서는 동성애자 권리운동 및 생태주의라는 새로운 기획과 저항의 물결을 통해 그 옳음이 드러난 신념이 아닌가? "내 것이 많으면 많을수록 네 것은 줄어드는 법"이라는 공작부인의 말을 좀더 두드러지게 부각시키는 것은 어떤가? 수백만의 상여금을 챙기면서 최저임금 인상은 거부하는 탐욕스러운 임원과 기업 들을 한마디로 정리하는 명쾌함이 여기에 있지 않은가? 이 책에서는 반역과 불복종이 상찬받고(요리사가 공작부인에게 프라이팬을 날리고 공작부인이 여왕의 따귀를 갈기며 하트 잭은 타르트를 훔치고 앨리스는 협력하기를 거부하고 기니피그는 억압받는 중에도 환성을 지른다), 반대로 전제적 인물들은 실수투성이에 무능한 존재로 조롱받는다.

우리가 『이상한 나라의 앨리스』에서 무엇보다 먼저 구

해내야 할 것은 그 책에 담긴 어디로 튈지 모르는 전복적인 성격의 유머, 지난 한 세기 반 동안 수백만의 봉기와 저항과 반체제운동을 추동해온 바로 그 길들지 않은 상태, 권위를 향한 근본적인 문제제기, 시급히 바꿔야만 할 사회규칙을 따르지 않는 평행현실의 가능성에 대한 상상이다. 이 카니발적인 에너지와 장난스러움이야말로 우리가 우리 것으로, 우리 진보적 정체성의 가장 핵심적인 부분으로 인정하고 껴안아야 할 대상인 것이다.

물론 좌파 쪽에는 정반대의 언어와 스타일, 태도를 지향하는 경향이 있다. 마치 역사의 모든 비극이 우리를 짓누르는 양 무겁고 답답한 엄숙주의에 갇혀 있는 것이다. 우리는 우리 자신을, 우리의 담론을 심각하게 받아들인다. 그럴 만한 이유가 없지 않다. 엄청난 고난과 참을 수 없는 불의, 만연한 어리석음을 마주하고 있기 때문이다. 산업-군사-감시복합체의 약탈이 갈수록 확대되고 있는데다, 미래는 어둡고 디스토피아적이며, 지구는 녹아내릴 지경에 다가가고 있기 때문이다.

그러나 그러면 그럴수록, 기회가 있을 때 우리의 해방을 기뻐해야 하며 인습을 깨뜨리고 우리 자신의 믿음, 확신, 도그마에도 질문을 던지는 가슴 떨리는 경험을 맘껏 즐겨야 마땅하다. 그러면 그럴수록, 희망과 연대의 작은 행동 하나하나에서 다시 태어나는 새로운 황홀경을 받아들여야

하며 세상을 주어진 대로 놔두지 않아도 된다는 확신에 따르는 순수한 기쁨을 칭송해야 마땅하다.

　"정말 예쁜 춤일 것 같아." 앨리스가 소심하게 말했다.
　"조금 보고 싶어?" 가짜 거북이 말했다.
　"당연히, 무척 보고 싶어." 앨리스가 말했다.

　칠레혁명(1970~73) 중 내 나라의 국민들은 민주적으로 선출된 살바도르 아옌데를 지키기 위해 끝없는 집회에 참여하며 행진하고 또 행진했다. 내 곁에 서 있던 그 형제자매들의 에너지, 그들의 발랄함, 결연함과 풍부한 창의력, 억누를 수 없는 농담과 집에서 만들어 들고나온 플래카드들, 그런 것들이 이후로도 내내 내게 힘과 영감을 주었다. 그와 함께 내 머리를 떠나지 않았던 생각은, 우리 도시의 거리에 서 있던 그 남녀들이 연단에 서서 몇시간씩 웅얼거리며 훈계하고 분석하고 대중은 제어할 수 없다고 단언하던 대부분의 남자들(그들의 절대다수는 남성이었다)보다 훨씬 더 활기차고 창조적이었다는 것이다. 수십년이 흐른 지금과 마찬가지로 그때도 나는 왜 그 민주적인 대중의 열정과 도전을 그냥 풀어놓을 수 없는지, 왜 지도자와 민중 사이의 간극이 그리도 큰지 알 수가 없었다. 우리의 평화 혁명이 격변을 맞이하여 아옌데는 죽고 그 많은 사람들이 고문당하고 처형되고 추방되었다는 것, 그 많은 꿈들이 끝났다는 것, 끝난 듯 보였다는 것을 생각하면 아직도 마음이 아려온다.

『이상한 나라의 앨리스』의 왕은 이야기하는 법에 대해 흰 토끼에게 근엄하고 상식적이라 할 만한 충고를 해준다. "시작에서 시작하고… 끝이 될 때까지 계속하다가, 거기서 끝낼지니."

그의 생각은 틀렸다.

다른 세상을 갈망하는, 대안적 지평을 찾는 우리 같은 사람들은 끝까지 다다를 때까지 멈추지 않는다는 것, 정의를 향한 우리의 요구에는 끝이 없다는 것, 반란은 결코 "촛불처럼 단번에 꺼져버리지" 않는다는 것을 알고 있다. 우리는 차라리 체셔 고양이에 가깝다. 몸이 사라지고 보이지 않아도 우리의 웃음은 항상 꿋꿋이 남아 있을 것이다. 우리가 한때 여기 있었으며 다시 돌아올 것이라는 것을, 지금 앞으로 나아갈 수는 없을지라도, 루이스 캐럴의 후계자인 사뮈엘 베께뜨가 잘 알고 있었듯이, 계속 나아가야만 한다는 것을 증명하는 환영 같은 존재로 말이다.

결국, 제 명을 재촉하는 우리 사회의 계속되는 전쟁과 탐욕에 대한 해답은 근본적인 변화뿐이라고 여전히 믿고 있는 우리 같은 사람들은 다가올 150년의 계몽과 투쟁의 시간 동안 『이상한 나라의 앨리스』에서 바로 이런 점을 배워야 하고 소중히 간직해야 한다. 그것이 이 환상적으로 황당한 텍스트가 우리에게 던져주는 과제일 것이다.

그 많은 고난과 시련—이미 겪은 것과 앞으로 겪을—을 거친 후에도 우리는 가짜 거북의 부름에 응답하고 또 응답할 만큼 용감하다 말할 수 있을 것인가? "같이 춤출 거야? 출 거야 말 거야, 출 거야 말 거야?"

나는 가짜 거북이 이렇게 노래할 때, 춤추며 이렇게 약속할 때 그의 말이 틀리지 않았음을 믿는다. "있잖아, 저쪽 편에는 또다른 기슭이 있단다."

그들이 우리를 보고 있다. 그래서?

몇년 전 트럼프가 내 생각 속 하나의 점조차 되지 못했던 시절, 뉴욕에서 열린 포럼에 참석한 적이 있다. 디지털 시대 감시의 급증이라는 당면한 문제를 다루고자 PEN아메리카와 미국시민자유연맹, 포덤대학교 로스쿨 국가안보센터 주관으로 개최된 포럼이었다. 이날 하루 전문가들과 참가자들은 어떻게 신기술이 표현의 자유를 손상할 수 있는지, 어떻게 감시라는 것이 민주사회 내 창조의 자유에 구체적인 악영향을 끼칠 수 있는지를 탐구하고, 우리의 공적 담론과 시민적 자유에 유해한 그런 사생활 침해 문제에 대해 압력단체가 의회와 법원을 압박할 수 있는 방안을 강구하려 노력했다.

그 포럼의 의제는 '감시: 그 해악은 무엇인가?'였다. 내

발언 차례가 되었을 때, 나는 내 나라 칠레에서 같은 질문
이 제기되었다면 그에 대한 반응은 되살아나는 과거의 두
려움으로 인한 전율을 넘어 의심에 가까웠으리라는 점을
지적했다. 칠레는 전세계 수많은 불행한 나라 중 하나로,
그곳에는 아직도 망가진 육신과 뒤틀린 영혼의 유산이 남
아 있고, 처형과 고문의 여파가 가시지 않았으며, 잔학행
위와 박해와 검열이 오래도록 영향을 미치고 있다. 이는
감시국가가 온 국민에게 손상을 입힐 수 있음을 보여주는
증거가 되고도 남는다. 1973년부터 1990년까지 17년 동안
칠레 사람들은 막대한 재원과 인력을 동원해 공포전략을
실시한 정부를 겪었다. 시민 모두를, 그것이 누구든 추적하
여 위반행위나 반역적 표현은 아무리 사소한 기미만 있어
도 처벌할 수 있는 능력이 그 전략의 기반이었다.

　나 자신도 삐노체뜨의 독재가 시작되고 첫 한달을 숨
어 살아야 했기에 자기 정체를, 자기 친구들이 누구인지
를, 자기가 도시 어느 곳에 거처하게 되었는지를 권력자들
이 알아내지 못하기만을 기도하며 쫓기는 삶을 산다는 것
이 어떤 의미인지 증언할 수 있다. 그러나 곧 내 목숨이 위
태로워지자 저항군은 내게 망명을 떠날 것을 명령했고, 이
후로 10년 동안 나는 아내 앙헬리까와 어린 아들과 함께
상대적으로 자유가 보장되는 유럽과 미국 등지 해외에 머
물며 우리나라의 슬픈 이야기, 또 평화로운 저항과 승리의

가능성에 대한 더 희망적인 이야기를 세상에 전하는 데 전념했다.

1983년이 되어 독재정권이 내게 산띠아고에 돌아와도 좋다고 허락하면서 이 모든 사정이 변했다.

귀국한 내 눈앞에 있던 것은 10년 전 떠날 때와는 철저히 달라져버린 나라였다. 사람들은 그동안 누구든, 그 어떤 것이든 의심해야 한다는 것을 배웠다. 원래 외향적이고 분명한 목소리를 내던 친구들이 이제 소리 죽여 방어적 자세로 문장마다 이중 삼중의 의미를 실어 암호 같은 말들을 했다. 아우구스또 삐노체뜨 장군의 정권에 대한 반대세력이 성장하면서 서서히, 힘겹게 나라의 얼개를 다시 정복하고 용기를 내어 공적 공간과 비정부기구, 협의체 등으로 조금씩 진출하고는 있었지만, 정권에 가장 영웅적으로 맞서는 사람들, 신분이 드러날 것을 감수하고 권위에 도전하는 사람들, 그런 용기의 주역들까지도 정보를 숨기거나 공개를 피하며 주위를 살펴 독자적으로 활동했다. 아무리 사소한 말실수라도 비밀경찰의 전면적 탄압을 불러올 수 있음을 의식하고 있었던 것이다.

1983년 그렇게 처음 칠레로 돌아갔을 때, 작가인 나로서는 이렇게 그늘지고 말을 돌리는 문화에 적응하는 것도, 오염되고 뒤틀린 매일의 언어에 적응하는 것도 쉽지 않았다. 말을 할 때면 "칠레어로", 혹은 "칠레인들이 요새 말하는 방식으로 말하지 않는다(Usted no habla en chileno)"라는 얘기를 들었다. 네루다의 나라 칠레가 그들에게는 침묵의 동의어가 되었다는 뜻이었다. 동포들이 자기들이 그동안 겪은 일을 내가 제대로 이해하지 못한다고 느낀다는, 그동안의 부재로 인해 내가 이 나라의 문화와 사회에 이질적인 낯선 존재가 되었다는 뜻이었다.

그들이 옳았다. 나는 의도적으로 칠레에서도 외국에 있을 때처럼 나를 표현하고 있었다. 이미 잔혹행위는 과거사가 되어버린 사회에 살고 있다는 듯, 추방기간 동안 부지런히 갈고 닦은 자유롭고 자신있는 목소리를 고수하려고 노력했다. 독재정권은 원하는 만큼 얼마든지 나를 감시할 수 있었을 것이다! 나는 내 발언의 보호장치로 나를 다른 시선—국제사회의 믿음직한 시선—에 노출시킬 방안도 마련해놓고 있었다. 1983년 칠레로 돌아올 당시에는 CBS 뉴스 취재진이 내가 가는 곳마다 따라다녔고 BBC에서 내 인터뷰를 진행 중이었다. 『뉴욕타임즈』의 내 담당 편집자 하워드 골드버그로부터는 산띠아고에서 칼럼을 집필해달라는 의뢰를 받아놓은 상태였다.

미국과 전세계 미디어의 후광으로 보호받고 있다고 짐작했기에 나는 나 자신을 건드릴 수 없는 존재라고, 너무 악명 높아서 군부의 장군들이 탄압할 수 없는 사람이라고 믿었다. 내 나라에 밀어닥친 황폐와 비참, 낙담에 대해 삐노체뜨의 책임을 묻는 칼럼의 내용을 전화로 불러줄 때에도 이런 오만은 계속되었다. 그리고 그렇게 구술을 끝내고 나면 훨씬 더 안전한 느낌이 들었다. 내가 방금 내뱉은 선동적인 말들은 더이상 여기 억압적인 산띠아고에 있지 않고 저 멀리, 멋지고도 안전한 『뉴욕타임즈』 인쇄실에 가 있었던 것이다.

그러다가 녹음장치가 고장나서 칼럼을 전부 다시 불러주어야 하는 일이 생겼다. 그런데, 전과 달리 이번만은 스스로가 완전히 노출되어 있는 것 같은 느낌이 들었다. 도발적인 진술을 할 때마다 진땀이 흘렀다. 칠레판 게슈타포가 내 말을 한마디도 놓치지 않고 받아적고 있다가 곧 전화선을 끊을 것만 같았고, 뉴욕에 닿기 전에 칼럼을 가로채고 내가 마련하느라고 해놓은 보호책을 무력화한 다음 나와 가족을 잡으러 올 것만 같았다. 잠시 지연되었던 삐노체뜨를 향한 비판을 되풀이하는 그 10분 내지 15분 사이에 나는, 모두 다 볼 수 있고 모두 다 들을 수 있으며 모두 다 죽일 수 있는 가해자에게 발가벗긴 듯 노출된 채 무자비한 억압의 분위기에 잠겨 산다는 것이 어떤 의미인지 깨닫게─확실히, 뼈저리게 깨닫게─되었다. 내 나라 사람들이 말하는 것, 생각하는 것, 심지어는 숨쉬는 것까지 왜 그렇게 유난스레, 사납게 조심하는지 내 살과 내 피부와 내 남성으로 이해하게 되었다. 10년 동안의 망명기간에 위험이 미칠 수 없는 민주주의 깃발 아래서 누려온 자유는 어디론가 쓸려가버렸다. 이 상황에서는 아무 소용 없는 것이 되었다. 나는 다시 칠레 사람이 된 것이다. 우리를 해치려 하는, 막을 수 없는 누군가가 나와 내가 사랑하는 이들을 잡으러 오고 있었다. 그렇게 그들이 오고 있는데 숨을 곳도, 우리를 구해줄 사람도 없었다.

처음 찾아온 그 패닉은 여러 시간 지속되었다. 그것이 가라앉자, 매우 신중하고 용감한 아내가 내 그런 반응은 불합리한 것임을 깨우쳐주었다. 정부가 그렇게까지 통제하고 있을 리 없다, 모든 대화를 다 듣고 정부에 반하는 발언을 하나하나 집어내고 모든 접촉과 교신을 감시하고 있을 리 없다고 일깨웠다. 정부가 내가 하는 영어를 바로 에스빠냐어로 번역해서 그 정보를 바탕으로 행동할 수는 없을 것이다, 내가 지하로 숨어들려고만 하면 위치를 알아내서 찾아올 수는 없을 것이며 내가 오다가다 만난 모든 지인을 다 찾아낼 수도 없을 것이라는 얘기였다. 내가 뭘 하려는지도 예측하지 못할 것이다, 그 어떤 정부도 나에 대해 그렇게 많은 것을 알 수는 없다는 것이었다.

그러나 어쩌면, 가능했을지도 모를 일이다.

삐노체뜨의 공포정권하 칠레에서의 사생활 침해가 얼마나 압도적이었고 만연했는지를 발견한 것은 여러 해가 지나서였다. 2006년 캐나다 감독 피터 레이먼트가 내 일생에 관한 다큐멘터리 「죽은 이에게 한 약속」을 찍던 중 우리는 살바도르 아옌데 재단을 방문했고, 당시 재단이 자리한 그 건물이 이전에는 독재정권의 감시센터 중 하나의 본부로 사용된 적이 있다는 것을 알게 되었다. 나의 대학 시절 친구가 재단 측에서 나와 안내하며 지하실을 보여주었다. 그곳에는 알록달록한 전선들이 이리저리 꼬이고 감겨 뒤엉킨 채 널브러져 있었다. 과거 이곳에서 은밀하게 감시작업을 하던 자들이 처벌받지 않고 빠져나갔음을 알리려는 고약한 의도로 일부러 남겨놓고 간, 얽히고설킨 나무덩굴처럼 구불구불한 도청장비들이었다. 그들은 지하동굴 같은 이곳에 내려와보는 사람 누구라도, 내가 그랬듯, 그 광경을 보고 진저리치기를 바랐으리라.

나는 왜 그물처럼 얽힌 그 전선뭉치를 보고 공포에 질렸던 것일까? 내 목소리와 말이 그들 손에 들어가 원시적인 컴퓨터로 정밀하게 조사되고 고문 가해자와 처형 담당자들의 눈과 귀에 의해 더럽혀졌기 때문만은 아니었다. 고통을 가하고 비밀을 캐낼 생각으로 그들이 내 친구들과 가족들, 사랑하는 앙헬리까의 삶을 클릭 몇번으로 해부하고 재단하고 상처냈기 때문만도 아니었다. 온 나라 안의 다양한 목소리들이 그 전선 안에 쑤셔박힌 채 질식당하고 있었기 때문만도 아니었다. 내가 그렇듯 공포에 질렸던 것은 그 불길한 조형물이 정부가 감추고 싶어 하는 것, 부인하고 싶어 하는 것을 눈앞에 생생하게 보여주었기 때문이 기도 했다. 우리는 모두 그런 유의 전선이 어딘가에 묻혀 있다는 것을 알고 있었다. 우리가 감시당하고 있다는 것을 알고 있었다. 우리의 상상력이 권력자들의 권능을 만들어내고 과장하게 놓아두는 것, 공포의 핵심은 바로 거기에 있었다. 그 상황에서 두려움으로 손발이 얼어붙지 않게 하기 위해서는 그들이 전능하리라는 생각을 떨쳐버려야만 했다. 당국을 따돌리고 아무리 작더라도 감시가 뚫고 들어오지 못하는, 자유가 가능한 투쟁현장을 상상해야만 했다. 그것은 망상에 불과했지만, 그 덕분에 우리가 미치지 않고 살아남은 것이기도 했다. 지진이나 쓰나미에 시달리는 지역 주민들이 다음에 닥쳐올 재앙에 안달복달하느라 하루하루, 순간순간을 소모하지 않는 것과 마찬가지다.

그 뒤엉킨 밝은색 필라멘트 더미가 구역질났던 이유는 그것이 과거에 우리가 품었던 최악의 의심이 옳았음을 증명해주었기 때문이다. 그것으로 인해 나는 우리의 삶에 대한 간섭이 얼마나 뻔뻔한 정도였는지를, 실제 눈으로, 볼 수 있었고, 우리가 어떤 위험 속에서 살았는지에 눈을 떴으며, 이런 위험이 그저 막연한 먼 옛날의 일이 아니라 상존할 수도 있다는 것을 느끼게 되었다. 어느날 누군가가 이같은 네트워크를 처음부터 다시 작동시키지 않을 것이라 누가 장담할 수 있겠는가? 그게 언제일까? 그게 누구일까? 2006년 학정이 지나간 것 같은 민주화된 산띠아고, 바로 그때 그곳은 아니었다고 말할 수 있을까? 이와 유사한 갖은 종류의 연결망들과 눈과 귀가 같은 일을 하고 있었던 것은 아닐까? 그늘에 숨어 있던 그 사람들이 다시 한번 우리 삶에 사정없이 개입하도록 요청받을지도 모를 그날을 위해 도청을 하고 데이터와 목소리와 정보를 수집하고 있지는 않았을까?

산띠아고만 그랬으리라는 법은 있는가? 오늘의 미국은 또 어떤가? 국가안보국(NSA)과 다른 국방정보기관들의 데이터크런칭● 실력과 비교하면 칠레의 천연색 전선들은 하잘것없는 구닥다리에 지나지 않는다. 마치 검을 든 사무라이를 막 히로시마에 원자폭탄을 투하하려는 에놀라 게이에 탄 조종사에 비유하는 격이다. 이 지구상 다른 곳, 민주정부가 완벽하게 체계적으로 자기 나라 시민들을 감시하는 그런 곳은 어떤가? 우리 모두 위험에 처해 있는 것은 아닌가? 그리고 이제 트럼프 같은 편집광이 대통령이고 제프 세션이 그의 법무장관이며, 숀 스파이서가 그렇게 적확하게 표현했듯이 "족쇄가 완전히 풀려버렸으니", 위험은 훨씬 더 커진 것이 아닌가?

미국을 비롯해 법의 지배를 받는 다른 나라들에 사는 사

● data-crunching, 대용량 자료를 고속으로 처리하는 컴퓨터 기능.

람들 대부분은 여전히, 칠레에서와 같은 독재와 자기들이 사는 개방적인 사회 사이의 거리감에 안도하는 반응을 보일 것이다. 당연히 그럴 만하다. 국가안보국의 불법적 염탐행위와 행정권 남용이 발각되었을 때 처음부터 언론과 의회에서, 또 당연히 해외에서 엄청난 비판적 반응이 나온 것은 고무적이었다. 특히 독일, 프랑스, 브라질, 멕시코, 에스빠냐 등지 해외 지도자들이 강력한 분노를 표명함으로써, 적어도 "동맹국들"에 관한 한 미국이 도청을 허가하는 관행에 의미있는 변화를 가져왔다(또는 그렇다고들 했다. 어디까지가 사실인지 누가 알겠는가). 점점 더 전체주의적으로 되어가는 이 음울한 2017년에 미국 정부는 차후에 어떤 제한적이고 표면적인 규제가 시행되더라도 개의치 않고 당연히 감시를 계속할 것이다. 또 이러한 활동이나 방법을 알리고 의문을 제기하는 언론인이 유죄판결을 받는 일도, 정보 유출과 내부고발자가 필연적으로 급증함에 따라 당연히 증가할 수밖에 없다. 언론은 국민의 적이며 비판은 죄다 가짜 뉴스라고 트럼프가 믿고 있는 것을 보면 상황은 더더욱 악화될 것이다. 물론 일반 시민들은, 적어도 자유롭게 말하고 다양하게 사고할 권리를 행사하고자 한다는 이유만으로 우리가 칠레에서 겪었던 전횡적인 폭압과 공세의 위협을 받지는 않는다는 사실에서 약간의 위안을 찾을 수도 있다. 그럼에도 내가 조심스레 칠레 사례를 언급할 때면 거의 매번 경박함에 가까운 태도로 늘어놓는 장광설을 듣게 되기 십상이다. 이봐요, 걱정할 것 없어요. 거기서 일어난 그런 일이 여기서는 일어날 수 없다니까요.

"그런 일이 여기서는 일어날 수 없다"라는 자기만족적인 구절에 취해 있는 사람들에게 경고하고 싶다. 쿠데타가 우리의 삶을 휩쓸어버리기 전에는 우리도 산띠아고 거리와 발빠라이소 언덕에서 그런 말들을 노래처럼 외고 다녔다. 우리의 정말정말 견고한 민주주의는 역사의 잔인함과 고삐 풀린 정부의 파괴행위에서 벗어나 있다는 미망에 빠져 있기도 했다. 반체제인사를 테러리스트라 규정하는 정권의 표적이 되기도 했다. 우리는 또, 우리 발언의 변질을 묵인했다. 그리고 우리는 또, 폭군이 자기 국민들을 향해 저지를 수 있는 많은 범죄 중 가장 끈덕지고 오래가는 범죄가 언어에 가해지는 범죄일지도 모른다는 것을 깨달았다. 칠레에서는 민주주의를 되찾은 지 20년, 삐노체뜨가 죽은 지 7년이 더 흐른 오늘도 여전히 대부분의 사람들이 과거를 언급할 때 독재라는 단어를 쓰기를 경계하며 그보다 중립적인 '군사정권(régimen militar)'이라는 표현을 선호한다. 의미를 회피하는, 그럼으로써 현실을 회피하는 이런 유독한 관행의 예는 얼마든지 더 들 수 있다. 예컨대 우리는 '고문' 대신 '지나친 행위'라는 용어를 사용한다. '범죄' 대신에 '실수'라고 쓴다. '군사쿠데타(golpe militar)' 대신에 '선언(pronunciamiento)'이라 돌려 말한다. 마치 그것이 극악한 공격행위라기보다는 말뿐인 선언이었던 것처럼 말이다. 'golpe'는 폭력적인 공격이다. 반면 'pronunciamiento'라고 하면 군인들이 정부를 변화시키려는 필요에서 어떤 이념을 표출했다는 의미가 된다.

언어의 파괴 뒤에는 서로에 대한 신뢰의 파괴가 도사리고 있다. 그렇게 많은 동포들이 스스로의 안전이 걱정되어 인권유린의 현장을 보고도 외면했다는 것, 부당하게 고발당하고 희생되는 사람들을 보호하지 못했다는 것에 대한 죄책감을 지금까지 유독한 짐처럼 떠안고 살아가는 모습을 보였다.

감시는 그것이 도처에 있어 피할 수 없는 어느 땅에서든, 그곳 시민들 사이에 불신과 분열을 낳는다. 서로에게 자유롭게 말하려는 자발성은 줄어들고 거리낌 없이 자유롭게 사고하려는 마음도 마찬가지로 사라져간다.

그런 일은 여기서도 언제나 일어날 수 있다. 어디에서나 일어날 수 있다.

2차대전 동안 벌어진 일본계 미국인들의 강제수용을 보라. 매카시즘과 적색공포를 보라. 그뒤로 수십년간, 아직까지도 계속되는 자기검열의 시대를 보라. 또는 1917년의 간첩행위방지법, 1918년의 선동금지법을 보라. 그것도 아니면 공화당과 1798년의 외국인 및 선동 금지법의 기원을 따져보라.

그런데 그렇게 먼 과거까지 거슬러올라갈 필요가 있을까?

2001년의 패트리어트법이 증명하듯이(하원에서는 66명, 상원에서는 오직 1명의 의원만이 그 법안에 반대표를 던졌다), 충분히 겁에 질리고 충분히 조종당하고 충분히 공포를 주입당하면 사람들은 자신의 자유를 기꺼이 폐기하고도 남는 지경이 된다. 칠레에서도 개인과 국가의 안전이라는 명목으로 수많은 이들이 같은 일을 했다. 그리고 만약 2001년 9월 11일에 자행된 비열한 테러공격과 같은 일이 또 한번 일어난다면, 인권을 더욱 심하게 침해하는 감시라도 기꺼이 인가되고 심지어는 요구될 것이다. 그들 같은 광신자들이 그렇게 막대한 강제력을 마음껏 휘두르게 될 때 어떤 일을 할 수 있을지 생각해보라. 미국 역사 중 오랜 기간 동안 그랬듯 지금도, 미래의 폭군들이 표현의 자유에 재갈을 물리는 데에는 새로운 입법이 필요하지 않을 수도 있다는 것을 깨닫고 나면 섬뜩해지기까지 한다.

왜냐하면 지금도, 지금 당장에도, 이미 우리 삶의 면면을 염탐할 수 있는 국가적 감시체계가 작동 중이기 때문이다. 바로 이 순간에도 선출되지 않은 이름 없는 관리자들이 메가데이터를 퍼올려 저장하고 있다. 그 데이터는 그들이나 그들의 주인이 동료 시민들을 조종하고 협박하고 강요하고 위협하고 사냥해서 복종하도록 만들 잠재력을 지닌 것이다.

이런 상황에서 가장 당혹스러운 점은, 그리고 온갖 꾀를 내어 비밀을 감추고 염탐을 따돌렸기에 활동가와 지식인 들이 겨우 살아남을 수 있었던 나라에서 온 나 같은 사람에게 가장 놀라웠던 점은, 현대사회에서 우리의 삶에 관해 얻을 수 있는 기록 대부분은 은밀한 정부 프로그램에서 나오는 것이 아니라는 사실이었다. 그것들은 합의된 상호교환을 통해 끊임없이 발굴되고 수집되며, 기쁘게, 자발적으로, 공공연하게, 뻔뻔스러운 상업의 신과 인터넷에 헌납된다. 자기 존재에 전체주의적 간섭이 있을 때에는 불같이 화를 내던 사람들이, 디지털의 시선이 그들의 모든 행동, 모든 클릭, 모든 프로필, 모든 구매, 모든 여행, 모든 의료 행위, 모든 문자메시지, 모든 친교, 모든 '좋아요', 모든 미소, 모든 찌푸림, 그 모든 것을 상세히 훑어보고 도매금으로 넘기고 착취하는 것은 눈치채지 못하고 해맑게 살고 있는 듯 보인다.

압제하에서는 조심스레 의사소통을 하지 않으면 우리의 육신과 영혼이 해를 입을 수 있다는 것을 생생하게 의식하고 있던 칠레인들과 얼마나 대조적인가. 우리는 어디론가 잡혀가서 다시는 소식도 들을 수 없게 되는 일을 피하기 위해서, '사라지지' 않기 위해서, 눈에 띄지 않게 되기를, 사라지기를 희망했다. 삐노체뜨의 시대 우리에게는 페이스북이나 트위터, 인스타그램이나 텀블러, 맵퀘스팅이 없었던 것이, 우리의 비밀이나 열정이나 선호를 그 어떤 정보기관보다 더 효율적으로 추적했을 소비자 신호의 연결된 네트워크가 없었던 것이 다행이었다. 사납게 날뛰는 로그의 지배를 받지 않은 것이, 구글과 아마존, 아이폰을 사용하면서 속사정을 다 공개하고 노출하지 않은 것이 우리로선 다행이었다. 비밀경찰이 이 도구들을 이용해 놀랄 만큼 정확하게 우리 지인들과 우리의 욕망, 우리의 어둠, 우리의 행방을 예측할 수 없었던 것이 다행이었다. 아니, 어쩌면 그 당시라면 우리는 너무 똑똑하거나 혹은 너무 겁이 난 나머지 그런 소셜미디어 네트워크에서 물러나 은자처럼 존재의 황무지에 살면서 보통의 인간사가 펼쳐지는 일상의 웹으로부터 지워지는 길을 택했을지도 모른다.

과연 그랬을까? 독재에 저항하는 국민들이라고 해서 대다수가 관심을 추구하는 사회에서 작은 유명인사가 되고픈 매일매일의 욕망과 유혹에서 벗어날 수 있었을까? 미국이나 지구상의 다른 곳들과 마찬가지로 오늘의 칠레에도 널리 퍼져 있는 신용카드와 아이패드와 휴대폰에서 벗어날 수 있었을까? 학정 이후의 시대를 사는 칠레인들은 독재를 겪고 위태로운 민주주의 시대로 이행한 전세계 여러 나라의 수많은 다른 이들과 마찬가지로 두개의 세계에 엉거주춤하게 발을 걸치고 있다. 한쪽에는 그들이 거쳐온 상처뿐인 세계가 있고, 다른 쪽에는 쇼핑을 하고 문자메시지를 보내며 살고 있는 현재의 세계가 있다. 그들의 마음속에는 다락방과 어두운 지하실에서 겪은 고통의 괴로운 기억들이 어슬렁거리며 여전히 공적 신뢰를 좀먹고 있다. 반면 겉으로는 그들도 신뢰과잉을 낳는 노출과 과시로 이루어진, 거짓 햇빛으로 찬란한 소비주의 세상을 구가한다. 우리가 우리 시대의 소셜미디어 세상에서 탈출할 수 있었을까? 지금은 탈출할 수 있을까? 아니, 탈출하기를 바라기나 할까?

데이브 에거즈는 현재 영화화되기도 한 자신의 베스트셀러 소설『더 서클』에서 이런 질문에 대한 답을 그려낸다. 그 답은 자못 심란하다.『더 서클』의 디스토피아적 세계 안에서 인간의 모든 활동은 신처럼 전지전능한 거대기업의 항구적이고 흔쾌한 감시하에 있으며, 소셜미디어 사용자들은 하나같이 호의에서 우러난 상투적인 말과 이유로 자신의 자유와 사생활을 기꺼이 포기한다. 민주사회라면 그런 기고만장한 권력이 한줌도 안되는 사람들의 손에 모이게끔 허용해서는 안된다고 주장하는 것은 핵심을 놓치는 일이다.『더 서클』의 내용이 소름 끼치는 이유는 주인공 메이 홀랜드가 모든 인간사에 절대적이고 즉각적인 투명성을 요구하는 지시에 그토록 기꺼이 복종한다는 데에 있다. 그녀가 얼마나 절박한지, 얼마나 전형적이고 대표성을 띠는지, 어딘가에 소속되고 무언가를 믿고 그에 굴복하려는 자신의 욕망 속에 도사린 위험에 얼마나 무감한지를 보면 마음이 서늘해지는 것이다. 멘토가 제시하는 질문에 "예"라고 대답하는 대신에, 메이는 거듭 반복해서 "그러겠어요, 그러겠어요, 그러겠어요"라고 대답한다. 잠재의식 속에서 그녀가 미소 띤 프랑켄슈타인 같은 월드와이드웹의 영적 신부가 되었다는 사실을 암시하는 대목이다.

그녀는 자신의 인간성이 어떤 해를 입고 있는지 거의 깨닫지 못하는 것이다.

미래란 이런 것일까?

그럴 수도 있겠다. 문학은 종종 앞으로 어떤 일이 펼쳐질지를 경고함으로써 우리가 현재 속에 담긴 숨은 흐름을 분별해내도록 돕는다.

나 자신이 쓴 예언적인 문학작품으로 이 글에서 지금까지 표명해온 우려에 답하는 것이 어떨까 싶다.

아직 독재하에 있던 칠레에 여러번 귀국해 머물면서 그 중 한 차례의 체류기간에 나는 『토끼들의 반란』이라는 어린이용 우화를 썼다.

그 이야기 속에서 늑대왕은 토끼들의 땅을 침략해 즉시 토끼의 존재를 금지하는 포고령을 내린다. 그는 책에서 토끼들을 삭제하고 그 이름이 사적으로든 공적으로든 언급되는 것을 금한다. 아무도 명령을 어기지 못하도록 감시하기 위해 거대한 조직을 만들어 비단뱀들이 집 사이를 기어다니고 매들이 어디든 날아다니게 한다. 그러면서도 토끼들이 배짱 좋게 아직도 살아 있다는 끈질긴 소문을 없애기 위해 그는 원숭이 사진사에게 명해 자기 사진을 여러 장 찍게 한다. 그런데 그 사진사의 딸은 토끼를 아주 좋아하는 아이로, 부모에게 혼이 나면서도 그 금지된 동물이 자기 꿈에 찾아와야만 한다고 고집한다. 사진사는 곧 자신이 곤란한 지경에 처했음을 알게 된다. 왜냐하면 늑대의 눈이 시민들의 모든 행동을 감시할 수 있도록 그가 찍어서 온 왕국에 내건 사진마다 현상을 하고 보면 토끼들의 형상이 끈질기게 숨어들어 넘쳐났기 때문이다. 그 형상들은 처음에는 소심하게, 그러다 갈수록 대담하게 등장한다. 사진사와 늑대왕의 대신들이 아무리 열심히 존재를 지우려 노력해도 토끼들의 그 개구진 귀들은 계속해서 사진 귀퉁이마다 모습을 내민다. 그리고 늑대왕이 자신이 무적의 존재임을 증명하려 거대한 왕좌를 세우자, 토끼들은 마침내 사진속을 벗어나 현실로 나오기로 결의하고 왕좌의 다리를 갉아대 결국은 무너뜨린다. 늑대왕은 사진사에게 마지막 지시를 내리고 이름 없는 존재로 물러난다. 이 사진을 인화하지 말라!

그러나 이야기는 그의 말로 끝나지 않는다. 마지막 발언은 원숭이의 어린 딸 몫이다. 그 아이는 자신의 상상력이 억압당하도록 내버려두지 않았고, 그 왕국을 지배하는 두려움과 감시 속에서도 반란을 꿈꾸기를 멈추지 않았다. 나는 수십년 전 잔인한 독재의 시대에 쓰인 이 동화의 마지막 말이 오늘도 여전히 울림을 가질 것이라 믿는다.

세상엔, 그 이야기는 말한다. 세상엔, 그 이야기는 예견한다. 세상엔 토끼들이 가득하다. 과거에도 그랬고 미래에도 그럴 것이다.

우리는 이렇게 폭정을 이겨냈다

힘을 내자, 동지여

이곳 칠레 산띠아고의 내 집에서 광대한 안데스산맥을 우러러보면 가슴이 벅차오른다. 어린 시절 이래 줄곧 저 산들은 안전하고 영속적인 느낌, 안타깝게도 내 인생에는 결여된 그 느낌을 전해주었다. 그러나 지금의 이 혼란스러운 시기에는 그 이상의 무언가를 선사해주기도 한다. 바로 희망에 대한 암시다.

정확히 200년 전, 1817년 2월 12일 한 무리의 남자들이 바로 저 안데스, 거대하고 당당한, 사람의 발길을 허락지 않는 산맥을 넘어 칠레를 식민지배로부터 해방하려는 특별한 장정에 나섰기 때문이다. 그들의 위업은 에스빠냐어를 사용하는 아메리카 대륙 전체에 해방을 가져오는 전환점이 되었다.

1810년을 시작으로 온 대륙에 걸쳐, 유럽 계몽주의에 자극받고 미국의 13개 식민지가 영국 지배자들을 몰아내는 데에 성공했다는 사실에 고무된 애국지사들은 에스빠냐 제국주의의 멍에를 떨쳐버리기 위한 활동을 펼쳤다. 멕시코에서부터 남아메리카 남단에 이르기까지 이런 독립운동은 지금까지도 라틴아메리카인들이 자랑으로 여기는 일련의 개혁을 도입했다.

특히 칠레에서는 자유가 대표적 슬로건이었다. 언론의 자유와 집회의 자유, 의회에 보낼 우리의 대표를 직접 선출할 자유, 그 어떤 나라하고든 무역할 자유와 답답한 교회의 간섭을 벗어나 세속적인 교육을 받을 자유. 그리고 무엇보다도 결정적으로, 우리나라는 자궁의 자유(Libertad de Vientres) 법안을 채택해 노예에게서 태어난 아이들도 즉시 자유인이 되는 제도를 확립했다.

이런 성취들에도 불구하고 칠레 독립의 처음 몇년은 위태로운 시기였다. 점진주의자와 급진주의자 간의 골육상쟁과 같은 갈등은 투쟁의 대의를 약화시켰다. 1814년까지 에스빠냐 왕정은 그동안 빼앗겼던 반란지역 다수를 재점령했다. 말 그대로 '라 레꼰끼스따(La Reconquista, 재정복)'라고 알려진 시기의 일이다.

그해 10월 산띠아고 근처의 랑까과전투에서 패한 후, 남은 애국지사 병력은 안데스를 넘어 아직 혁명세력의 손안에 있던 몇몇 지역 중의 하나인 아르헨띠나의 멘도사 지방으로 퇴각했다. 거기서 그들은 돌아갈 계획을 세우면서 권력을 되찾은 에스빠냐의 대군주들이 독립운동세력의 자유주의적 변혁을 무효화하는 것을 지켜보아야 했다. 계엄재판소와 공공보안대가 공포시대—고문, 투옥, 처형, 추방, 몰수가 횡행하는—를 열어 저항을 차단했다.

그후로 한 세기 반이 흐른 1973년에, 보수적 가치와 과두세력의 이익이라는 명목하에 폭력적인 독재정권이 다시 한번 칠레를 찾아왔다. 아우구스또 삐노체뜨 장군의 독재는 살바도르 아옌데의 좌파 개혁을 공격하는 데 그치지 않고 독립 이래 칠레인들이 몇세대에 걸쳐 싸워 얻어낸 사회적·시민적 권리 증진—사실상 복지국가 자체—을 체계적으로 지워버렸다.

1973년의 군사반란 이후, 암울했던 라 레꼰끼스따 시절과 마찬가지로 나라 안에 머물며 그 정권에 반대했던 사람들, 그리고 나와 아내와 셀 수 없이 많은 다른 이들처럼 망명객 신세가 된 사람들은 우리나라가 주권국가로서 역사를 열어가던 여명기에 어떻게 두려움과 굴종에 맞선 서사시적 투쟁을 통해 스스로를 해방했는지를 생각하며 위안을 얻었다.

우리는 내가 지금 이 글을 쓰면서 바라보고 있는 바로 그 산맥을 넘은 애국지사들의 강인한 군대 '안데스의 해방군(Ejército Libertador de los Andes)' 이야기를 되뇌곤 했다. 수천의 병력(이전에 노예였던 사람들이 다수였다)과 노새와 말, 수십명의 척후병 및 보급과 의료 담당을 포함한 다수의 민간인이 위험을 무릅쓰고 그 길을 택했다.

각자의 나라에서 건국의 아버지로 숭앙받는 아르헨띠나의 장군 호세 데 산마르띤과 칠레의 지도자 베르나르도 오이긴스 두 사람은 대담성과 창의성을 발휘해 안데스산맥이 정의를 향한 그들의 여정에 걸림돌이 아니라 우군이 되어줄 것이라고 믿었다. 굶주리고 목이 타고 기진맥진한 상태였지만, 이 반정부군은 1817년 2월 12일 차까부꼬전투에서 라 레꼰끼스따의 에스빠냐 군대를 물리쳤다.

먼 옛날의 위업에서 영감을 얻어 20세기의 칠레인들도 힘과 인내, 지혜를 모으고 단결하여 압제자 삐노체뜨의 독재정권을 몰아낼 수 있었다. 가능한 모든 공간을 점령하고 나라 안 방방곡곡, 나라 안 모든 조직에 침투하고 우리의 족쇄를 하나씩하나씩 떨쳐버림으로써 이룩한 일이다. 17년의 고통스러운 시간이 흘렀고 많은 이들이 죽거나 실종되었다. 그러나 우리는 오늘 민주주의의 번영을 구가하면서 이를 통해 모든 사람—남성, 여성, 이민자, 학생, 연금생활자, 노동자, 예술가를 막론하고—의 권리 신장을 변함없이 추구하고 있다.

세계 전반에 대해서도 같은 말을 할 수 있다면 좋으련만.

더디지만 착실하게 쌓아온 과거의 성취들이 지구 곳곳에서 포위공격을 받고 있다. 더욱 나쁜 것은, 지구 자체가 기후재앙과 절멸의 위험에 처해 있다는 사실이다. 퇴행과 권위주의 세력, 라 레꼰끼스따의 현대판 분신들이 혈통민족주의를 연료 삼아 나라마다 차례로 행군 중이다. 장벽들이 국경선을 따라 빠르게 세워지고 있으며, 그만큼 빠르게 수백만의 사람들이 연대 앞에서 마음의 문을 닫고 있다. 이전까지는 난공불락의 안전한 상태에 있다고 여겼던 권리들이 잠식당하고 있다.

히틀러와 무솔리니의 무도함 이후로 지금만큼 이렇게 타자에 대한 증오가 다시 기승을 부리는 것을 본 적이 없다. 파시즘에 대한 투쟁을 이끈 나라 중 하나인 미국마저도 설득보다 억압을 사용해 우리가 당연한 것으로 여겨온 그 많은 성과와 영광을 지워버리려 하는 사람들, 시계를 되돌리려는 사람들에게 지배받고 있는 것이 지금의 현실이다.

내 나라에서 자랑스러운 민주주의가 극악하기 그지없는 독재에 의해 너무나 쉽게 밀려나는 모습을 본 적이 있었기에, 나는 앞으로 닥쳐올 위험에 경고를 발하는 일에 있어 너무 이르다는 말은 할 수 없으리라 믿는다. 지금 여기서 처참한 형세와 지구상 가장 높은 산맥 앞에서도 굴하지 않고 자유를 찾아나선 200년 전 혁명적 애국지사들의 예를 거론하는 것은 해외에서 국내로 쳐들어가는 것이 인류가 당면한 힘겨운 난제의 해답이라고 생각하기 때문이 아니다. '안데스의 군대'로부터 저항과 희망에 관해 오늘날의 우리가 배울 것이 있기 때문이다.

그때의 독립투사들이 기운을 모을 안식처를 찾았듯이, 지금 정의와 평등을 위해 투쟁하는 우리 대중도 그와 유사한 안식처를 찾아야만 한다. 바로 그 안전한 곳을 바탕으로 공포와 반동의 세력에 굳건하게 맞설 수 있을 것이며 한뼘씩 한뼘씩 우리 땅을 되찾을 수 있을 것이다. 그 어떤 장벽도 그리 크지 않고, 그 어떤 적도 그리 강하지 않으며, 그 어떤 고립과 죽음의 산도 오르지 못할 만큼 높지는 않다는 깨달음이 우리에게 용기를 줄 것이다.

우리 각자는 회오리바람을 모면할 어떤 공간을 차지하고 있다. 우리 각자에게는 이기길 바란다면 바쳐야 할 무언가가 있다. 넘어야 할 자기만의 안데스가 있다. 칠레의 산들이 우리에게 말한다. 우리가 충분히 용감하다면, 충분히 지혜롭다면, 충분히 상상력을 발휘한다면, 이 기적으로 가득한 세상에서 불가능은 없을 것이라고.

히로시마 은행나뭇잎의 속삭임

1945년 8월 6일, 타까하시 아끼히로라는 열네살짜리 남학생은 귀가 먹을 것 같은 굉음과 눈이 멀 듯한 섬광에 의식을 잃고 쓰러졌다. 나중에 정신을 차린 그는 자신이 히로시마에 투하된 원자폭탄의 폭발로 인해 몇마일이나 나가떨어졌다는 사실을 알게 되었다. 그가 살아남을 수 있었던 것은 그의 학교가 폭발의 중심에서 1마일 가량 떨어져 있었기 때문이었다.

화상을 입은 멍한 상태로 타까하시는 몸을 식히기 위해 강 쪽으로 향했다. 그 길을 따라가면서 그는 묵시록의 광경을 목격했다. 돌부리처럼 널브러진 시신들, 시커멓게 탄 엄마의 품 안에서 울고 있는 아기, 녹아내린 옷을 걸치고 황폐한 땅을 유령처럼 어정거리는, 유리 파편이 몸에 박힌

화상자들, 숨을 쉴 수 없을 정도의 검은 공기와 미친 듯이 날뛰는 사나운 불길. 한순간에 약 8만 5천명의 남자와 여자, 아이 들이 죽어 없어졌다. 뒤이은 몇달 동안에는 거기에 더해 수만명의 사람들이 부상과 방사능의 영향으로 서서히 죽어갔다.

내가 타까하시 아끼히로를 만난 것은 1984년, 그가 히로시마 평화기념관의 관장으로 있을 때였다. 당시 중년이던 그의 몸은 그 자체로 전쟁범죄와 그 결과의 증거였다. 한쪽 귀는 납작하게 뭉그러졌고 손은 뒤틀려 있었다. 양손에 한개씩 남은 손가락에서는 까만 손톱이 자랐다.

"살아남은 나무, 히바꾸주모꾸(被爆樹木)를 꼭 보셔야 합니다." 거의 명령에 가까운 어조로 그가 말했다. 그의 사무실에서 나누던 긴 대화가 끝나가던 참이었다. "그 은행나무들을 보셔야만 해요."

그 나무에 대한 얘기를 들은 것은 그때가 처음이었다. 비틀어진 한쪽 손으로 그는 기념관 너머 시내를 가리켰다. 호오센지, 묘오조오인지, 슛께이엔 정원에서 만난 세 그루의 나무는 기적의 징표로, 당당하고 생명력 넘치게 가지를 뻗고 있었다.

은행나무는 생존의 명수로 2억 7천만년 전 화석에서도 발견되는 종이라는 것도 알게 되었다. 이 특별한 나무들이 살아남은 것은 땅속 뿌리가 핵폭발로 인한 파괴를 피할 수 있었기 때문이다. 폭발이 있은 지 며칠 후 숯이 된 시신과 검은 비와 울부짖는 생존자들로 범벅이 된 참혹한 히로시마 한가운데에서도 이 나무들은 새로 푸른 잎을 틔웠다.

타까하시 아끼히로가 말하길, 이 은행나무들이 자기가 통역을 통해 전할 수 있는 그 어떤 말보다 희망의 끈질김과 평화와 화해의 필요성을 더 잘 표현해줄 것이라고 했다.

그리하여 수십년 후, 미국에 있는 우리 집 앞 위풍당당하던 오래된 떡갈나무가 병들어 베어내야만 하게 되었을 때, 우리에게는 그 자리에 은행나무를 심는 것이 당연하게 여겨졌다. 우리는 은행나무 묘목 두 그루를 구입했고 사람들을 시켜 우리가 사는 거리를 따라 그 나무들을 심었다. 시 삼림과를 설득해 근처에 세번째 나무도 심도록 했다.

그것은 그저 죽음에 대한 도전만은 아니었고—물론 그 나무들은 떡갈나무보다 훨씬 오래 살 것이며 우리가 떠나고 한참이 지나도록 이 자리를 지킬 테지만—하나의 미학적 선택이기도 했다. 은행나무는 우아하고 유연하며, 작은 부채 모양의 섬세하고 둥근 녹색 잎을 가지고 있다.

나는 이 놀라운 나무들에 매일 물을 주고 매일 아침 인사를 했다. 이따금씩은 말을 걸거나 노래를 불러주기도 했다.

그러던 어느날 다시 타까하시 아끼히로를 떠올리게 하는 일이 생겼다. 그날 아침 일찍 잠에서 깬 아내와 나는 한 무리의 일꾼들이 우리 은행나무의 뿌리 바로 옆에 커다란

구멍을 파고 있는 것을 발견했다. 구불구불한 노란색 광섬유 케이블의 육중한 코일을 묻을 자리를 마련하려는 목적이었다. 무슨 일이 벌어지는지를 파악하자마자 나는 행동에 돌입했다. 일꾼들에게 에스빠냐어로 말할 수 있어서 그나마 도움이 되었다. 나는 격렬하게 항의했고, 은행나무 뿌리에서 더 멀리 떨어진 곳을 파도록 그들을 설득해냈다. 또 그 거리의 다른 나무들도 해를 입지 않았는지 확인한 후 집으로 돌아와, 앞으로도 이런 식의 침해가 일어나지 않도록 감독관이 관리를 확실히 해야 한다는 내용의 이메일 여러 통을 시 당국자들에게 날렸다.

우리의 이 특별한 나무는 안전해졌지만 나는 더 깊고 더 불길한 생각에 사로잡히게 되었다. 이 위대한 생존자가 이제는 현대의 약탈행위로 위협을 받고 있는 것 같았기 때문이다. 은행나무 대 기가바이트의 대결이다. 결국 이것은 느리고 숭고한 태고의 형태를 간직한 자연과 놀라운 기술적 무기로 무장하고 온갖 곳으로 뻗어가려는, 앞을 가로막는 그 어떤 장애물도 해치우고 무한한 효율성으로 즉각적으로 소통하기를 원하는 고속사회의 요구가 벌이는 싸움이다. 이 싸움은 지구에 불리하게 돌아가고 있다. 여섯번째 대멸종, 인간이 만든 대멸종이 땅과 물과 공기에, 우리식물과 동물에 파괴라는 이름의 앙갚음을 하고 있기 때문이다.

나는 결코 러다이트가 아니다. 이 고립주의적이고 군국주의적인 시대에 우리의 세계적 소통네트워크가 선사해주는 인간 사이의 연결은 언제나 환영이다. 그런 네트워크는 적어도 우리가 성취할지도 모르는 어떤 것, 오래전 히로시마에서 타까하시가 꿈꾸었던 서로 다른 문화와 국가 간의 이해와 평화라는 것을 어렴풋이나마 그려볼 수 있도록 해준다. 그러나 우리가 우리의 오만한 기계들을 끼고 무작정 미래로 치닫는 동안 과연 멈춰서서 그 결과를 신중히 고려해보는 일이 생길까? 채울 수 없는 우리의 욕망, 끊임없는 과잉개발, 최신 장비를 가지고서가 아니면 즐거움과 행복을 측정하지 못하는 우리의 무능으로 인해 위험에 처한 생물종들이 오늘날 얼마나 많은가?

히로시마의 은행나무들, 노스캐롤라이나 우리 집 앞에 있는 어린 초록 나무에게 손위 형제자매뻘인 그 끈질긴 나무들은 과학과 기술의 가장 파괴적인 결과에도 버틸 수 있었다. 원자핵의 분열, 온 세상을 폐허로 만들어버릴 수도 있었을 그 파괴적인 힘에도 버틸 수 있었다. 그 나무들의 생존은 절망의 검은 비가 내리는 가운데 살아남은 희망의 메시지였다. 우리가 생명을 길러내고 보존할 수 있다는, 우리 손으로 풀어준 그 힘들을 경계해야만 한다는 메시지였다.

얼마나 역설적이고 얼마나 슬프고 얼마나 어리석은 일

이겠는가, 히로시마가 인류 자멸의 가능성으로 향하는 문을 열어젖힌 지 70년 이상이 흐른 지금, 우리가 과거로부터 온 경고와 미래를 향한 부름을 알아듣지 못한다면, 은행나무의 부드러운 잎들이 우리에게 들려주려는 이야기를 알아듣지 못한다면.

지성을 향한 트럼프의 선전포고

올해는 10월 12일이라는 날짜가 유난히 내 머릿속을 떠나지 않는다. 프란시스꼬 프랑꼬 장군이 콜럼버스 기념일의 히스패닉식 대체물인 엘디아 델라 라사(El Día de la Raza)를 기념한 것이 바로 1936년 이날이었다. 프랑꼬가 선거로 선출된 공화국 정부에 대항해 우익 반란을 일으켜 그의 팔랑헤군이 나라의 상당 부분을 장악한 지 3개월 정도 지난 시점이었다. 그때 장악당한 지역에 살라망까도 들어 있었다. 이 오래된 도시에서, 1218년 설립되어 그 땅의 가장 명성 높은 고등교육기관으로 자리 잡은 대학 중앙홀에서, 파시스트들이 그들의 '인종의 날'을 축하했던 것이다. 수많은 고관들을 앞에 두고 국가주의 젊은이 무리와 군인들에게 고무되어, 프랑꼬의 친구이자 멘토인 호세 미얀 아스뜨라이 장군은 단 네마디 말로 그 학문의 전당을 모독했다. 지성 타도! 죽음 만세!(Abajo la inteligencia! Viva la muerte!)

이런 표현은 너무나 역설적이고 황당하고 어리석어서 그냥 웃어넘길 수도 있었으리라. 나치가 여러 도서관에 불을 지르고 이딸리아의 동맹세력과 발맞추어 수많은 예술가와 과학자, 작가 들을 추방하던 유럽에서 있었던 게 아니라면 말이다. 에스빠냐에서도 그 말이 지니는 울림은 마찬가지로 불길했다. 그 바로 몇주 전 그라나다에서는 에스빠냐어로 글을 쓰는 가장 위대한 작가 중 한 사람이며 다양한 지성의 사자들을 자유자재로 부려온 시인이자 극작가인 페데리꼬 가르시아 로르까가 국가주의 암살단의 손에 처형당한 사건이 벌어졌다. 그 이후 몇년 동안 더 많은 지식인들이 암살당했으며, 공화국하에서 스스로를 위해 생각하고 말하는 법을 배운 농민, 노동자, 학생 들도 같은 일을 당했다.

1950년대와 60년대 칠레에서 성장하는 동안 나는 그런 파국이 우리에게 닥칠 리는 없다고 믿었다. 당연히 지성을 두 팔 벌려 환영하고 또 그만큼 당연하게 죽음은 내쳐 마땅하다고 확신했다. 살바도르 아옌데의 민주정부에 반기를 든 1973년의 쿠데타가 그 모든 것을 바꾸어버렸다. 책들은 재가 되었고 음악가들이 총에 맞았으며 과학자와 교육자 들이 고문당했다. 그러는 동안 군부는 프랑꼬 치하 에스빠냐에 휘몰아쳤던 것과 똑같은 근본주의와 증오에 취해 지성을 조롱하고 죽음에 탐닉했다. 그들은 칠레에서 벌어진 대혼란은 지식계급의 탓이며 따라서 지식계급은 사그라지게 되어 있다고 주장했다.

오늘날 칠레는 민주주의를 되찾았고 독재정권에 희생 당한 사람들을 위한 기념비가 세워졌다. 그런 끔찍한 일을 명령했던 장군들은 욕을 먹고 그중 몇몇은 자신들이 저지른 잔혹행위의 댓가를 감옥에서 치르기도 했다. 그런 지금에 와서 내가 81년 전 살라망까에서 미얀 아스뜨라이가 사용한 그 말을 떠올리지 않을 수 없는 것은, 그것이 오늘날의 미국 상황에 기묘하게도 맞아떨어지게 되었기 때문이다. 우리 시대에 국가주의의 부활은 아직 히틀러와 무솔리니, 프랑꼬가 각자의 나라에서 그릇된 정치를 할 때 그랬듯 살인적인 극한에 도달하지는 않았지만, 미국이 현재 이성적 담론과 과학적 지식, 객관적 진실에 대한 공격에 직면하고 있다는 현실은 엄연하다. 그리고 지성에 맞서는 이런 전쟁 역시, 그것을 수행하는 사람들이 보여주는 매끄럽게 포장된 경건함에도 불구하고 수많은 죽음을 초래할 것이다.

미국적 삶 속에는 반지성주의의 불온한 요소가 항상 존재해왔지만──1963년 리처드 호프스태터는 바로『미국적 삶의 반지성주의』라는 책을 내기도 했다──백악관을 차지한 사람들이 이 정도로 무지와 허위가 유독하게 뒤섞인 모습, 이 정도로 지적 호기심이 결여되고 엄정한 분석을 무시하는 모습을 보여준 적은 없었다. (물론 트럼프는 자기 IQ가 "가장 높은 축"에 들며 당연히 오바마와 다른 많은 명사들의 IQ보다 높다고 자랑했지만, 그의 주장을 확인할 길은 없다.)

"전문가들은 형편없다." 선거유세 중 도널드 트럼프가 한 말이다. "주변에 이렇게 전문가들이 많은데 우리 상황은 엉망진창 아닌가." 따라서 그의 행정부가 아무것도 아는 게 없는 근본주의자들로 미어질 지경인 것도 그다지 놀랍지 않다. 위원회 전반에 그는 과학을 적대시하고 반계몽주의를 훈장인 양 뽐내는 아마추어들을 지명했다. 그 결과 그들이 채택한 정책들은 유해한 만큼이나 무익한 것들이었다. 증거에 근거한 연구에 대한 무시는 트럼프가 제시한 예산안 초안에 곧이곧대로 드러나 있다. 그 초안에서 상당한 정도로 예산을 삭감하려 한 기관에는 국립보건원, 국립과학재단, 미국항공우주국(NASA), 국립산업안전보건연구원, 심지어는 통계청까지 포함되었다. 백악관과 환경보호청, 국무부, 농무부, 내무부, 교육부, 노동부, 에너지부 등의 정부 웹사이트에서는 새로운 정책 프로그램과 상충할 만한, 이전에 게시되었던 과학적 입장들이 삭제되었다. 자

문회의들도──법무부 산하 국립법의학위원회는 말할 것
도 없고!──골자가 빠지거나 폐지되었고, 정부 과학자들
은 재갈이 물리고 전국 포럼이나 국제회의에 참석하는 것
을 금지당했다. 행정부는 데이터 수집과 연구 결과의 출판
및 토론을 방해하고 있다. 마치 불편한 진실이 마법처럼
사라져주기를 기대하고 있는 꼴이다.

사실, 엘리트 지식인을 향한 반감은 극우의 전유물이 아
니다. 부르주아 전문가에 대한 폴 포트의 증오는 캄보디아
의 킬링필드라는 결과를 낳았다. 마오 쩌둥은 홍위병들을
풀어 수백만의 문화엘리트층 구성원들에게 헤아릴 길 없
는 고통을 퍼부었다. 또한 우리 시대의 권위주의 정권 다
수가 이성과 과학적 지식, 지적 전문성을 경멸하는 모습을
보이고 있다는 것도 부인할 수 없는 사실이다. 학교 교과
과정에서 진화론을 삭제하기로 한 터키 정부의 결정이나
자유주의적인 중앙유럽대학을 폐쇄하겠다는 헝가리 대통
령 빅또르 오르반의 캠페인을 보라. 그러나 이성에 대한 이
러한 공격 중 그 어느 것도 미국 정부의 공격만큼 전방위적
인 위세와 영향력을 갖지는 못한다. 파괴적 여파 역시 트럼
프 행정부의 것만큼 거대하고 지속적이지 않을 것이다.

확정된 과학과 진실에 대한 트럼프의 전쟁은 치명적인
결과를 가져올 것이다. 230만으로 추산되는 미국의 건설노
동자와 광부, 도로공사 노동자 들이 생명을 위협하는 부상

과 질병에 직면해 있다. 산업안전보건청이 암이나 폐질환 증가와 연관관계가 분명한 이산화규소 분진으로부터 그 노동자들을 보호할 규제 시행을 연기했기 때문이다. 조선소와 건설현장에서 땀 흘리는 사람들 중 사망자가 증가할 것이다. 발암물질인 베릴륨 노출을 줄이고자 오바마 행정부에서 만든 규제가 폐기되었기 때문이다. 광부들은 위험도 점검차 석탄광산에서 실시하는 검사가 줄었기 때문에 더욱 위태로워졌다. 또한 애팔래치아 지역 가정들도 더 큰 위험에 처하게 될 것이다. 국립과학원, 공학원, 의학원에 정상제거 채굴*로 생성된 오염원들이 암 발병과 기형아 출산, 호흡기질환 증가를 초래할 가능성에 대한 연구를 중단하라는 명령이 내려졌기 때문이다.

미국인을 오염에서 지켜주는 30개 이상의 규제가 축소되었기 때문에 수백만의 생명이 단축될 것이다. 수로에 중금속 폐수 유입이 증가함으로써 서서히 죽어갈 사람들이 생길 것이다. 차량의 배기가스 기준이 완화된다면 또 그로인해 죽어갈 사람들이 생길 것이다. 화학물질 유출이 더 빈번해지고 우리 물과 공기와 토양이 더러워질 것이기 때문에 죽어갈 사람들이 생길 것이다. 그리고 만약 부모들이

---

* 산 전체를 위에서부터 깎아내리면서 석탄이 아닌 흙 등은 인근 계곡으로 밀며 채굴하는 방법.

예방접종과 자폐증 간의 연관관계에 대한, 이미 완전히 엉터리로 드러난 그 "이론"을 무분별하게 조장하는 대통령의 말에 현혹되어 예방접종 프로그램에서 이탈할 것을 선택한다면, 더 많은 아이들이 병에 걸리고 죽어갈 것이다. 그 "이론"이란 최근까지 보건복지부의 수장이었고 한때 "예방접종은 인체실험의 동의어"라고 했던 톰 프라이스가 지지하는 신념이기도 하다.

이 지식에 대한 전쟁의 영향은 미국 국경 너머에까지 미친다. 난민의 입국을 제한하려는 정책은 필사적으로 피난처를 찾는 그 사람들이 미국 경제에 순수하게 기여하는 이들이며 일반 인구에 비해 범죄 위험도 낮다는 "전문가"들의 연구에 반한다. 그러나 이런 해악조차 기후변화로 인해 미국과 지구가 감당해야 할 참화에 비하면 하찮아 보인다. 트럼프는 빠리기후협정을 탈퇴하는 데 그치지 않았다. 그는 국내 차원에서는 화석연료 산업체들의 승인을 받아 자신의 자멸적 반환경정책을 실행할 적임자로 스콧 프루잇을 뽑았다. 자기가 폐지하고 싶어 하는 부서인 듯한 환경청을 다스리는 이 어둠의 제후는 트럼프의 지명을 받은 이들 중에서 견문이 짧기로는 아마도 가장 위험한 경지에 달한 자일 것이다. 그는 이미 이산화탄소가 "우리가 목도하고 있는 지구온난화의 주원인"이 아니라고 주장한 바 있으며, 유류회사들에 메탄가스 배출 원인을 공표하라고 했던 요구를 철회했고, 살충제 클로르피리포스를 금지해달라는 청원을 거부했다. 그리고 해수면 상승을 연구하고 허리케인 예측을 돕는 기관인 국립해양대기국의 기후학자문위원회를 해산시켰다.

지성 타도! 죽음 만세!

이런 정책들보다 훨씬 더 급박하게 종말을 초래할 만한 것은 트럼프 대통령이 북한을 "완전히 파괴해버리겠다"라고 위협할 때 보여준 그—『전문성의 죽음』에 나오는 톰 니컬스의 표현을 빌리자면—"포악한 무지함"이다. 그러한 행동이 제네바협약과 뉘른베르크 전범재판의 결론, 그리고 유엔헌장에 위배되리라는 것을 트럼프는 알지도, 개의치도 않고 있음이 명백하다. 이런 극악한 우둔함이 미국 시민들 사이에서 더 많은 혐오감을 불러일으키지 않는다는 것이 놀라울 따름이다. 트럼프에게 표를 준 공화당원 중 약 80%가 최근까지 여전히 그를 지지하고 있으며, 미국인 중 55%는 그가 "지성적"이라고 믿고 있다(이것이 다른 면에서는 참담하기 그지없는, 부정적 견해로 가득한 성적표 중에서 트럼프에게 유일하게 유리한 결과이긴 하지만 말이다).

이런 몽매함에 대항해 싸우는 우리는 미얀 아스뜨라이가 죽음의 찬가를 부르기 시작했을 무렵 살라망까에 살고 있던 한 사람, 사실 그 파시스트 장군이 퍼붓는 분노가 노리던 과녁이었을 그 사람의 대응에서 영감을 얻을 수 있을지도 모른다. 당시 에스빠냐에서 가장 명성 높던 지식인 미겔 데 우나무노는 자신의 적을 향해 이렇게 응수했다. "당신네들은 충분한 것 이상의 무차별 공격력을 지니고 있으니 우리를 쳐부술 수 있을 것이다. 그러나 결코 우리를 설복하지는 못할 것이다(Venceréis, porque tenéis sobrada fuerza bruta, mas no convenceréis)." 그런 엄혹한 상황에서도 우나무노는 정복한다는 뜻의 동사 vencer와 설복한다는 뜻의 동사 convencer를 대비하여 사용하는 말장난을 해냈다. 우리를 정복할 수는 있어도 우리를 설복하지는 못할 것이다.

우나무노의 저항은 두려움을 몰랐다. 프랑꼬 장군의 부인이 보증해 호위를 받지 못했더라면 그는 파시스트 무리의 구타를 면키 어려웠을 것이다. 오늘날, 당시처럼 금방이라도 폭력을 당할 것만 같은 두려움이 없는 상황에서, 우리는 우나무노의 말을 오늘의 상황에 맞게 인용할 수 있다. 인류가 죽음을 피해가고, 의학적·공학적 돌파구를 만들고, 별에 도달하고, 경이로운 사원들을 건설하고, 복잡한 이야기를 쓸 수 있도록 만들어준 바로 그 지성이 우리를 다시 구해주리라는 것을 우리는 믿어야만 한다. 진실이 그렇게 쉽게 정복당할 수 없다는 것을 증명하기 위해 우리는 과학과 이성의 고결한 힘을 이용할 수 있다는 신념을 보듬어 길러야 한다. 지성을 부인하려는 그자들에게 이렇게 말해야 한다. 당신네들은 우리를 정복하지 못할 것이다. 그리고 우리는 우리의 뜻을 설복할 길을 찾을 것이다.

2016년 늦은 가을 광화문의 촛불이 막 타오르기 시작하던 때였다. 미국 대통령으로 도널드 트럼프가 당선됐다는 소식이 들려왔다. "아이고, 저 나라도 망조가 들었네"가 내 첫마디였다. 예상 밖 결과이긴 했지만, 한치 걸러 두치라고 바다 건너 남의 나라 얘기이니 처음엔 심각하다기보다는 해외토픽에나 날 법한 비현실적인 해프닝처럼 느껴졌다. 이상한 지도자를 뽑아놓고 부끄러워하고 고생하는 것이 우리만은 아니겠구나 하는 못난 심술도 발동되지 않았다고는 못하겠다. 마음 한쪽에서는 트럼프가 장사치 근성을 노골적으로 드러내고 온갖 패악질을 해대면 우리나라에서 일부 인사들이 금과옥조처럼 떠받드는 한미공조의 환상이 마침내 깨지는 걸 보게 될지 모른다는 기대도 슬그머니 일었다.

그때 몇달 전 친구와 나눈 대화가 기억났다. "설마 트럼프가 대통령이 되겠어?"라는 내 말에 친구의 답이 의외였다. "그건 모르지." 그는 취재차 미국을 자주 오가던, 그곳 사정을 안다면 가장 잘 알 만한 친구였기에, 그때만 해도 트럼프의 당선 가능성은 지극히 희박하게만 여겨지던 터였기에, 그렇게 판단하는 이유가 궁금했다. "평생 투표소가 어디 있는지도 모르고 살던 사람들이 너도나도 몰려나와 투표를 하기 시작하면, 그땐 어떻게 될지 아무도 몰라." 트럼프가 영악하게도 그런 사람들을 자극하는 방법을 알고 있다는 얘기였다. 친구에게는 미안했지만 그런 예측은 믿기도 어렵고 믿고 싶지도 않았다. "그래도, 설마…."

그때의 막연한 낙관주의가 몇달 후 현실에 의해 보기 좋게 뒤통수를 맞은 셈이었다. 그리고 얼마 지나지 않아 이 책의 번역을 맡게 되었다. 처음 번역을 시작할 무렵은 대통령이 된 트럼프가 선거운동 때와 마찬가지로 인종차별, 여성혐오, 미국제일주의 등을 여지없이 드러내는 비상식적 발언과 행태를 연일 보여주고, 거기에 더해 북한의 김정은과 전쟁을 불사할 기세로 막말에 가까운 공방을 주고받으면서 한반도에 사는 우리를 불안하게 만들 때였다. 그런 트럼프에 대해 비판의 목소리를 높이고 그같은 인물을 대통령 자리에 올려놓은 미국 사회의 뿌리 깊은 문제를 진지하게 성찰하며 미국을, 아니 지구 전체를 위험에 빠뜨릴 트럼프 시대를 극복할 방안을 모색하고자 하는 이 책의 메시지에 공감하지 않을 수 없었다.

그런데 번역작업을 하는 몇달 동안 이상한 일들이 벌어졌다. 아, 이상하다고 하면 안되겠구나. 극적인 사태전환이 있었다고 해야겠다. 그렇게나 강고해 보이던 한반도 분단체제에 금이 갈 것 같다는 기대를 품게 하는 사건들이 연이어 일어났다. 그리고 트럼프가 우리 편이다? 동기가 뭐가 되었든 전략적 인내라는 허울 좋은 말을 앞세워 한반도 문제를 외면해온 전임자와 달리, 그는 미국 내 정치권은 물론 언론과 여론이 다 반대하는 상황에서도 북한과 대화를 시작하더니 급기야는 북미정상회담까지 해내고 말았다. 물론 평화를 향하는 노력의 주역은 우리 민족이어야 마땅하나 미국이, 현재로서는 트럼프가 결정적 변수라는 사실도 부인할 수는 없는 노릇이다. 지금 이 순간은, 시대가 무르익은 데 더해 남한의 진심과 북한의 필요와 워싱턴의 문법을 무시할 수 있는 트럼프의 아웃사이더 기질이 한데 모여 만들어진, 70년 만에 우리 민족에게 돌아온 천재일우의 기회가 아닌가? 이쯤 되면 한번 잘해보라고 트럼프를 응원해줘야 하는 것인가? 어느 쪽으로 마음의 갈피를 잡아야 할지, 자못 혼란스러웠다.

어느날은 빠리기후협정에서 미국은 빠지겠다고 한다는

뉴스가 들려왔다. 또 어느날은 예루살렘을 이스라엘의 수도로 인정한다는, 또 이란 핵협상을 파기한다는 뉴스가 들려왔다. 부모가 불법이민자라는 이유로 죄 없는 아이들을 떼어놓으려 한다는 소식도 들렸다. '오바마 케어' 이전의 그 악명 높은 건강보험체계로 돌아가겠노라 한다는 소식도 들렸다. 햇빛 좋은 어느 동네 고등학교에서 총기참사로 꽃다운 아이들이 죽었는데 총기규제에 대해서는 일언반구 없이 범인의 정신건강 타령을 했다고도 한다. 내가 번역하는 책에 담긴 그 모든 우려가 현실화되고 있었다. 이렇게 순식간에, 이렇게 무지막지하게 역사를 퇴행시키기도 쉽지 않을 터인데. 그래도 우리 민족의 평화로운 삶을 위해서 트럼프를 응원해야 하나? 도르프만 선생에게 미안한 마음이 들었다.

도르프만은 칠레 민주혁명의 선두에 있었고, 삐노체뜨가 군사쿠데타로 아옌데의 민주정부를 무너뜨리고 독재를 시작하자 망명길에 올라 해외를 떠돌며 고국의 민주주의 회복을 위해 분투한 사람이다. 오랜 동안의 힘겨운 투쟁 끝에 칠레는 민주화를 이루었지만, 그런 그가 이번엔 지금 살고 있는 미국땅에서 다시 트럼프 시대라는 어처구니없는 세월을 견뎌야 하게 된 것이다. 세상은 원래 이런 것인가, 역사의 진보란 없는 것인가 하며 낙망할 법도 한 상황이다. 우리도 전생에 무슨 죄를 지었기에 몇번씩이나 독재정권을 겪어야 하냐며 불과 얼마 전까지 농담 섞인 푸념을 하지 않았던가. 젊은 시절 세상을 바꾸어보겠다고 목소리 높이고 투쟁하는 건 쉽지는 않지만 아주 드물기만 한 일도 아니다. 그러나 그때의 문제의식을 평생 유지하며 불의를 마주할 때마다 일관되게 '정의로운 분노'를 느낄 수 있는 경우는 흔치 않다. 누구 못지않게 변덕스러운 역사의 굴곡을 거치고도 지치지 않고 묻고 따지고 비판하고 설득할 힘을 간직하고 있다는 것, 그것만으로도 도르프만은 경탄스럽다.

그가 겪은 어려운 시절이, 분투하고 좌절했다가 또다시 일어나 도전하고 때로 승리를 맛보았던 그 모든 경험이 지금의 도르프만을 만들었음은 너무나 명백하다. 즉자적인 경험과 감상만이 아니다. 과거와 동시대의 문학과 역사를 망라한 끊임없는 지적 탐구가 구체적 사건에 몸담으면서도 동시에 거기에서 일정한 거리를 두고 반성적 사고를 할 수 있는 그를 낳았으리라. 그 때문에 그는 자신에게 닥친 비극을 짐짓 유머러스하게 넘길 수 있고 자신의, 멀고 가까운 다른 사람들의 개인사를 더 넓은 사회적 맥락 속에서 녹여내는 법도 안다. 트럼프를 비판할 때도 마찬가지다. 그는 트럼프라는 돌출적 개인에 대한 비난을 넘어서 그 인물이 상징하는 인간의 어두운 욕망과 그런 인물을 낳은 사회의 문제점을 냉철하게 돌아보는 지혜를 보여준다. 그리

고 그 문제적 상황 속에서 더 나은 미래를 위한 답을 찾고
자 숙고하고 성찰한다. 기대와 낙심의 부침을 거치면서도
자신의 신념을 배신하지 않고, 가장 막막한 고비에서도 오
히려 희망의 메시지를 힘주어 강조하는 진짜 어른의 모습
이다. 그의 글을 통해 드러나는 이런 삶과 태도가 동료 시
민이자 독자인 우리에게 큰 울림으로 다가와 '세상 끝의
메시지'를 전한다. 평화를 향한 여정에서든 민주주의를 위
한 투쟁에서든, 트럼프 같은 자의 변덕에 휘둘리지도, 그
를 두려워하지도 말고 끈질기고 당당하게 나아가라고.

　도르프만의 글을 읽는 것은 독자로서는 매우 즐거운 경
험이다. 때론 진지하고 때론 재기 넘치는 그의 글을 따라
함께 울고 웃게 된다. 폭포수처럼 쏟아내는 웅변에 가슴이
뻐근해질 때도 있고, 자신과 타인의 상처를 보듬는 연민에
함께 울컥할 때도 있다. 문학비평 같기도 하고 그 자체로
한편의 문학작품이기도 한 글들에서는 그 나름의 지적 만
족감도 얻을 수 있다. 게다가 심각한 사안을 특유의 유머
로 받아치는 글들은 탁월한 풍자문학이 주는 짜릿함을 선
사한다. 스스로 '혼종의 삶'이라 규정했던 그의 배경이 가
능하게 해주었을 풍성한 어휘와 다층적 의미를 품은 표현
들 덕분에 그의 글은 한층 더 매력적이다. 하지만, 독자에
게 즐거움을 주는 이 모든 특징들이 번역하는 사람에게는

고스란히 고충이다. 애는 썼으나 부족한 번역이 저자에게 누가 되지 않을까, 독자들에게서 내가 누렸던 독서의 즐거움을 앗아가지는 않을까 걱정이다.

좋은 책을 번역할 기회를 준 출판사 창비와 그곳 식구들, 번역원고 일부를 검토하고 조언을 준 한기욱 선배, 허접한 글을 다듬고 고쳐 활자가 되는 마법의 순간을 다시 경험하게 해준 정편집실 김정혜 실장님께 감사드린다. 번역이 막힐 때마다 신기하게도 적절한 표현을 물어다준 우리 둘째도 고맙다. 바라건대 지금의 어른들이 지혜와 힘을 모아 그 아이와 그 친구들에게 물려줄 더 나은 세상을 만들어나가기를.

2019년 4월
천지현

미국에 애도를 ● 첫 버전은 2016년 11월 6일 '살롱'을 통해 발표되었고, 그다음엔 11월 9일 선거 후 "미국, 가면을 벗다(América se quita la mascara)"라는 제목의 또다른 버전이 『엘 빠이스』(마드리드)와 『빠히나 도세』(부에노스아이레스), 『쁘로세소』(멕시코시티)에 발표되었다. 이 서문의 나머지 부분은 이 책을 위해 특별히 쓴 것이다.

16세기 에스빠냐의 군주 펠리뻬 2세가 도널드 트럼프 각하에게 보내는 서한 ● 2016년 3월 10일 "신중한 왕이 트럼프에게 건네는 충고"라는 제목으로 『타임』에 실렸다. 이 책에는 약간 증보하여 실었다.

미국, 프랑켄슈타인을 만나다 ● 2016년 9월 6일 "트럼프 지지자들을 향해 연민을 가져야 할 이유"라는 제목으로 『타임』에 실렸다. 이번 글은 약간 증보한 것이다.

나의 어머니와 트럼프의 국경선 ● 2016년 9월 25일 '살롱'을 통해 발표되었다.

라틴아메리카 음식과 트럼프 장벽의 실패 ● 첫 버전은 2012년 11월 4일 "또다른 용광로"라는 제목하에 『로스앤젤레스 타임즈』에 발표되었고, 이 책에 실으면서 상당 부분 다시 썼다.

포크너가 미국에 던지는 질문 • 2016년 11월 4일 "미국은 생존할 권리를 얻을 수 있을까?"라는 제목하에 『디 애틀랜틱』에 처음 실렸다.

미국이여, 이제 칠레의 마음을 알겠는가 • 2016년 12월 16일 『뉴욕타임즈』에 처음 실렸다. 이 글과 비슷하게 외국 내정에 대한 미국의 개입을 주제로 하는 다른 글을 2016년 7월 29일 CNN 웹사이트를 통해 발표한 적이 있다. 그 글은 이 책에 수록되지는 않았으나 https://edition.cnn.com/2016/07/29/opinions/hillary-clinton-donald-trump-illegal-electoral-interference-ariel-dorfman/index.html 에서 찾아볼 수 있다.

콰이강은 라틴아메리카와 포토맥을 지난다: 고문받는 자의 심정 • 첫 버전은 2014년 6월 17일 "고문 가해자를 용서하는 방법: 콰이강은 라틴아메리카와 워싱턴을 지난다"라는 제목으로 『더 네이션』과 공동으로 '톰디스패치'에 실렸다. 이 책에 실린 글은 그 글을 현 상황에 맞게 다시 손본 것이다.

15대 미국 대통령 제임스 뷰캐넌이 도널드 J. 트럼프에게 보내는 격려의 말 • 2017년 1월 19일 『로스앤젤레스 타임즈』에 처음 실렸다.

세상 끝에서 보내는 메시지 • 2017년 3월 31일 『뉴욕타임즈』에 처음 실렸다.

이아고를 고문해야겠는가 • 2017년 7월 23일 "셰익스피어의 고문 실험"이라는 제목의 다른 버전으로 『뉴욕타임즈』를 통해 처음 발표되었다.

트럼프 시대 미국의 공포, 그리고 어린이들 • 『뉴욕타임즈』 2017년 10월 10일자에 처음 실렸다.

이제 핵에 의한 종말인가? • 『뉴욕 리뷰 오브 북스』 2017년 9월 22일자에 처음 실렸다.

임무 완수: 부시 동지가 트럼프 동지에게 • 다른 초기 버전이 2006년

5월 8일 "임무 완수: 부시 동지의 메이데이"라는 제목으로『뉴 스테이츠먼』에 실린 적이 있다. 이 책에 실린 글은 트럼프 시대에 맞게 대폭 다시 쓴 것이다.

마틴 루터 킹의 행진은 계속된다 ● 2003년 8월 27일 "마틴 루터 킹을 바라보는 라틴아메리카의 시각"이라는 제목으로 BBC를 통해 처음 방송되었고, 2003년 8월 28일 "오늘날 마틴 루터 킹은 무슨 말을 할 것인가"라는 제목으로 '톰디스패치'에 발표되었다. 2013년 8월 27일 "마틴 루터 킹과 두번의 9·11"이라는 제목의 수정본이 역시 '톰디스패치'를 통해 발표되었다. 이 책의 글은 트럼프 시대에 맞게 다시 한번 수정한 것이다.

만델라를 찾아서 ● 원래 "누구의 기억인가? 누구의 정의인가?: 화해를 원한다면 언제 어떻게 이룰 것인지에 대한 고찰"이라는 제목으로 2010년 7월 31일 요하네스버그에서 행한 연설의 원고로, 만델라 재단 웹사이트(https://www.nelsonmandela.org/news/entry/eighth-nelson-mandela-annual-lecture-address)와 몇몇 다른 신문과 잡지, 웹사이트에도 게재되었다.

진리가 그녀를 자유롭게 하리니 ● 2016년 12월 23일『뉴욕타임즈 북리뷰』에 실렸다.

갇힌 몸으로 세르반떼스를 읽다 ● 2016년 10월 9일 "'돈 끼호떼'와 함께 유배지에서"라는 제목으로『뉴욕타임즈 북리뷰』에 실렸던 글을 증보한 것이다.

알베르트 아인슈타인의 춤추는 우주 ● 아주 다른 버전이 2005년 8월 29일 "그의 음률에 맞춰 춤추다"라는 제목으로『뉴 스테이츠먼』에 실린 바 있다. 이 책에는 새로운 과학 정보와 실험에 따라 상당 부분 수정한 글을 실었다.

네루다, 죽음 저편에서 말하다 ● 제목을 달리해『뉴욕타임즈』 2017년

10월 31일자에 실렸다.

칠레에서 멜빌을 다시 읽다 • 2017년 5월 10일 "허먼 멜빌이 트럼프 시대에 대해 우리에게 가르쳐줄 수 있는 것"이라는 제목으로 『더 네이션』에 실렸다.

국토안보부가 내 연설문을 삼켰습니다 • "잃어버린 연설문"이라는 제목으로 『현대언어학회지』와 『프로페션』 2006년판에 처음 실렸던 글을 대폭 다시 쓴 것이다.

좌파 나라의 앨리스: 춤을 출 거야, 말 거야? • 『더 네이션』 150주년 기념호의 청탁을 받아 쓰였고, 2015년 4월 6일 "탄생과 동시에 갈라서다"라는 제목으로 같은 잡지에 실렸다.

그들이 우리를 보고 있다. 그래서? • 2014년 2월 3일 "그 어떤 다른 이름으로 억압하더라도"라는 제목으로 『게르니까』에 실렸던 원래의 글을 상당 부분 다시 쓴 것이다.

우리는 이렇게 폭정을 이겨냈다: 힘을 내자, 동지여 • 2017년 2월 11일 『뉴욕타임즈』에 처음 실렸다.

히로시마 은행나뭇잎의 속삭임 • 2017년 8월 5일 『뉴욕타임즈』에 처음 실렸다.

지성을 향한 트럼프의 선전포고 • 『뉴욕 리뷰 오브 북스』 2017년 10월 12일자에 실렸다.

아리엘 도르프만(Ariel Dorfman) 1942년 아르헨띠나에서 태어난 칠레계 미국 작가이자 인권운동가. 세살 때 미국으로 이주해 뉴욕에서 유년기를 보냈고 매카시즘의 광풍이 몰아치자 미국을 떠나 산띠아고에서 대학을 졸업했다. 스물세살부터 교수로서 학생들을 가르치며 글쓰기를 시작했다. 1970년부터 아옌데 정부에서 문화언론 보좌관으로 활동하다 삐노체뜨의 쿠데타가 일어나자 극적으로 칠레를 탈출, 여러 나라를 떠돌다 미국으로 망명했다. 1985년부터 듀크대학교에서 문학과 라틴아메리카학을 가르치고 있으며 "라틴아메리카가 낳은 가장 위대한 작가의 한 사람"으로 불린다. 희곡『죽음과 소녀』『독자』, 장편소설『과부들』『콘피덴츠』『체 게바라의 빙산』『블레이크 씨의 특별한 심리치료법』, 소설집『우리 집에 불났어』, 시집『싼띠아고에서의 마지막 왈츠』, 문화비평집『도널드 덕 어떻게 읽을 것인가』『제국의 낡은 옷』, 회고록『남을 향하며 북을 바라보다』『아메리카의 망명자』등을 펴냈다.
천지현(千芝玄) 서울대학교 영어영문학과를 졸업했고, 동 대학원에서 석사학위를 받고 박사과정을 수료했다. 현재 한신대학교에서 교양영어를 가르치고 있다. 옮긴 책으로『반체제운동』(공역)『불볕 속의 사람들』(공역)『축구의 세계사』(공역)『나는 기억한다』등이 있다.

국토안보부가 내 연설문을 삼켰습니다

트럼프 시대의 절망에 맞서

초판 1쇄 발행 / 2019년 4월 22일

지은이 / 아리엘 도르프만
옮긴이 / 천지현
펴낸이 / 강일우
책임편집 / 정편집실
펴낸곳 / (주)창비
등록 / 1986년 8월 5일 제85호
주소 / 413-120 경기도 파주시 회동길 184
전화 / 031-955-3333
팩시밀리 / 영업 031-955-3399 편집 031-955-3400
홈페이지 / www.changbi.com
전자우편 / human@changbi.com

한국어판 ⓒ (주)창비 2019
ISBN 978-89-364-8636-5 03300